Das Buch

Nicht nur in Afghanistan herrscht Krieg. Auch jenseits des Hindukusch sterben Menschen an politischer Gewalt: in Pakistan allein 2007 fast 4.000. Das prominenteste Opfer war die frühere Ministerpräsidentin Benazir Bhutto.

Die spektakulären Gewaltakte der letzten Jahre – Selbstmordanschläge, Terrorismus, Krieg an der afghanischen Grenze – verstellen aber leicht das Verständnis für die Widersprüche, Probleme und Chancen der pakistanischen Gesellschaft. Religiöser Extremismus, lange Phasen der militärischen Herrschaft und korrupte und unfähige politische Parteien gehören ebenso zu seiner Realität wie der Kampf um Demokratie und eine Tradition kultureller Toleranz.

Jochen Hippler, ausgewiesener Kenner des Landes, gibt einen umfassenden Überblick über Geschichte und Gegenwart Pakistans. Er zeigt Pakistan als multiethnisches Entwicklungsland und zugleich als außergewöhnlichen Krisenherd und untersucht die Frage, welche Chancen – trotz Militärdiktatur und religiösem Extremismus – die Entwicklung einer eigenständigen Demokratie hat.

Der Autor

Dr. Jochen Hippler ist Privatdozent für Politikwissenschaft am Institut für Entwicklung und Frieden (INEF) der Universität Duisburg-Essen und dem Zentrum für interdisziplinäre Forschung (ZiF) der Universität Bielefeld. Er beschäftigt sich seit Langem mit Fragen der politischen Gewalt, Demokratie und politischen Religiosität, vor allem im Nahen und Mittleren Osten und Afghanistan/Pakistan. Er hat Pakistan in den letzten zwei Jahrzehnten regelmäßig besucht, zuletzt im Juni 2008.

Jochen Hippler

Das gefährlichste Land der Welt?
der Welt?

Pakistan zwischen Militärherrschaft,
Extremismus und Demokratie

Kiepenheuer & Witsch

1. Auflage 2008

Umschlaggestaltung: Barbara Thoben, Köln, unter Verwendung
zweier Fotos des Autors
Gesetzt aus der Minion und News Gothic
Satz: Fotosatz & Werbetechnik Amann, Aichstetten
Druck und Bindearbeiten: CPI – Clausen & Bosse, Leck
ISBN 978-3-462-04011-1

Inhalt

Pakistan in der Krise 11

Die Geschichte – von der Indus-Zivilisation bis heute 23

Die vorislamische Zeit 24

Muslimische Herrschaft in Indien 34

Britische Kolonialherrschaft 44

Pakistan – von der Gründung 1947 bis heute 51
Die Theorie der »zwei Nationen« 51
Umstrittene Staatsgründung 53
Die Gründungsphase: 1947 bis 1958 56
Säkulare Militärherrschaft, 1958 bis 1971 61
Die Regierungszeit Zulfikar Ali Bhuttos, 1971 bis 1977 . . . 68
Die islamistische Militärdiktatur Zia ul-Haqs,
   1977 bis 1988 72
Fragile Demokratie, 1988 bis 1999 80
Neue Militärherrschaft, 1999 bis 2008 92
Die Wahlen von 2008 und der Übergang zur
   Demokratie 109

**Das Land – Pakistans Gesellschaft und
seine Regionen** 117

Wirtschaft und Gesellschaft 117
Wirtschaft 117
Soziale Gliederung 124

Urbanisierung 128
Ethnische und sprachliche Vielfalt 132
Religion: Konfessionen, Strömungen, Mentalitäten 135
Menschenrechte und die Stellung der Frau 142

Provinzen und Regionen 148
Der Punjab 150
Sindh 153
Die Megastadt Karachi 156
Belutschistan 158
Die Nordwestprovinz 161
Die Stammesgebiete 164
Der Norden 167

Die Krise – Militärherrschaft, Gewalt und Islam . . . 175

**Das Militär in Pakistan: Mittel der Kriegführung
und gesellschaftliches Machtzentrum** 176
Das strategische Umfeld 176
Umfang und Bewaffnung der Streitkräfte 179
Die Kriege 182
Das pakistanische Heer als gesellschaftliche Institution . . 189
Militär als politischer Machtfaktor 197

Gewalt, Bürgerkriege und Terrorismus 208
Konfessionelle Konflikte 210
Latenter Bürgerkrieg in Karachi 212
Aufstand in Belutschistan 215
Bürgerkrieg in der Nordwestprovinz 218
Selbstmordattentate 228
Auswirkungen der lokalen Konflikte auf Pakistan
insgesamt 231

Islam, Extremismus und säkulare Politik   234

Religiöse Parteien zwischen Religion und Politik:
    JUI und JI   234

Religiöser Extremismus, Gewalt und Terrorismus   245

Säkulare Politik und die Instrumentalisierung
    der Religion   255

»Religiöse« Politik und säkulare Kräfte   257

Die Zukunft – hat Pakistan eine Chance?   267

Anmerkungen   276

Pakistan in der Krise

Pakistan wurde in Europa lange Zeit kaum beachtet, trotz seiner fast 170 Millionen Einwohner und trotz seiner Atomwaffen. Zu weit entfernt, zu fremd, zu kompliziert und zu unbedeutend, so erschien vielen das Land zwischen Afghanistan, Iran, Indien und China. Das hat sich inzwischen geändert. Seitdem deutsche Soldaten in Afghanistan stationiert sind und immer wieder die Rede davon ist, daß die dortigen Taliban aus dem Nachbarland Pakistan unterstützt werden, läßt sich das Land nicht mehr übersehen. Heute soll Deutschland ja auch »am Hindukusch verteidigt« werden, wie der frühere Verteidigungsminister Peter Struck es formuliert hat – und dieser Gebirgszug markiert die Grenze zwischen Afghanistan und Pakistan. Dazu kommt, daß in den letzten Jahren spektakuläre Gewaltakte die internationale Aufmerksamkeit auf Pakistan lenkten: der Krieg in den Stammesgebieten an der afghanischen Grenze, die blutigen Kämpfe um die Rote Moschee in Islamabad, zahlreiche Selbstmordattentate oder der Mordanschlag auf die ehemalige Ministerpräsidentin Benazir Bhutto.

»Pakistan«, so der ehemalige Bundesaußenminister Joschka Fischer Ende 2007, »ist heute eine der Hauptquellen des islamistischen Radikalismus, ja Terrorismus – und zugleich Atommacht. Allein diese Kombination ist ein Albtraum. ... Denn in seiner gegenwärtigen Verfaßtheit scheint das Land nur noch über schwache Abwehrkräfte gegen eine weitere Radikalisierung und Chaotisierung zu verfügen. ... Es spricht daher alles dafür, daß das Militärregime fortdauert, daß in seinem Schatten die islamistische Radikalisierung

11

weiter voranschreiten wird und die Atommacht Pakistan zunehmend in die Unregierbarkeit und ins Chaos abrutschen wird.«[1]

Joschka Fischer steht mit seiner Einschätzung nicht allein. Der ehemalige Bundeskanzler Helmut Schmidt schreibt im Vorwort eines kürzlich erschienenen Buches: »Wir sehen ein Land, das in mehrfacher Hinsicht zerrissen ist. Religiöse und säkulare Kräfte ringen miteinander um die Macht. ... In manchen Teilen des Landes scheinen die Radikalen die Oberhand zu gewinnen. Es droht der Zerfall staatlicher Autorität. Fast täglich sprengt sich ein Selbstmordattentäter irgendwo im Land in die Luft.«[2] Der Journalist Ulrich Ladurner glaubt, daß Pakistan zerfallen könne, er sieht aufgrund einer »Talibanisierung« die »Auflösung säkularer, zentralstaatlicher Strukturen«, er meint, daß »die vertikale Kommandostruktur der Armee zerbricht«, und beobachtet einen »Kontrollverlust«.[3] Ladurner meint, daß Pakistan »das gefährlichste Land der Welt« sei.[4]

Das Copyright an dieser Formulierung gebührt wahrscheinlich dem US-Nachrichtenmagazin *Newsweek*, wo es hieß: »Vieles spricht dafür, daß heute kein anderes Land der Welt gefährlicher ist als Pakistan. Das Land verfügt über alles, das sich Osama bin Laden nur wünschen kann: politische Instabilität, ein bewährtes Netzwerk radikaler Islamisten, ein Übermaß an jungen, wütenden und antiwestlichen Rekruten, entlegene Trainingsgebiete, Zugang zu modernster Elektronik, regelmäßige Flugverbindungen in den Westen und Sicherheitsbehörden, die nicht immer tun, was sie sollten. ... Dazu kommt das große und wachsende Atomprogramm. ... Üblicherweise meinte man, Pakistan sei eine instabile Atommacht mit abgelegenen Stammesgebieten, die von Terroristen kontrolliert werden. Neu und noch beängstigender ist das Ausmaß, in dem die Taliban und al-Qaida einen großen Teil des Landes, einschließlich einiger Städte, in ihre Basis verwandelt haben. Dies verschafft ihnen mehr Spielraum, sowohl in Pakistan als auch darüber hinaus.«

Newsweek glaubt auch, daß »Militanz ein wichtiger Bestandteil der pakistanischen Gesellschaft« sei.[5]

Der britische *Telegraph* schlägt in dieselbe Kerbe: »Ein Staat, der kaum Kontrolle über seine eigenen Städte ausübt, steht am Beginn seiner Auflösung. ... Pakistan ist ein gescheiterter Staat mit Atomwaffen und dem Führungskern von al-Qaida. Diese einzigartige Kombination macht es zum vermutlich gefährlichsten Land der Welt.«[6]

Solche Sorgen treiben nicht nur Journalisten und ehemalige Politiker um. Der Chef der türkischen Streitkräfte, General Yasar Buyukanit, sprach noch nach den Wahlen von 2008 davon, daß Pakistan und seine Atomwaffen »in die Hände der Taliban fallen« könnten, »wenn Präsident Musharraf die Kontrolle über das Land verliert«.[7] Und der oberste Geheimdienstchef der USA, Mike McConnell, vertrat Anfang 2008 die Auffassung, daß »radikale Elemente« nun eine »existentielle Bedrohung für den Fortbestand Pakistans« darstellten.[8]

Ob solche Einschätzungen nun richtig, falsch oder übertrieben sein mögen, sei zunächst dahingestellt, auch wenn der großzügige Umgang mit Tatsachen gelegentlich durchaus bemerkenswert ist (so kann keine Rede davon sein, daß sich »fast jeden Tag ein Selbstmordattentäter in die Luft sprengt« oder daß die Kommandostruktur der Armee zerbräche). Wir müssen allerdings zur Kenntnis nehmen, daß nach einer langen Zeit der Ignorierung – zumindest seit dem Abzug der sowjetischen Truppen aus Afghanistan 1989 – das Land zunehmend wieder in die Schlagzeilen gerät. Allerdings scheint nun eine fast panische Überreaktion zu erfolgen, so daß jedes Alarmzeichen, von denen es schließlich mehr als genug gibt, ins Zentrum der Aufmerksamkeit rückt, während positive Nachrichten kaum zur Kenntnis genommen werden. Ein Beispiel dafür waren die kurzzeitig massive Berichterstattung deutscher Medien nach dem Mord an Benazir Bhutto und das große Desinteresse an den – langfristig weit bedeutsameren – Wahlen vom Februar 2008 und der anschließenden Bildung einer demokratischen Regierung. Der Autor dieses Buches wurde am Tag nach dem Bhutto-Mord 14 Mal von Medien für Interviews angefragt – während es zu den Wahlen und der Regierungsbildung keinerlei Interesse gab. In der westlichen Öffentlichkeit scheint sich die Aufmerksamkeit tatsächlich auf die Katastrophen, das Blutvergießen und den Extremismus zu beschränken – was natürlich zu einer entsprechend einseitigen und angstbesetzten Wahrnehmung führt, in der Pakistan dann tatsächlich als »gefährlichstes Land der Welt« erscheint. Wer dies ernsthaft glaubt, sollte sich einmal in Afghanistan, dem Irak, in Teilen Somalias oder einer Reihe anderer Länder umsehen. Während in Pakistan in den letzten Jahren einige tausend Menschen zu Tode kamen, waren dies noch vor kurzem allein im Kongo vier bis fünf Millionen, um nur ein Beispiel herauszugreifen.

Natürlich gibt es gelegentlich auch die gegenteilige Tendenz, nämlich die schwere Krise Pakistans zu beschönigen. Die US-Botschafterin in Islamabad beispielsweise, Anne W. Patterson, bemerkte kürzlich: »Wir dürfen einer kleinen Gruppe irregeleiteter Individuen nicht gestatten, die gemäßigte Mehrheit daran zu hindern, die wohlhabende und demokratische Zukunft aufzubauen, die sie sich für Pakistan wünscht.«[9]

Als beruhten die Probleme des Landes im wesentlichen auf den Aktivitäten von wenigen Einzeltätern. Nichts könnte weiter von der Wahrheit entfernt sein.

Tatsächlich durchlebt Pakistan in den letzten Jahren eine schwere Krise, die von massiver Gewalt, religiösem Extremismus und einer übermächtigen Rolle des Militärs gekennzeichnet ist. Menschenrechtsverletzungen, der teilweise Ausschluß von Frauen aus der Öffentlichkeit und ihre massive Benachteiligung, die Auswirkungen des Afghanistankrieges auf die

Stabilität der Grenzgebiete, die traditionellen Spannungen in den Beziehungen mit Indien, die in den letzten zwanzig Jahren mehrfach an den Rand eines großen Krieges führten – all dies bietet Anlaß zu Sorge. Pakistan hat fast so viele Einwohner wie Deutschland, Frankreich und Spanien zusammen, es verfügt seit über einem Jahrzehnt über einsatzfähige Atomwaffen und es liegt an der Schnittstelle von Krisenherden oder Problemländern wie Afghanistan, Kaschmir, Iran und grenzt an Atommächte wie Indien und China. Deshalb besteht kein Grund, die Krise in Pakistan auf die leichte Schulter zu nehmen – aber gerade deshalb sollte man sich vor einfachen Klischees und demonstrativer Panik hüten. Dafür ist Pakistan zu wichtig, dafür ist seine Lage zu schwierig und die innenpolitische Realität zu kompliziert. Und schließlich ist dafür der Kenntnisstand in Europa – auch in Deutschland – über das Land zu gering.

Die Bedeutung Pakistans resultiert auch daraus, daß es im Inneren von einer Welle der Gewalt erschüttert wird, gleichzeitig aber ein Schlüsselverbündeter der USA im »Krieg gegen den Terrorismus« ist. Die US-Regierung hat Pakistan im Juni 2004 offiziell zum »wichtigen Verbündeten außerhalb der NATO« (*major non-NATO ally*) erklärt, was eine bevorzugte Behandlung des Landes in der Zusammenarbeit und bei Rüstungsexporten mit sich gebracht hat, trotz seiner Atomwaffen, trotz Menschenrechtsverletzungen und trotz der Militärherrschaft unter General Musharraf. Washington braucht Pakistan in bezug auf den Krieg in Afghanistan und beim Kampf gegen den Terrorismus, es wünscht sich eine – kaum mögliche – Abriegelung der Grenze zu Afghanistan und Hilfe bei der Suche nach den Taliban und von al-Qaida und ihrer Bekämpfung. Dabei weist die US-Politik allerdings gewisse Widersprüche und Zielkonflikte auf. So drängte man die pakistanische Regierung auf schnelle taktische Erfolge bei der Terrorbekämpfung, insbesondere Verbote, Verhaftungen, Militäreinsätze und ähnliches. Dabei übersah man allerdings, daß –

gerade in den Regionen an der afghanischen Grenze, die aus US-Sicht besonders wichtig waren und sind – militärische Operationen extrem schwierig und kaum erfolgversprechend sein, größere zivile Opfer erfordern und zugleich trotz möglicher taktischer Einzelerfolge Pakistan destabilisieren würden. Die Betonung repressiver und militärischer Mittel im Kampf gegen den Extremismus und die Sympathisanten der Taliban und al-Qaidas im Grenzgebiet hat sich bisher als wenig erfolgreich erwiesen, zugleich aber einen destabilisierenden Einfluß auf Pakistan gehabt und dort die Gewalt und den Terrorismus massiv angeheizt.

Es ist kein Zufall, daß die Welle der Gewalt erst mit den großen Militäroperationen in den Stammesgebieten 2004 begann: Die Zahl der Todesopfer politischer Gewalt stieg seit dem Beginn dieser Einsätze etwa um das Zwanzigfache. Im gleichen Maße wurde Präsident Musharraf in der pakistanischen Öffentlichkeit diskreditiert, da man ihn nur noch als Schoßhund der US-Regierung betrachtete. So wurde zur Erreichung taktischer Vorteile im Afghanistankrieg das strategische Risiko eingegangen, den Schlüsselstaat Pakistan zu destabilisieren – was mittelfristig auf Afghanistan zurückschlagen muß. Die pakistanische Regierung versuchte sich diesem äußeren Druck zu entziehen, indem sie einerseits hart gegen al-Qaida-Kader vorging – etwa 600 Verhaftungen –, andererseits aber den radikalen Kräften in den Stammesgebieten gegenüber eine widersprüchliche Politik verfolgte, die zwischen brutalen Militäreinsätzen, Nachlässigkeit und Gesprächsversuchen schwankte, was letztlich weder die US-Regierung noch die eigene Bevölkerung zufriedenstellte und Musharraf weiter schwächte.

Trotzdem sah die Bush-Administration keine andere Möglichkeit, als sich unzweideutig und massiv hinter den Präsidenten zu stellen. Noch während des Ausnahmezustandes, als Tausende von Rechtsanwälten, Journalisten und Richtern willkürlich verhaftet und zum Teil schwer mißhandelt wurden, erklärte der stellvertretende US-Außenminister Negroponte über Präsident Musharraf, daß Pakistan »unter seiner Führung ... große Fortschritte auf dem Weg zu dieser Vision«, nämlich eines gemäßigten, wohlhabenden und demokratischen Pakistans, gemacht habe. »Präsident Musharraf war und bleibt eine wichtige Stimme gegen den Extremismus. Wir schätzen unsere Partnerschaft mit der Regierung Pakistans unter der Führung Präsident Musharrafs sehr.«[10]

Solche Äußerungen waren durchgehend seit Anfang 2002 aus Washington zu vernehmen, als US-Präsident Bush persönlich dem pakistanischen Machthaber (Musharraf war zu diesem Zeitpunkt noch kein Präsident) seine »Bewunderung« versicherte. Auch während des Ausnahmezustands ließ Bush nicht davon ab. In einem Fernsehinterview meinte er Ende 2007: »Er war ein loyaler Verbündeter im Kampf gegen die Terroristen und hat auch die Demokratie in Pakistan vorangebracht. ... Er war ein wichtiger Verbündeter der Vereinigten Staaten, und ich hoffe sehr, daß er Erfolg haben wird. ... Er hat mehr für die Demokratie in Pakistan getan als jeder andere moderne Politiker.«[11]

Stellungnahmen dieser Art aus Washington stießen in der gesamten pakistanischen Öffentlichkeit auf Unverständnis. Die USA sind aufgrund der Afghanistan- und Irakkriege, der damit verbundenen Kollateralschäden oder Folterskandale und insgesamt wegen der Außenpolitik George W. Bushs nicht nur unbeliebt, sondern oft verhaßt. Sie werden als arrogante Weltmacht betrachtet, die ihre imperialen Interessen anderen Ländern mit allen Mitteln aufzwingen will. Darin gibt es keine Unterschiede zwischen religiösen oder säkularen Bürgern, diese Sichtweise reicht bis tief in den Regierungsapparat hinein.

In Pakistan betrachtet man die aktuelle Welle der Gewalt und des Terrorismus zwar als ernstes Problem – aber in den letzten Jahren beherrschte doch ein anderes Thema alle politischen Diskussionen, nämlich der Kampf um Rechtsstaatlichkeit und Demokratie. Rechtsanwälte in Anzug und Krawatte und Bärtige mit Turbanen ließen sich Seite an Seite von Polizisten verprügeln, wenn sie für Demokratie und gegen staatliche Willkür demonstrierten – und ihr Gegner war der an die Macht geputschte General Musharraf, der die Verfassung nach Belieben verbog und brach, Fernsehsender aus politischen Gründen schließen ließ und sich 2002 aufgrund manipulierter Wahlen hatte zum Präsidenten wählen lassen. Und genau dieser Mann wurde nun von der US-Regierung und ihrem Präsidenten nicht nur aufgerüstet und hofiert, sondern noch zum »Demokraten« erklärt, der in Pakistan mehr für die Demokratie geleistet habe als jeder andere vor ihm. Das ließ *jede* US-Politik unglaubwürdig erscheinen und förderte ohnehin vorhandene antiamerikanische Einstellungen, und es führte dazu, daß man Washington auch das vordringliche Interesse an der Terrorbekämpfung oft nicht mehr glaubte, sondern diese als Vorwand für Vorherrschaftsbestrebungen auffaßte.

Hätten die USA ab 2002 das Streben nach Demokratie ernsthaft unterstützt, anstatt nur von ihr zu reden, wäre es möglich gewesen, die Sympathie der Bevölkerung zu gewinnen und darauf aufbauend den Extremismus wirksamer zu bekämpfen. Das hätte allerdings eine Schwächung Präsident Musharrafs bedeutet und den Krieg gegen Taliban und al-Qaida verzögert und taktisch erschwert. Deshalb entschied sich Washington gegen die Demokratie und für eine effektivere Sicherheitspolitik, die mit bloßer demokratischer Rhetorik verknüpft war. Im Jahr 2006 beispielsweise unterstützten die USA Pakistan mit rund 1,6 Mrd. Dollar, davon war der größte Teil Militärhilfe. Nur 22 Mill. Dollar waren für Demokratieförderung vorgesehen, und das Geld kam ausschließlich der amtlichen Wahlkommission zugute, die vom Präsidenten kontrolliert war. Kein einziger Dollar floß an die politischen Parteien oder demokratische Oppositionsgruppen.

Diese Politik konnte nur gerechtfertigt werden, wenn man die Komplexität der pakistanischen Politik und Gesellschaft in ein einfaches Schema preßte: Danach sei Pakistan vor allem von einem Konflikt zwischen religiösen Extremisten und gemäßigten säkularen Kräften geprägt, von denen die ersten zur Gewalt neigten, letztere diese ablehnten. Eine solche weitverbreitete Sichtweise erleichterte es, die religiösen Kräfte mit den Taliban und al-Qaida zu identifizieren – und daraufhin umgekehrt den säkularen Präsidenten Musharraf zu unterstützen, trotz seiner autoritären Willkür. Daß die machtpolitisch wichtigsten Konflikte in Pakistan in Wirklichkeit zwischen dem säkularen Präsidenten und den beiden ebenfalls säkularen Oppositionsparteien PPP (Pakistanische Volkspartei) und PML (Pakistanische Muslimliga) stattfanden (und das religiöse Lager ebenfalls alles andere als einig war, im wesentlichen aber die säkularen Parteien unterstützte), wurde dabei bequemerweise übersehen. Diese Tendenz, Pakistan fast vollständig aus der Perspektive eines Gegensatzes von religiös/extremistisch/gewalttätig einerseits und säkular/gemäßigt/demokratisch andererseits wahrzunehmen, konnte die Unterstützung des Militärregimes rechtfertigen und trug damit propagandistischen Charakter. Zugleich scheint diese Schablone aber auch von politischen Akteuren und Beobachtern ernst genommen worden zu sein und trübte so die Fähigkeit, die viel komplexere Realität Pakistans zu verstehen. Diese wird nämlich gerade *nicht* von einem alles überragenden Kampf zwischen den religiösen und säkularen Kräften bestimmt, sondern von wechselnden und fließenden Bündnissen und Konflikten beider. Die Konflikte *zwischen* diesen beiden Strömungen sind oft weniger zentral als die Auseinandersetzungen innerhalb des säkularen Lagers.

Um Pakistan zu begreifen, reichen kurzatmige Schemata

nicht aus. Pakistan ist zwar seit einigen Jahren ein Krisenherd, aber das war nicht immer so. In den 1960er Jahren galt Pakistan im Westen als vorbildlich, als »Modell eines Entwicklungslandes«, wie damals ein Buchtitel formulierte.[12] Um Pakistan zu verstehen, muß man seine Geschichte kennen, man muß seine gesellschaftlichen, politischen, wirtschaftlichen Bedingungen zur Kenntnis nehmen, seine ethnische, sprachliche und geographische Vielfalt berücksichtigen. Vor allem muß man verstehen, daß Pakistan zuerst einmal ein Entwicklungsland ist, mit den dafür typischen Problemen, und dazu einigen besonderen. Das Land leidet unter der Armut eines großen Teils der Bevölkerung, an geringer Bildung, an oft willkürlichen oder autoritären Regierungen, an sozialer Unsicherheit, Korruption und zahlreichen anderen Problemen. Alle Symptome der Unterentwicklung gibt es auch in Pakistan. Darüber hinaus ist es auch von seiner Kultur geprägt, von seinen religiösen Traditionen, seinen ethnischen oder stammesgebundenen Netzwerken, von Egoismus und Solidarität, Extremismus und Toleranz. Wer Pakistan verstehen möchte, muß wie auch anderswo zuerst nach den *Interessen* der unterschiedlichen Akteure fragen – und erst danach deren ideologische Präferenzen und Äußerungen beachten. Auch in Pakistan findet Religiosität nicht im luftleeren Raume statt, sondern ist Teil der gesellschaftlichen und machtpolitischen Auseinandersetzungen.

Der Versuch dieses Buches besteht darin, nicht sozusagen sofort in die aktuelle Gewaltkrise hineinzuspringen, sondern zuerst Hinweise zu geben, um Pakistan und seine Gesellschaft unabhängig von der Krise begreifen zu können. Dazu wird es nötig sein, zuerst die Geschichte des Landes nachzuzeichnen und dazu auch die Zeit vor der Staatsgründung (1947) mit einzubeziehen. In einem zweiten Schritt sollen die wirtschaftlichen und gesellschaftlichen Grundstrukturen skizziert werden, um danach – was für Pakistan wegen seiner großen Vielfalt wichtig ist – die unterschiedlichen Provinzen und Landesteile zu betrachten.

Erst dann behandeln wir die aktuellen politischen Konflikte und die Gewaltkrise. In diesem Teil geht es um die Rolle des Militärs und der militärischen Macht, um die verschiedenen Gewaltkonflikte und um die Rolle der Religion und des religiösen Extremismus. Dabei wird sich ergeben, daß die akute Krise der Gewalt, der Selbstmordanschläge, Kämpfe in der Nordwestprovinz, der interkonfessionellen Konflikte zwischen Sunniten und Schiiten und der Aufstand in Belutschistan überwiegend ihren Ursprung in der Zeit der Militärdiktatur General Zia ul-Haqs (1977–1988) haben und heute vor allem auf der Verknüpfung zweier Punkte beruhen: dem Hineinwirken des Afghanistankrieges in die pakistanische Gesellschaft und der Schwäche des politischen Systems, das durch die dominierende Rolle des Militärs belastet wird und seit Jahrzehnten an Fragilität, Unreife und Korruption leidet. Demgegenüber sind weder die Religion noch der religiöse Radikalismus die entscheidenden *Ursachen* der aktuellen Krise, auch wenn der islamische Extremismus sie verschärft und ihr eine spezifische Form gibt. Der religiöse Radikalismus stärkt die reaktionäre Erstarrung der Gesellschaft (etwa in der Frauenpolitik), trägt aber nur dann zur Gewalt bei, wenn diese durch eher säkulare Faktoren (Krieg, Außenpolitik, Diktatur) ohnehin auf der Tagesordnung steht.

Es sollte vielleicht angemerkt werden, daß der Autor dieses Buches seit Jahren von Pakistan nicht allein als Politikwissenschaftler fasziniert ist, sondern das Land auch in hohem Maße schätzen und lieben gelernt hat. Ich kam 1988 zum ersten Mal nach Pakistan und bin seitdem häufig und gern zurückgekehrt, vielleicht 17 oder 18 Mal. Dabei habe ich mich in Pakistan und bei seinen Menschen immer ausgesprochen wohl gefühlt, was allerdings mit einer deutlichen Geringschätzung – ich will stärkere Worte hier aus Höflichkeit vermeiden – des politischen Systems und seiner politischen Klasse verknüpft war, eine Sichtweise, die ich mit vielen Pakistanern teile.

Mein vorletzter Aufenthalt in Pakistan im Sommer und Herbst 2007 erfolgte auf Einladung des pakistanischen Informationsministeriums. Ich bin für die erhaltene Unterstützung sehr dankbar, weil die zahlreichen mir dort vermittelten und organisierten Gesprächstermine meine Kenntnis des Landes weiter vertieft haben und das Schreiben dieses Buches sehr erleichterten. Meine Dankbarkeit ist um so ausgeprägter, als niemand seitens des Ministeriums oder anderer Stellen im geringsten versuchte, Einfluß auf den Inhalt des Buches zu nehmen – was natürlich ohnehin freundlich und nachdrücklich zurückgewiesen worden wäre. Meine Gesprächspartner reichten von religiösen Führern über wissenschaftliche Kollegen, Journalisten oder Offiziere und Soldaten des Heeres und der Luftwaffe bis zu mehreren Ministern. Sie haben mein Verständnis des Landes und seiner politischen, wirtschaftlichen und gesellschaftlichen Probleme wesentlich befördert. Natürlich habe ich zusätzlich zahlreiche Gespräche und Interviews (von linken Intellektuellen bis zu Sympathisanten der Taliban) außerhalb der offiziellen Kanäle geführt, was auch mit großer Selbstverständlichkeit akzeptiert wurde.

Es bleibt noch, mich beim *Transnational Institute* (TNI) in Amsterdam, dem ich seit langem verbunden bin, für den hilfreichen Zuschuß zu den Reisekosten zu bedanken, für die Unterstützung meiner Kolleginnen und Kollegen am *Institut für Entwicklung und Frieden* (INEF) der Universität Duisburg-Essen und für die erstklassigen Arbeitsbedingungen und die freundliche Umgebung am *Zentrum für interdisziplinäre Forschung* (ZiF) der Universität Bielefeld, wo ich ohne jede Ablenkung Ende 2007 und Anfang 2008 die zweite Hälfte des Manuskriptes fertigstellen konnte. Ohne diese Unterstützung wäre das Buch sicher noch immer nicht geschrieben.

Die Geschichte –
von der Indus-Zivilisation bis heute

Pakistan ist ein junges Land. Es wurde erst 1947 gegründet, als das Indien der britischen Kolonialzeit geteilt wurde. Zugleich aber reicht in Pakistan die Geschichte so weit zurück wie die ägyptischen Pyramiden oder Babylon. Dieser Widerspruch, zugleich so jung und sehr alt zu sein, macht einen der besonderen Reize Pakistans aus. Als geographische Einheit hat das Land in seinen heutigen Grenzen früher nie existiert. Es konnte sich nur selten von innen heraus entwickeln, oft wurde es durch Einwanderer oder Eroberer von außen geprägt, die dann meist zu Einheimischen wurden. Vom 11. bis zum Ende des 18. Jahrhunderts, also in knapp 800 Jahren, soll die Region des heutigen Pakistans mindestens siebzig Invasionen und den Aufstieg und Fall fremder Dynastien erlebt haben.[13]

Die pakistanische Geschichte – bzw. die Geschichte der Region, die heute Pakistan heißt – hat zumindest in den letzten viertausend Jahren immer wieder drei Zustände durchlebt:

- von Kräften aus dem Westen oder Nordwesten überrannt oder beherrscht zu werden, wie aus Afghanistan, Persien oder Griechenland;
- Teil eines größeren Reiches zu sein, dessen Schwerpunkt weiter östlich (etwa in Delhi) lag, wie im Falle der Maurya-Dynastie oder der Mogul-Herrscher;
- oder aus kleineren regionalen Staaten zu bestehen, die sich zwischendurch von solcher Verherrschaft lösen konnten, so das kurzlebige Reich der Sikhs im Punjab

oder die Reiche der verschiedenen Herrscher im Norden oder im Sindh.

Diese drei Varianten bestanden seit der frühesten überlieferten Geschichte, sie haben sich aber bis zur Gründung des pakistanischen Staates erhalten. Pakistanische Geschichte ist deshalb zum größten Teil die Geschichte der größeren Reiche, zu denen die Regionen des heutigen Pakistans gehörten, oder aber die Geschichte kleinerer Staaten oder Herrscherhäuser, die nur einen Teil des heutigen Staatsgebietes regierten. Das alles macht die historische Erfahrung dieses Landes ausgesprochen reich, vielfältig, aber eben auch verwickelt, denn so viele interne und äußere Einflüsse, Reiche und Kulturen haben ihre Spuren hinterlassen.

Die vorislamische Zeit

Erste Siedlungsspuren bis zur Indus-Zivilisation

Häufig beginnen Darstellungen der indischen und pakistanischen Geschichte mit der Harappa-Kultur, deren Höhepunkt etwa in den Jahren 2500 bis 1900 vor unserer Zeitrechnung lag. Tatsächlich aber reicht die Geschichte in diesem Teil der Welt viel weiter zurück. Die frühesten Spuren menschlicher Besiedlung fand man in den Siwalik-Bergen, in der Nähe von Rawalpindi. Es handelt sich um einfache Steinwerkzeuge, die nach neuen Messungen etwa zwei Millionen Jahre alt sind. In der gleichen Gegend entdeckte man frühe Formen von Handäxten mit einem Alter von etwa 500.000 Jahren. Spätere Fundstellen aus der Steinzeit finden sich etwa in den Rohri-Bergen (im Sindh, in der Nähe von Sukkur) oder den Sanghao-Höhlen in der Nordwestprovinz. Besondere Bedeutung hat die in Belutschistan gelegene Grabungsstätte von Mergharh, da dort nicht nur einzelne Fundstücke, sondern eine dauerhafte Besiedlung über mehrere tausend Jahre seit etwa dem achten Jahrtausend v. u. Z. entdeckt wurde. 9000 Jahre alte Äxte und andere Steinwerkzeuge, Lehmziegel für den Häuserbau, Getreide, Knochen von Ziegen, Schafen und Jagdwild (z. B. Gazellen) bilden die ältesten Fundstücke. Tausend oder zweitausend Jahre später datieren die ersten Töpferwaren und gebrannten Tonfiguren. Ab etwa 5500 v. u. Z. mehren sich die Anzeichen größerer Siedlungen und von größeren, stabilen Gebäuden.[14] Auch wenn Mergharh als Ausgrabungsstätte heute einzigartig ist, so dürften in Belutschistan unentdeckt ähnliche Siedlungen existiert haben, und auch anderswo in Pakistan gibt es Belege für sehr frühe Siedlungen. In der Nähe von Taxila fand man beispielsweise Äxte und Töpferwaren vom Ende des 4. Jahrtausends v. u. Z., die sich von denen aus Belutschistan deutlich unterscheiden. Im folgenden Jahrtausend nahm die Zahl der Siedlungen und Dörfer im gesamten Tal des Indus zu, und vieles deutet darauf hin, daß bereits zu diesem frühen Zeitpunkt ein intensiver Austausch und Handel zwischen ihnen bestand. Etwa ab dem Jahr 2600 v. u. Z. kann man schließlich von der Indus-Zivilisation oder Harappa-Kultur (benannt nach dem Fundort Harappa) sprechen, die einen bemerkenswerten ersten Höhepunkt der Geschichte Indiens und Pakistans darstellt.[15] Insgesamt fällt auf, daß die frühesten Siedlungen (wie Mergharh) sich im westlichen Hügel- und Bergland oder an dessen Rand bildeten, die späteren sich dann zunehmend weiter östlich in die Ebene des Indus und seiner Nebenflüsse verlagerten (z. B. Harappa, Mohenjodaro).

Meist wird zwischen der frühen, reifen und späten Harappa-Kultur unterschieden. Die zeitliche Abgrenzung ist nicht immer einfach, auch weil die Entwicklung in verschiedenen Gegenden mit unterschiedlicher Geschwindigkeit verlief. Auffällig ist aber bereits von Beginn an, daß diese frühe

Hochkultur eine riesige Fläche umfaßte, die vom Indischen Ozean nördlich dem Indus folgend bis zum nordwestlichen Punjab und bis in die Gegend von Bahawalpur und tief ins heutige Indien hineinreichte und schätzungsweise 1,3 Millionen Quadratkilometer betrug. Bis heute wurden mehr als 1500 Siedlungen entdeckt. Die wichtigsten archäologischen Fundstätten sind Harappa (in der Mitte zwischen Lahore und Multan, westlich von Sahiwal), Mohenjo-daro[16] (in der Nähe von Larnaka in der Provinz Sindh), Amri (südlich von Sehwan, Sindh) und Kot Diji (südlich von Sukkur, ebenfalls im Sindh). Noch etwas älter scheint die Siedlung Rehman Dehri (nördlich von Dera Ismail Khan, im Süden der Nordwestprovinz) zu sein. Die frühe Harappa-Kultur ähnelte in vieler Hinsicht der zweitausend Jahre älteren Siedlung in Mergharh, was ihre wirtschaftlichen Grundlagen und Technologie betrifft. Auffallend aber ist die Existenz vieler Mauern aus Lehmziegeln. Die Kenntnisse über die Harappa-Kultur sind immer noch lückenhaft,[17] aber vieles deutet darauf hin, daß diese Hochkultur nicht plötzlich entstand, sondern das Produkt von drei-, vier- oder fünftausend Jahren landwirtschaftlicher Siedlung in der Region darstellte, die schließlich in eine größere Zahl von mit Stadtmauern umgebenen Dörfern und kleinen Städten mündete. Die Zeit der »reifen« Harappa-Kultur lag etwa zwischen 2600 und vermutlich 1900 v.u.Z. Bereits zuvor bestanden enge Handelsbeziehungen mit der Kultur Mesopotamiens (auf dem Gebiet des heutigen Irak), was u.a. durch Funde der berühmten Siegel der Induskultur im Irak nachgewiesen ist. Auch Handelsbeziehungen zum südlichen Rand des persischen Golfes – etwa ins heutige Bahrein, Abu Dhabi und bis in den Oman sind erwiesen, wobei es sich häufig um Umschlagplätze für den Handel mit Mesopotamien handelte. Diese Handelsbeziehungen brachen um das Jahr 1800 v.u.Z. ab. Überhaupt war die Harappa-Kultur in hohem Maße vom Handel abhängig: Das Industal war arm an Rohstoffen, selbst Holz und Stein waren kaum vorhanden (weshalb die Lehmziegelbauweise unumgänglich war), von anderen Rohstoffen wie Halbedelsteinen und Metallen oder Erzen ganz zu schweigen. Wenn auch vieles über diese alte Hochkultur weiter unbekannt bleibt, so kann man doch mit Sicherheit von einem zentralen Verwaltungsapparat ausgehen: Die genormten und überall einheitlichen Maße und Gewichte müssen ja von einer zentralen Stelle festgelegt und überwacht worden sein.[18]

Zwischen den Jahren 2000 und 1700 v. u. Z. scheint die städtisch geprägte Harappa-Kultur verfallen zu sein, die nächsten tausend Jahre tragen einen ausgeprägt »dörflichen« Charakter, was die Siedlungsweise, aber auch das Verschwinden zahlreicher Kulturelemente betrifft. Die Gründe für diesen Niedergang sind weiterhin unklar. Früher wurde oft eine Eroberung der Städte durch die von Westen eindringenden Irano-Arier angenommen, was heute für unwahrscheinlich gehalten wird, da der Verfall zum Zeitpunkt der arischen Einwanderung bereits im Gang war. Eine graduelle Verschlechterung der ökologischen oder klimatischen Bedingungen, etwa die Austrocknung des alten Ghaggar-Hakra-Flußsystems östlich des Indus, oder eine Reihe von Naturkatastrophen (wie Erdbeben und Überschwemmungen) kommen in Betracht.

Vedische Periode und Buddhismus

Etwa zwischen den Jahren 2000 bis 1500 v. u. Z. drangen Stämme der indoeuropäischen Sprachgruppe aus Zentralasien oder Südrußland über den Iran auch ins Gebiet des heutigen Pakistans vor, sogenannte »vedische Arier«. Erneut ist wenig über die näheren Umstände bekannt, außer daß diese Stämme vermutlich aus ihrer angestammten Heimat durch Naturkatastrophen oder Gewalt verdrängt wurden. Sie gelangten über mehrere Jahrhunderte in einzelnen Migrationswellen ins Land und schwangen sich schließlich zur Herrschaft auf. Diese »vedische« Periode der indischen Geschichte reichte etwa von 1500 bis 500 v. u. Z. – wobei der Name von den Veden stammt (deren erstes das Rigveda war), vier Büchern der Überlieferung, der Hymnen und des Kultes, die später zu den heiligen Texten des Hinduismus wurden. Die Veden stammen vermutlich aus der Zeit von 1500 bis 800 v. u. Z., wurden zuerst jahrhundertelang mündlich überliefert und erst dann aufgeschrieben. Die vedischen Arier müssen eher als eine Sammelbezeichnung ethnisch und stammesmäßig unterschiedlicher Gruppen mit einer gemeinsamen indoeuropäischen Sprache, weniger als »Volk« im modernen Sinne verstanden werden. Sie drangen schließlich weit über Pakistan hinaus bis ins östliche, mittlere und südliche Indien vor. Von ihnen sind kaum archäologische Funde erhalten, da sie vor allem in Bambus- oder leichten Holzhütten lebten, deren Reste schwer auffindbar sind. Allerdings erwiesen sie sich als militärisch überlegen: Mit Pferdewagen und Bronzeäxten sowie Pfeil und Bogen verfügten sie über eine überlegene Militärtechnik. Die arische Besiedlung Indiens stellte aber nur zum Teil einen militärischen Vorgang dar. Es handelte sich vielmehr um eine Mischung von langsamer Besiedlung, gewaltsamen Konflikten und kultureller Assimilation, in deren Verlauf die neuen Herren die Region nicht nur prägten, sondern von der älteren, höher entwickelten Kultur Indiens selbst entscheidend geprägt wurden, bis sie in einer neuen Einheit aufgingen. Damit war die erste bekannte Inbesitznahme des Gebiets des heutigen Pakistans durch fremde Eindringlinge beendet. Im Zuge dieser fast tausendjährigen Periode differenzierte sich die indoarische und indische Gesellschaft immer mehr: Ein ursprünglicher Gegensatz von Adel und breiter Bevölkerungsmehrheit meist halbnomadischer Art ging in die klassischen vier Gesellschaftsgruppen der Priester (Brahmanen), Krieger, Bauern und Shudras (Hörige) über. Darunter gab es die Gruppe der

Sklaven, die aber mengenmäßig und wirtschaftlich nie die Bedeutung wie im antiken Rom besaß. Später entwickelte sich diese noch einfache Gliederung zum höchst komplexen altindischen Kastenwesen weiter. Soweit bekannt, erreichte die vedische Gesellschaft keine zentrale politische Organisationsform wie zuvor die Harappa-Kultur, sie konnte nie als Großreich organisiert werden, sondern bestand aus zahlreichen Kleinstaaten und Stämmen, die miteinander immer andere Bündnisse eingingen und Kriege führten.

Im 6. Jahrhundert v. u. Z. befand sich die alte, vedische Gesellschaft in der Krise. Insbesondere die Machtrolle der Brahmanen und die immer weiter betriebene Formalisierung und Erstarrung der Religion führten zur Suche nach neuen religiösen und kulturellen Formen. Zahlreiche Asketen, Mystiker, religiöse Reformer und Wanderprediger fanden Anhang, viele neue religiöse Auffassungen und Sekten entstanden, von denen die meisten nur vorübergehende Bedeutung gewannen. In diesem breiten Suchen nach religiöser und spiritueller Neubesinnung ragte das Wirken des Fürstensohnes Siddhartha heraus, der später Buddha (»der Erleuchtete«) genannt wurde und den Buddhismus begründete. Er lebte vermutlich von 563 bis 483 v. u. Z., nach einer in Japan verbreiteten Ansicht allerdings mehr als 100 Jahre später. Siddhartha wuchs im Luxus am Hof seines Vaters auf, bis er sich, im Alter von 29 Jahren, eines Nachts von seiner Frau und seinem kurz zuvor geborenen Kind fortschlich, um zukünftig »die Wahrheit« zu suchen. Nach sieben Jahren des Reisens, des Lernens und der Askese gelangte er schließlich zur Erleuchtung, die dann die Führung des entsprechenden Ehrentitels rechtfertigte. Seine zweite Lebenshälfte stand im Zeichen der Lehre und ihrer Verbreitung mit Hilfe eines Systems von Mönchen und Klöstern, das den Buddhismus schließlich auch gesellschaftlich zu einer Macht werden ließ.

Zum Zeitpunkt des Entstehens des Buddhismus und einer anderen, neuen Religion, des Jainismus, bestanden in Nordindien 16 miteinander konkurrierende Staaten, die zum Teil als Adelsrepubliken, zum Teil als Fürstentümer verfaßt waren. Auf dem Gebiet des heutigen Pakistans lag das Königreich Gandhara und umfaßte die Region um das heutige Peshawar, das Swat-Tal und den Unterlauf des Kabul-Flusses. Wenn der Buddhismus auch weiter im Osten entstanden war – der Buddha selbst stammte aus dem indisch-nepalesischen Grenzgebiet –, so wurde Ghandara zu einer seiner Hochburgen. Die Ruinen des Klosters Takht-e-Bhai und die zahlreichen historischen Stätten des Buddhismus im Swat-Tal[19] legen noch heute Zeugnis von dieser Zeit ab.

Der Eroberungszug Alexanders des Großen

Im Jahre 327 v. u. Z. kam die nächste Invasionswelle von Westen her über das Gebiet des heutigen Pakistans: Aus dem heutigen Afghanistan kommend, überschritt die Armee des griechischen Eroberers Alexander des Großen das Hindukusch-Gebirge. Eine Hälfte seines Heeres nahm dabei möglicherweise den Weg über den Khyberpaß, die andere unter dem Kommando ihres Feldherrn entschied sich für einen weiter nördlich gelegenen Paß, vermutlich südlich von Chitral. Alexander zog durch das Swat-Tal nach Süden, überquerte im Frühjahr 326 bei Attock den Indus und erreichte Taxila, die Hauptstadt Gandharas. Der dortige Herrscher hatte ihm bereits zuvor seine Freundschaft versichert, da er sich Unterstützung gegen seinen feindlichen Nachbarn im Osten, König Porus, versprach. Am Jhelum kam es zur Schlacht mit Porus, der sich schließlich geschlagen geben mußte und die Oberhoheit Alexanders anerkannte. Dieser zog weiter nach Osten und überquerte die Flüsse Chenab und Ravi. Am Beas verweigerte die griechische Armee einen weiteren Vormarsch nach Osten und verlangte den Rückzug. Alexander stimmte zu. Am Jhelum ließ Alexander 800 bis 1000 Schiffe bauen. Die Hälfte der Armee ging an Bord, die andere marschierte auf beiden Seiten des Jhelum und dann des Indus nach Süden. Schließlich führte der Rückmarsch nach Babylon im heutigen Irak, wo Alexander – vermutlich an den Spätfolgen einer Verletzung aus dem indischen Feldzug – verstarb.[20]

Alexanders Eroberung des westlichen Indiens wurde in Europa, etwa durch griechische oder römische Historiker, vor allem aber im 19. Jahrhundert, sehr hoch bewertet. Aus indischer Perspektive sah das ganz anders aus: Hier war Alexander nur ein weiterer Abenteurer, der erobernd durch das Land zog, bald wieder verschwand und kaum Spuren hinterließ. Die griechische Kontrolle war in knapp einem Jahrzehnt nach Alexanders Tod zusammengebrochen. Erst Jahrhunderte später, vermittelt über die muslimische und europäische Überlieferung, wuchs die Bedeutung Alexanders in der Vorstellung der Inder, zumindest in einigen Regionen. Im Norden Pakistans beispielsweise wurde es bei manchen Regionalfürsten geradezu eine Mode, ihre Abstammung auf Alexander zurückzuführen. Und selbst Städte wie Skardu wollten nunmehr vom berühmten Griechen gegründet worden sein – der allerdings niemals auch nur in die Nähe dieser Stadt gelangt war. Nur in Gandhara (und vor allem in Teilen Afghanistans) hielt sich griechischer Einfluß: Einige zurückgebliebene Generäle Alexanders etablierten sich als Machtfaktor. In Baktrien (Nordafghanistan) bestand die griechische Herrschaft fort, und der dortige König Demetrius unternahm 183 v. u. Z. einen neuen Feldzug nach Indien. Bei Taxila gründete er eine neue Stadt, Sirkap, deren Ruinen noch heute zu besichtigen sind. In Gandhara entstand eine besondere Kultur, die buddhistische mit griechischen und hinduistischen Elementen verschmolz. In manchen Reliefs in Taxila sind diese Stilrichtungen einträchtig nebeneinander zu sehen, viele damals geprägte Münzen sind zweisprachig beschriftet. Die typische Gandhara-Kunst wäre ohne den griechischen Einfluß undenkbar.

Aufstieg der Maurya und Guptas

Der Eroberungszug Alexanders bewirkte unbeabsichtigt eine große Veränderung: die Gründung eines neuen Großreiches auf indischem Boden. Die Niederlage gegen den Griechen hatte die kleineren Staaten Nordwestindiens wesentlich geschwächt, womit sich das politische Gewicht stärker nach Osten verschob, vor allem in den aufstrebenden Staat Magadha. 325 v. u. Z., also zeitgleich mit Alexanders Rückzug aus Indien, gelangte in diesem Staat eine neue Dynastie an die Macht, die Maurya. Ihr erster Herrscher war Candra Gupta (oder Chandragupta). Ihm und seinem Sohn und Nachfolger Bindusara (Regierungsantritt 297 v. u. Z.) gelang die Eroberung eines großen Indischen Reiches, das vom Golf von Bengalen bis ins heutige Pakistan und nach Afghanistan hineinreichte. Während Candra Gupta sich am Ende seines Lebens dem Jainismus zugewandt und sich einer frommen Überlieferung zufolge gar zu Tode gehungert haben soll, wurde sein Enkel Ashoka (Regierungszeit ca. 269–232 v. u. Z.) vor allem durch seinen Übertritt zum Buddhismus berühmt. Unter Ashoka erreichte das Reich der Maurya den Höhepunkt seiner Macht. Nachdem er 260 v. u. Z. in einem besonders blutigen Krieg den Staat Kalinga bezwungen hatte, wandte er sich schrittweise dem Buddhismus zu und vertrat pazifistische und stärker am Gemeinwohl orientierte Auffassungen, die er – durch eine Prise Realpolitik gemäßigt – auf seinen zahlreichen Fels- und Säulenedikten im ganzen Reich bekanntmachte. Zwei dieser in Fels gehauenen Bekanntmachungen finden sich auch in Pakistan: beim Dorf Shahbaz Garhi (östlich von Mardan) und bei Mansehra (nördlich von Abbottabad). Das Reich der Maurya war erstaunlich gut und zentralistisch organisiert.

Es bestand rund 140 Jahre, bis es nach vorheriger innerer Aus-
zehrung von einem brahmanischen General gestürzt wurde.
Dieser leitete eine antibuddhistische Wende ein, die diese Religion in Indien dauerhaft schwächte. Nach dem Niedergang
der Maurya erlebte der indische Subkontinent eine neue Phase
der Fragmentierung, in der zahlreiche kleinere Staaten miteinander wetteiferten – bis etwa 500 Jahre später erneut eine
Herrscherdynastie ein Großreich eroberte.

Es ist nicht geklärt, ob diese neue Dynastie der Guptas ursprünglich wiederum aus Magadha oder dem östlichen Uttar
Pradesh stammte, aber Magadha wurde bald zum Zentrum
ihrer Macht. Nachdem zwei eher unbedeutende Herrscher die
Dynastie begründet hatten, erlangte sie etwa ab 320 u. Z. unter
dem König Candra Gupta (nicht zu verwechseln mit dem
gleichnamigen König der Maurya-Dynastie) eine Vormacht-
stellung, die von seinem Sohn und später seinem Enkel weiter
ausgebaut wurde. Ein großer Teil des Punjab und der Gegend
der heutigen pakistanischen Provinz Sindh gehörten zu ihrem
Reich, das sich bis Bengalen erstreckte. Das neue Reich der
Gupta war weniger stark zentralisiert als das der Maurya. In
ihm wurde der Hinduismus besonders gepflegt, aber auch der
Buddhismus und Jainismus gefördert. Seit der zweiten Hälfte
des 5. Jahrhunderts sahen sich die Guptas verstärkt einer
neuen Bedrohung aus dem Westen ausgesetzt: den Weißen
Hunnen, die zuvor Persien erobert hatten und nun von Herat
(Nordwest-Afghanistan) aus in Indien eindrangen und bald
Gandhara und den Punjab eroberten. In der ersten Hälfte des
6. Jahrhunderts brach das Gupta-Reich zusammen. Für eine
historische Zwischenphase kontrollierten die Hunnen Indien,
konnten aber bald wieder nach Westen abgedrängt werden.
Darauf folgte wieder einer der historischen Abschnitte der indischen Geschichte, die von der wechselnden Konkurrenz
zahlreicher kleinerer Reiche geprägt war, in der sich aber niemand wirklich durchsetzen konnte.

Muslimische Herrschaft in Indien

Islamische Eroberung

Von besonderer historischer Bedeutung für die indische Geschichte und eine entscheidende Voraussetzung für die Jahrhunderte später erfolgende Gründung Pakistans war der seit dem 8. Jahrhundert immer stärker zunehmende Einfluß islamischer Herrscher. Von der arabischen Halbinsel ausgehend, hatte das neue arabisch-islamische Reich sich durch schnelle Eroberungszüge weit ausgedehnt – bis nach Nordafrika, Spanien, in die Türkei, nach Persien und Afghanistan. Nachdem erste Eroberungsversuche in Indien im 7. und Anfang des 8. Jahrhunderts fehlgeschlagen waren, gelang dem erst 17jährigen Schwiegersohn des Khalifen von Bagdad, Mohammed bin-Qassim, 712 die Eroberung des Sindh auf dem Landweg über die Makran-Küste Belutschistans.[21] In der damaligen Hafenstadt Debal (wohl Bambhore, südöstlich von Karachi) soll die erste Moschee des Subkontinents erbaut worden sein, deren Grundmauern heute noch zu sehen sind. Von dort zog Qassim nach Norden, eroberte eine Reihe von Städten am Indus wie Sehwan und schließlich die Metropole Multan. Damit hatten die arabischen Eindringlinge den Höhepunkt ihrer Macht in Indien erreicht. Ein weiteres Vordringen in den Punjab und nach Osten scheiterte, aber in der südlichen Hälfte des heutigen Pakistans waren sie zur stärksten Kraft geworden. Sie regierten mit einer Mischung von Toleranz und Gewalt und assimilierten viele Bestandteile der entwickelteren indischen Kultur. Die Null des Dezimalsystems beispielsweise gelangte durch das indische Vorbild in den Nahen Osten (und von dort nach Europa). Auch die medizinischen Kenntnisse Indiens wurden nach Arabien exportiert. Das eroberte Sindh wurde zuerst als Provinz des Khalifats verwaltet. Nach einigen Jahrzehnten allerdings lockerten sich die Bindungen an Bagdad, was durch die dortige Instabilität erleichtert wurde. Es entstanden zwei mehr oder weniger unabhängige, arabisch dominierte Königreiche, von denen eines in Mansura – nordöstlich des heutigen Hyderabad –, das andere in Multan seine Hauptstadt hatte.[22] Dem jungen Eroberer Mohammed bin-Qassim brachte sein militärischer und politischer Erfolg allerdings kein Glück: Nur kurz nach seinen Siegen rief der Khalif ihn zurück und ließ ihn ermorden – vermutlich aufgrund einer Palastintrige. Die Bedeutung der arabischen Eroberung und Kontrolle des Sindh auf das restliche Indien blieb insgesamt begrenzt, weil den neuen Herren die Kraft für weitere Expansion fehlte und sie bald in die Defensive gerieten. In der Stadt Rohri (gegenüber Sukkur am östlichen Indusufer) entstand beispielsweise ein neues Hindukönigreich.

Die nächste Phase des islamischen Vordringens erfolgte im späten 10. und frühen 11. Jahrhundert. Das expandierende arabische Großreich und bald auch seine nichtarabischen Bestandteile oder Abspaltungen konnten zunehmend den Bedarf an Soldaten nicht mehr selbst decken. Eine der Lösungen bestand darin, »türkische« (wie immer sind solche nationalen oder ethnischen Begriffe wie »türkisch«, »arabisch« etc. etwas irreführend und hier eher sprachlich als ethnisch zu verstehen) Militärsklaven einzusetzen. Es handelte sich oft um Kriegsgefangene oder deren Kinder, die nicht nur als Kanonenfutter verwendet, sondern auch zu Spitzenpositionen in Armee und Verwaltung ausgebildet wurden. Häufig erlangten solche »Sklaven« das Vertrauen der Herrscher und wurden mit Machtfunktionen betraut. Langfristig allerdings wurden manche dieser »Sklavenfamilien« immer unabhängiger und erlangten aus eigener Kraft großen Einfluß. Wenn dann das Zentrum schwächer wurde oder wegen interner Schwierigkeiten gelähmt war, schwangen sich ehemalige Militärsklaven selbst zu Herrschern einzelner Provinzen auf. Genau dies war im 10. Jahrhundert geschehen. Zusätzlich zu dieser Entwicklung wurden etwa gleichzeitig eine Reihe »türkischer« Stämme aus Zentralasien abgedrängt, etwa durch die westliche Expansion des chinesischen Reiches. Diese Stämme drängten in Gebiete des heutigen Iran und Afghanistans und von dort nicht selten in Richtung Indien.[23]

Nachdem im 9. Jahrhundert die hinduistische Dynastie der Shahiya die Region des Punjab, das Kabul-Tal und Gandhara kontrolliert hatte, wurde 977 ein »türkischer« ehemaliger Militärsklave namens Sebüktigin von den geschwächten Herrschern Persiens zum Gouverneur von Ghazni (südlich von Kabul) ernannt. Er unternahm häufig Überfälle, die bis nach Peshawar führten. Sein Sohn Mahmud übernahm 998 die Regierungsgewalt und setzte damit die neue Dynastie fort. Nachdem Ghazni nun unabhängig war, verstärkte er die Angriffe nach Osten; fast jedes Jahr fiel er nun plündernd in Gandhara, den Punjab und bis nach Delhi in indisches Gebiet ein. Mahmud hatte keinen Ehrgeiz, dort ein eigenes Reich zu gründen, sondern es ging ihm vor allem darum, in Indien so viel Reichtum zusammenzurauben, daß er seine Expansion etwa nach Zentralasien finanzieren konnte. Allerdings: Die Regionen von Peshawar, Multan und Lahore wurden dem Ghaznaviden-Reich einverleibt, letztere Stadt zur Hauptstadt seiner indischen Provinz. Der Effekt der ständigen Invasionen bestand also nicht in religiöser Bekehrung, einer Stärkung des Islam oder der Einführung einer neuen Fremdherrschaft, sondern in der Schwächung und Destabilisierung Nordindiens. Nach dem Tode Mahmuds verfiel das neue Großreich schnell, insbesondere seine eigentliche Heimatregion ging an nachrückende »türkische« Seldschukenstämme verloren. Um Lahore allerdings behauptete sich ein ghaznavidischer Rumpfstaat. Damit stand zum ersten Mal der größte Teil des heutigen Pakistans unter Herrschaft islamischer Eliten, da ja im Sindh die Nachfolger der arabischen Eroberer weiter dominierten.[24]

Das Sultanat von Delhi

Die nächste Welle fremder Eroberer erreichte erneut von Westen den indischen Subkontinent, diesmal mit weit dauerhafteren Ergebnissen. Nach dem Zusammenbruch des Ghaznaviden-Reiches hatte sich in Afghanistan eine neue Herrscherdynastie etabliert: Die Ghuriden, benannt nach der afghanischen Region Ghur (östlich und südöstlich von Herat), kontrollierten um das Jahr 1200 nicht nur fast ganz Afghanistan, sondern auch den östlichen Iran und das heutige Turkmenistan. Unter Mu'izz-ud-Din Muhammad ibn Sam (einfacher: Muhammad Ghuri, der Bruder des Ghuridenherrschers) eroberten sie auch große Teile Nordindiens (Uuch und Multan im Jahr 1175, Peshawar 1179, Lahore 1186, Delhi 1192) und drangen bis Bengalen vor. Die Ghuriden wollten im Gegensatz zu Mahmud von Ghazni Indien nicht nur plündern, sondern dauerhaft erobern. Nach dem Tod seines Bruders (1202) wurde Muhammad Ghuri Sultan und ernannte seinen Vertrauten und Militärsklaven Qutb-ud-Din Aybak zum Statthalter der eroberten indischen Provinzen, wurde allerdings schon vier Jahre später ermordet. Damit kam die Stunde Qutb-ud-Din Aybaks: Er erklärte die Unabhängigkeit seiner Provinzen und begründete 1206 ein eigenes Reich in Nordindien, das bald vom Hindukusch bis nach Bengalen reichte. Das »türkische« Ghuridenreich in Afghanistan brach schnell zusammen, bereits 1220 wurde Afghanistan von den Mongolen erobert. Qutb-ud-Din Aybak regierte selbst nur bis 1211, als er beim Polospiel von seinem Pony fiel und starb, aber er war der Gründer des Sultanats von Delhi, das fünf Dynastien und 320 Jahre lang bestand. Sein Schwiegersohn, Iltutmish, wurde vom Khalifen in Bagdad als Sultan anerkannt, was der Herrschaft dieser »Sklavendynastie« über Indien die religiösen Weihen verlieh.

Das Sultanat von Delhi bedeutete eine muslimische Oberherrschaft über ganz Nordindien, wenn es auch weiterhin ein Nebeneinander der verschiedenen Religionen und Kulturen gab.[25] Der Buddhismus war bereits durch die Hunnen und später Mahmuds Vorstöße wesentlich geschwächt und nach Ostasien abgedrängt worden, aber die große Mehrheit der Bevölkerung hing weiter den verschiedenen Richtungen des Hinduismus an, auch der Jainismus war durchaus noch lebendig. Die ersten Sultane neigten dazu, möglichst alle wichtigen Positionen mit Türkischstämmigen (und also mit Muslimen) zu besetzen, was aber bald auf massiven Widerstand traf und aufgegeben werden mußte. Vor allem ab der Dynastie der Khalji (ab 1290) wurden die indischen Elemente des Sultanats stärker. Die Sultane waren schon aus pragmatischen Gründen zu einem Mindestmaß an Toleranz gezwungen.[26]

Fast von Beginn an war das Sultanat einer ständigen und immer wiederkehrenden Bedrohung ausgesetzt: den Angriffen der mongolischen Stämme und Clans. Von 1221, als Dschingis Khans Reiter in Indien einfielen, bis 1308, als zum vorläufig letzten Mal die Mongolen das Land überfielen, kam es zu zahllosen Schlachten gegen diesen gefährlichen Feind. Tariq Awan mag übertreiben, wenn er allein für die Jahre 1228 bis 1260 mindestens acht Millionen Tote schätzt, es kann aber keine Frage sein, daß die jahrzehntelange Unsicherheit und Bedrohung vor allem Nordwestindien dauerhaft erschütterte und schwächte.

Während Sultan Iltutmish durch systematischen Machtausbau die Grundlagen des neuen Reiches gelegt und gefestigt hatte, erlangte es durch die energische und skrupellose Politik solcher Sultane wie Balban (Regierungszeit 1267–1287), Ala-ud-din (1296–1316) und Muhammad Tughluq (1325–1351) imperiale Größe. Nach Tughluqs Tod kam es wegen der Uneinigkeit und Schwäche seiner Nachfolger zu einem Verfall der Machtgrundlagen des Sultanats. Als der zentralasiatische Eroberer Timur (»der Lahme«), erneut türkischstämmig, aber von vielen Zeitgenossen als »Mongole« wahrgenommen, mordend und plündernd in Indien einbrach, kam ihm die Krise des Sultanats zugute. Zuerst schickte er 1397/98 seinen Enkel, der Uuch und Multan und die damals wichtigen Städte Dipalpur und Pakpattan eroberte, um dann zu ihm zu stoßen und Ende 1398 Delhi zu verwüsten. Erneut war das Gebiet des heutigen Pakistans dabei zum Aufmarschgebiet und Schlachtfeld einer äußeren Macht geworden, der es um Beute in Indien ging.

Von den Verwüstungen des Timur erholte das Sultanat sich nur langsam, es ist sogar fraglich, ob es jemals völlig wiederhergestellt wurde. Unter den Sayyiden schrumpfte es auf ein Restgebiet und wurde zu einer zweitrangigen Macht neben anderen. Erst als die letzte Dynastie der Sultane sich konsolidiert hatte, die Lodi (die lange in Afghanistan gelebt hatten und darum oft als »Afghanen« galten, tatsächlich aber ebenfalls türkischer Herkunft waren), kam es zu einem letzten, kurzen Wiederaufschwung.

Die Herrschaft der Moguln

Auf den Trümmern eines geschwächten Sultanats erfolgte 1526 die Gründung eines neuen indischen Großreiches, das zu einem der Glanzpunkte indischer Geschichte werden sollte.[27] Der zentralasiatische Abenteurer Babur (»Tiger«) setzte die Reihe derer fort, die aus dem Nordwesten kommend Indien eroberten. Babur wurde 1483 im heutigen Usbekistan geboren und erbte bereits mit elf Jahren das Fürstentum seines Vaters. In einer Phase der Kämpfe und Wirren wurde er vertrieben, aber schon ein Jahrzehnt später gelangen ihm die Eroberung von Kabul und Ghazni und die Gründung eines Reiches im heutigen Afghanistan. 1511 eroberte Babur Samarkand kurzzeitig zurück, aus dem er als Kind hatte fliehen müssen, wandte sich dann aber bald nach Indien. In gewissem

Sinne folgte er damit der Tradition seiner Vorfahren: Babur stammte väterlicherseits von Timur ab, mütterlicherseits von Dschingis Khan, die ja ebenfalls von Afghanistan aus in Indien eingefallen waren. Er allerdings wollte den Subkontinent nicht nur plündern, sondern dort ein eigenes Reich gründen, das der Moguln.

Der Begriff »Mogul« leitet sich von den Mongolen ab, denn Babur stammte aus einem türkisierten mongolischen Stamm, wenn seine politische Basis auch bei türkischen Stämmen lag. Das Mogulreich bestand von 1526 bis zur Mitte des 19. Jahrhunderts, als die britischen Kolonialherren es schließlich beseitigten. Seine Glanzzeit erlebte es von der Mitte des 16. bis zum frühen 18. Jahrhundert. Diese historische Periode ist in Pakistan nicht nur immer noch durch zahlreiche prachtvolle Gebäude – etwa das Fort oder die Badshahi Moschee in Lahore – sehr präsent, sondern ein entscheidender geistiger Bezugspunkt für die Staatsgründung und Existenz Pakistans.

Von seinem afghanischen Reich aus unternahm Babur seit 1519 Angriffe in den Punjab, eroberte unter anderem kurzzeitig Sialkot und Lahore. 1522 brachte er Kandahar (im südlichen Afghanistan) unter seine Kontrolle und damit einen Zugang in den Sindh durch Belutschistan. Sultan Ibbrahim Lodi in Delhi lag im Streit mit seinem Gouverneur im Punjab, der 1525 Babur zu Hilfe rief. Diese Einladung verschaffte Babur die nötige Unterstützung im Punjab, um direkt gegen das Sultanat vorzugehen. 1526 schlug er das weit größere Heer des letzten Sultans in der Nähe von Delhi und nahm die Stadt ein. Als er keine Anstalten machte, sich nach Afghanistan zurückzuziehen, griff der Führer einer (hinduistischen) Rajputenföderation den Eindringling mit ebenfalls überlegenen Kräften an. Erneut konnte sich Babur aufgrund besserer Artillerie und größerer Flexibilität durchsetzen. 1529 schließlich kam es zu einer letzten großen Schlacht, als die verbliebenen Kräfte des gestürzten Sultans sich mit den zahlreichen kriegerischen afghanischen Stämmen im Gangestal verbündeten. Ein erneuter Sieg bedeutete, daß Babur nunmehr unumstrittener Herr Nordindiens war: Das Mogulreich war Wirklichkeit. Als er bereits 1530 starb, reichte es von Afghanistan bis nach Bengalen.[28]

Baburs Sohn Humayun erwies sich als weit schwächer als sein Vater. Weniger durchsetzungsfähig, eher an einem Pfeifchen Opium als am Regieren interessiert, verlor er bereits 1539 die Kontrolle über das Reich an Sher Shah Sur, einen fähigen afghanischen General seines Vaters. In den nächsten vier Jahren war er ständig auf der Flucht vor Sher Shah, zuerst nach Lahore, dann in den Sindh – wo in der Wüstenfestung Umarkot sein berühmter Sohn Akbar geboren wurde – und schließlich nach Persien, wo er sich unter den Schutz des dortigen Herrschers stellte. Sher Shah Sur regierte nur kurz, da er bereits 1545 starb, aber in diesen wenigen Jahren leitete er einschneidende Reformen der Verwaltung, der Währung und des Steuerwesens ein, die dauerhafte Bedeutung erlangen sollten und wichtige Grundlagen für die Stabilisierung und Stärkung des Reiches darstellten. Er ließ eine Straße von Bengalen bis Attock und andere wichtige Verbindungswege bauen. Auch das riesige Rohtas Fort (in der Nähe von Jhelum, im Punjab) wurde in seiner Zeit errichtet. Seine Nachfolger allerdings blieben bedeutungslos und verloren schon 1454/55 die Macht, als Humayun an der Spitze eines persischen Heeres nach Indien zurückkehrte und das Mogulreich wiedererrichtete. Er starb allerdings bereits im nächsten Jahr – vermutlich an den Folgen eines Treppensturzes mit von Opium vernebeltem Kopf. Seine Bedeutung lag nur auf zwei Gebieten: der Wiedergewinnung des von ihm zuvor verspielten Reiches und Vater des vermutlich bedeutendsten Mogulkaisers zu sein, Akbars.[29]

Akbar (1542–1605, Regierungszeit ab 1556) wuchs in eher einfachen Verhältnissen in Afghanistan auf. Er blieb der einzige Mogulherrscher, der weder lesen noch schreiben konnte, während andere sich zum Teil sogar mit bemerkenswerten literarischen Werken hervortaten. (Sein Großvater Babur beispielsweise hatte umfangreiche Lebenserinnerungen verfaßt, die auch in deutscher Übersetzung erschienen sind.)[30] In den ersten Jahren seiner Herrschaft stand Akbar unter der Leitung eines der Vertrauten seines verstorbenen Vaters und von Familienmitgliedern, schüttelte diese Einflüsse aber um 1562 ab. Sein Reich umfaßte zu Beginn kaum mehr als den Punjab und die Region um Delhi, aber Akbar gelang schrittweise eine immer größere Ausdehnung. Die Grundlage seiner Macht lag in der konsequenten Fortsetzung der innenpolitischen Reformen Sher Shah Surs, die ihm einen funktionierenden Staatsapparat und eine gesunde Steuerbasis verschafften.[31] Er dehnte das Reich wieder bis nach Bengalen aus, eroberte Gujarat, Kabul und Kandahar, Kaschmir, den Sindh und Zentralindien.[32] Mit dem Mogulreich setzte sich die muslimische Herrschaft über Indien fort, aber Akbar erwies sich als bedeutender Staatsmann, indem er die engen religiösen Grenzen überschritt und durchlässiger werden ließ. Zuerst band er einen wichtigen Teil der kriegerischen Rajputen durch Heirat und Zusammenarbeit an sich und die Moguln und räumte damit auch Hindus wichtige Machtpositionen ein. Bald aber zeigte sich, daß Akbar nicht nur taktische Zugeständnisse gemacht hatte, sondern ein religiös bemerkenswert aufgeklärter Herrscher war. Er tendierte immer stärker zu toleranten und mystischen Formen des Islam, wie sie von Sufi-Predigern vertreten wurden, er diskutierte mit hinduistischen, christlichen und anderen religiösen Gelehrten und bemühte sich um eine Verbindung der Religionen zu einer wahrhaft indischen Religiosität. Schließlich ging er so weit, eine integrative Kunstreligion zu propagieren, den »Gottesglauben«, der sich bei den verschiedenen Religionen bediente. Akbar ließ beispielsweise das Schlachten von Kühen generell verbieten und demonstrierte so der hinduistischen Mehrheit seine Sympathie. Aus einer importierten muslimischen Minderheitenherrschaft entwickelte er so ansatzweise ein genuin indisches Herrschaftssystem. All dies bedeutet nicht, daß Akbar nicht auch zu sehr brutaler Gewaltpolitik in der Lage war. Um widerspenstige Rajputen unter Kontrolle zu bringen, setzte er auch Massaker und Terror ein. Trotzdem erwies sich der Analphabet auf dem Kaiserthron als bemerkenswert aufgeklärter Herrscher, der seiner Zeit – auch in Europa – weit voraus war.[33]

Anfang des 17. Jahrhunderts trat das Mogulreich in eine Periode kultureller Blüte ein. Der Bau prachtvoller und eindrucksvoller Gebäude (wie das Taj Mahal bei Agra im heutigen Indien), Malerei und Literatur wurden großzügig gefördert. Akbars Nachfolger Jahangir (Regierungszeit 1605–27) und Shah Jahan (1628–58) betonten wieder stärker den muslimischen Charakter des Reiches, ohne aber den grundlegenden Herrschaftsstil Akbars aufzugeben. Das änderte sich mit der Thronbesteigung von Aurangzeb (1658–1707), der in rücksichtsloser Weise den Vorrang des Islam durchzusetzen suchte. Hindus wurden massiv benachteiligt, schwer besteuert und von Einflußpositionen ausgeschlossen. Der Bau neuer hinduistischer Tempel oder die Renovierung bestehender wurden verboten, Indien trotz der hinduistischen Bevölkerungsmehrheit als Staat für die Muslime organisiert. Aber auch Schiiten und unorthodoxe Sufis wurden von Aurangzeb verfolgt. Während seiner Regierungszeit erreichte das Mogulreich seine größte Ausdehnung, zugleich untergruben die ständigen Kriegszüge seine Machtgrundlagen. Besonders die jahrzehntelangen Versuche, Mittelindien endlich fest unter Kontrolle zu bekommen, erwiesen sich als kostspielig und nur mäßig erfolgreich. Letztlich führte die Kombination religiöser Intoleranz, die die Loyalität der Hindus und vieler Muslime untergrub, und eines übergroßen und nicht dauerhaft zu finanzierenden Militärapparates zur Aushöhlung der Macht. Die architektonische Pracht und künstlerische Blüte des Reiches konnten nicht mehr darüber hinwegtäuschen, daß die Stärke der Moguln gegen Ende der Regierungszeit Aurangzebs zu verfallen begann. Instabilität am Hof der Moguln, schnell wechselnde Kaiser und Verlust zahlreicher Regionen und Provinzen bestimmten das Bild – wobei die neuen Regionalherrscher meist offiziell die Oberhoheit der Mogulkaiser anerkannten, aber praktisch eine unabhängige Politik betrieben. Auch das Verhältnis des Kaisers zu den Adeligen und Provinzfürsten änderte sich in der ersten Hälfte des 18. Jahrhunderts: Während unter den großen Mogulkaisern diese ihre Herrschaft mit allen Mitteln durchgesetzt hatten, wurden ihre Nachfolger zum Spielball regionaler und höfischer Adeliger und Militärführer. Der Hof in Delhi wurde zunehmend zum Spielfeld, mit dem Kaiser als Schachfigur.

Britische Kolonialherrschaft

Das kurzlebige Reich der Sikhs

In einer solchen Situation des Verfalls betrat Nadir Shah die Bühne, ein ehemaliger persischer Räuberhauptmann und Heerführer, der sich zum persischen König aufgeschwungen hatte. Er führte 1738/39 einen Eroberungs- und Plünderungsfeldzug gegen Indien. Nach der Einnahme von Kabul und Ghazni, den traditionellen Einfallstoren nach Indien, eroberte er Lahore, besiegte die Mogularmee und marschierte in Delhi ein. Mit Beute schwer beladen (darunter der berühmte Pfauenthron, den Shah Jahan hatte anfertigen lassen), zog Nadir Shah aus Indien ab, nicht ohne sich vom gefangengenommenen Mogulkaiser Afghanistan abtreten zu lassen. Wie zuvor die Invasion Timurs dem schon geschwächten Sultanat von Delhi die letzten Kräfte geraubt hatte, so ließ die des Nadir Shah nur eine leere Hülle des Mogulreiches zurück. Obwohl das indische Kaisertum noch über ein Jahrhundert bestehen blieb, war es doch nur noch ein Schatten seiner früheren Macht. Nach dem Tod Nadir Shahs erklärte sich einer seiner Generäle, Ahmad Shah Abdali, 1747 zum König von Afghanistan und unternahm in den nächsten beiden Jahrzehnten neun Eroberungszüge nach Indien, die wie immer zuerst den Punjab in Mitleidenschaft zogen. Die Mogulkaiser spielten in dieser Phase nur noch eine untergeordnete Rolle, der eigentliche Machtkampf spielte sich zwischen den Afghanen, den zentralindischen Marathen und den Sikhs ab, und deren Schlachtfeld war oft der Punjab.

Die Religionsgemeinschaft der Sikhs war von Guru Nanak (1469–1539, geboren in der Nähe von Lahore) gegründet worden und beinhaltete hinduistische und muslimische Elemente. In der vom Kastenwesen geprägten hinduistischen Gesellschaft betonte er die Gleichheit aller Menschen und trat für die Stärkung der Rolle der Frau ein. Auch der Schutz der Schwachen und Armen war Teil seiner Glaubensgrundsätze. Durch die spätere Unterdrückung und Verfolgung – Aurangzeb hatte sich auch dabei hervorgetan – hatte sie stärker kriegerische Züge angenommen. Der Siedlungsschwerpunkt der Sikhs lag im Punjab. In der ersten Hälfte des 18. Jahrhunderts leisteten sie den Moguln immer heftigeren Widerstand, und in der zweiten wurden sie im Nordwesten Indiens zu einem wichtigen Machtfaktor, der die afghanischen Versuche, den Punjab dauerhaft zu erobern, zum Scheitern verurteilte. Den Höhepunkt ihrer Macht erreichten die Sikhs in der ersten Hälfte des 19. Jahrhunderts, als Ranjit Singh (1780–1839) zum ersten und einzigen Mal die sonst chronische Zersplitterung der Gemeinschaft überwinden und im Punjab ein Königreich gründen konnte. 1799 eroberte er Lahore, ein Jahrzehnt später kontrollierte er den gesamten Punjab, 1818/19 gelang die Eroberung von Multan und Peshawar. Zwei wichtige noch heute vorhandene Bauwerke aus seiner Herrschaftszeit sind der

Gurdwara von Arjan Dev in Lahore (der Sikh-Tempel mit den goldenen Kuppeln beim Fort und der Badshahi Moschee) und die eindrucksvolle Burg bei Kot Diji im nördlichen Sindh. Nur wenige Jahre nach seinem Tod zerbrach das kurzlebige Reich der Sikhs aufgrund innerer Widersprüche.

Das britische Kolonialreich in Indien

In der Zwischenzeit hatte sich am entgegengesetzten Ende Indiens eine neue Macht festgesetzt, die den Subkontinent in ihr riesiges Kolonialreich eingliedern würde: England. Der portugiesische Seefahrer Vasco da Gama war bereits 1498 nach Indien gesegelt, und in den Jahrzehnten danach baute Portugal einen ungeheuer profitablen Handel mit Indien auf, vor allem mit Gewürzen. Durch dieses Vorbild ermutigt, brachen auch Händler anderer europäischer Staaten in die Region ein, um ähnliche Gewinne zu erzielen. Bald entwickelte sich heftige Konkurrenz zwischen Portugiesen, Niederländern, Franzosen – und Engländern. Im Jahr 1600 erhielt die neue britische Ostindien-Kompanie ein königliches Handelsmonopol, und im ersten Jahrhundert ihrer Existenz konzentrierte sie sich völlig auf den Handel, der bald auch China einbezog. Die Gegend des heutigen Pakistans spielte dabei sehr lange kaum eine Rolle. Anfang des 18. Jahrhunderts kam es dann zu zwei wichtigen Veränderungen: Einmal erhielten die britischen Handelsposten eine stärker militärische Komponente, wurden immer mehr zu Festungen ausgebaut. Und zugleich wurden die diplomatischen Aktivitäten mit den verschiedenen indischen Staaten ausgeweitet, vor allem aber mit der geschwächten Mogulregierung. Madras, Bombay und im 18. Jahrhundert immer mehr das 1690 gegründete Kalkutta wurden zu Zentren britischer Macht. Um die Mitte des 18. Jahrhunderts hatte sich die Ostindien-Kompanie gegen ihre europäische Konkurrenz endgültig durchgesetzt und vor allem ihre Machtposition in

Bengalen ausgebaut. Beim Regierungsantritt eines neuen Nawab von Bengalen 1756 fühlte sich dieser von der aufstrebenden englischen Macht bedroht und eroberte Kalkutta. Unter der Führung von Robert Clive gewann eine britische Flotte von Madras aus die Stadt zurück. In der Nähe des Dorfes Plassey kam es 1757 zur Schlacht zwischen beiden Parteien, die durch Verrat in den Reihen des Nawabs zugunsten der Briten entschieden wurde. Mit diesem Sieg hatte die Ostindien-Kompanie den Schritt von der Handelsgesellschaft zur militärischen Macht getan. Sie setzte einen neuen, von ihr abhängigen Nawab ein und nutzte von nun an die beträchtlichen Steuereinnahmen Bengalens, um die weitere Expansion in Indien zu finanzieren.

Am Ende des 18. und zu Beginn des 19. Jahrhunderts begann unter dem Generalgouverneur Lord Wellesley eine neue, offensivere Phase englischer Politik, die die Macht der Ostindien-Kompanie weiter ausdehnte. Im Nordwesten wurde danach eine diplomatische Abgrenzung der Interessen – und Territorien – mit dem Sikh-Herrscher Ranjit Singh erreicht. In den 1830er und 1840er Jahren richtete sich das englische Interesse dann zunehmend auf den Nordwesten. Der Grund lag in wachsenden Befürchtungen, daß Rußland über Afghanistan nach Indien vorstoßen könnte und so die britischen Interessen gefährden würde. 1832 hatte man mit den Prinzen des Sindh einen Vertrag geschlossen, der die Region einerseits dem britischen Handel öffnete, zugleich aber den Status quo im Sindh garantierte. Nur sieben Jahre später brach die Ostindien-Kompanie diesen Vertrag, indem sie eine Armee durch den Sindh nach Afghanistan schickte und Kabul eroberte. Eher nebenbei wurde auch Karachi eingenommen, damals ein Ort von bescheidener Größe, aber mit erstklassigem natürlichen Hafen. Auch wenn die englischen Truppen sich schließlich aus der afghanischen Hauptstadt zurückziehen mußten, so erwies sich der britische Einfluß im Sindh als dauerhaft.[34]

Nach dem Tode Ranjit Singhs 1839 geriet der Staat der Sikhs im Punjab in eine schwere innere Krise, die 1845/46 in einen Krieg mit der Ostindien-Kompanie mündete. Die britischen Truppen blieben siegreich, und das Reich der Sikhs wurde zerschlagen, der Punjab und die anderen Teile des Staates wurden nach einem Aufstand der Sikhs in Multan 1849 annektiert. Damit reichte das britisch-indische Kolonialreich bis zum afghanischen Grenzgebiet und umfaßte auch einen Teil der paschtunischen Stammesgebiete, die weit leichter zu erobern als zu kontrollieren waren. Der Punjab spielte hier eine zunehmend wichtige Rolle, die paschtunischen Stämme im Grenzgebiet zu kontrollieren und letztlich die tatsächliche oder unterstellte russische Expansion einzudämmen. Aus diesem Grund geriet auch das ansonsten unbedeutende Gebiet des heutigen Belutschistan in die britische Interessensphäre. Dort war man allerdings an einer Annexion nicht interessiert, sondern bemühte sich darum, lokale Herrscher – insbesondere den Fürsten von Kalat – als lokale Stellvertreter zur Stabilisierung und Kontrolle der Region aufzubauen.

Im Punjab entwickelte sich bald ein besonderer britischer Verwaltungs- und Regierungsstil, der sich von dem im restlichen Indien unterschied: eine Mischung von flexibler Verwaltung, paternalistischer Einstellung zur Bevölkerung, strenger Kontrolle und oft Repression mit großzügiger Entwicklung der Infrastruktur, etwa dem Bau von Straßen und Bewässerungskanälen.[35] Der Punjab wurde für das britisch-indische Imperium wirtschaftlich bedeutsam, etwa aufgrund seiner Getreide- und Baumwollproduktion. Aus diesem Grund wurde bald auch der Sindh strategisch und verkehrstechnisch wichtig: Zuerst nutzte man den Indus, dann das schnell wachsende Eisenbahnnetz, um die Produkte des Punjab nach Karachi zu befördern und dort zu verschiffen.

Die an sich wenig interessanten Hochgebirgsregionen im Norden schließlich wurden in die britische Machtsphäre einbezogen, um auch dort einem möglichen russischen Vordringen zuvorzukommen. Dort blieb – wie in Belutschistan – die britische Macht aber eher indirekt.

So wurden die verschiedenen Regionen des heutigen Pakistans in der letzten Phase der britischen Kolonialisierung Indiens dem britischen Empire auf höchst unterschiedliche Weise einverleibt.

Einen Wendepunkt der britischen Kolonialpolitik in Indien markierte das Jahr 1857. Es kam zu einem Aufstand zahlreicher Einheiten der von Engländern kommandierten indischen Armee, der einige Monate lang die Grundfesten britischer Macht erschütterte. Zeitweise gelang es den Aufständischen sogar, die alte Hauptstadt Delhi einzunehmen. Als Reaktion auf diese Erfahrung übernahm die britische Regierung nun selbst die Kontrolle über Indien. Darüber hinaus kam es zu grundlegenden Änderungen in der Militärorganisation. Der bisher geringe Anteil britischer im Vergleich zu einheimischen Soldaten wurde deutlich erhöht und die Zusammensetzung der militärischen Einheiten geändert. Waren zuvor vor allem bengalische, zentral- und südindische Soldaten in hoher Zahl rekrutiert worden, verschob sich die Zusammensetzung der Armee bis zum Ende des 19. Jahrhunderts massiv zugunsten des Punjab. In den Jahren von 1880 bis 1910 stieg der Anteil der Punjabis an der Armee von bereits beträchtlichen 27 auf 53,7 Prozent.[36]

Dieser Prozess setzte sich weiter fort: »Am Vorabend des Ersten Weltkriegs stellten die Punjabis 66 Prozent der Kavallerie der indischen Armee, 87 Prozent der Artillerie und 45 Prozent der Infanterie. Diese Zahlen belegen den höchsten Anteil einer Provinz am Militär im kolonialen Indien. Sie legen nahe, daß die Armee einen ungewöhnlich starken Einfluß auf die gesellschaftliche, wirtschaftliche und politische Entwicklung des Punjab ausübte.«[37]

Die Ursachen des extrem starken Anteils von Punjabis in

der indischen Armee waren vielfältig. Sie lagen im Mißtrauen der Kolonialherren gegenüber der Loyalität früher bevorzugter Landesteile (etwa Bengalens); in der Bereitschaft insbesondere der Sikhs des Punjab, während des Aufstandes gegen muslimische und hinduistische Aufständische zu kämpfen; an der Erfahrung und Nützlichkeit der Soldaten aus dem Punjab im Kampf und bei der Kontrolle der paschtunischen Stämme im Westen und an der rassistischen Ideologie der britischen Militärs: Dort hatte sich im letzten Drittel des 19. Jahrhunderts die Auffassung durchgesetzt, daß es in Indien »kriegerische und unkriegerische Rassen« gäbe – und zu ersteren rechnete man – neben Gurkhas und anderen – insbesondere Punjabis (Sikhs, hinduistische Jats und muslimische Punjabis) und Paschtunen.

Insbesondere im Ersten Weltkrieg, als der britische Bedarf an Soldaten massiv wuchs, wurde der Punjab in noch stärkerem Maße zur Rekrutierungsregion. Der koloniale Staat wurde dort immer stärker zum Militärstaat. Politisch gewannen die ländlichen, grundbesitzenden Eliten der Provinz immer mehr an Einfluß, da sie direkt und indirekt den militärischen Arbeitsmarkt kontrollierten und die Kolonialherren diesen in enger Zusammenarbeit mit ihnen organisierten. Es kam zu einer asymmetrischen Symbiose zwischen kolonialem Staat, ländlichen Eliten und Teilen der Landbevölkerung, die politisch und ökonomisch vom Militär und von diesen Eliten abhingen. Dieses koloniale Erbe würde eine große Rolle im späteren Pakistan spielen.

Pakistan – von der Gründung 1947 bis heute

Die Theorie der »zwei Nationen«

Im August 1947 wurde das riesige britisch-indische Kolonialreich, das sich von Afghanistan im Westen bis Burma im Osten, von China und Nepal im Norden bis nach Sri Lanka im Süden erstreckte, unabhängig – und zugleich in zwei Staaten aufgeteilt: in das heutige Indien einerseits und Pakistan andererseits – das aus einem Westflügel (dem noch heute als Pakistan bekannten Land) und einem sich später abspaltenden Ostflügel bestand, dem heutigen Bangladesch.

Diese Teilung Indiens war keineswegs selbstverständlich, sondern höchst umstritten. Träger der Idee einer eigenen Staatsgründung Pakistans war die 1906 gegründete Muslimliga, die sich in den 1930er und 1940er Jahren immer mehr zum Gegenspieler der indischen Kongreßpartei entwickelt hatte. Der Kongreß wollte ein geeintes, säkulares Indien, die Muslimliga kämpfte für die Teilung und die Gründung Pakistans als Staat für die indischen Muslime.

Der ideologische Ausgangspunkt war die sogenannte »Zwei-Nationen-Theorie«, wonach die Hindus und Muslime des multiethnischen Indiens sich nicht nur in ihrer Religionszugehörigkeit unterschieden, sondern zwei getrennte »Nationen« darstellten. Aufschlußreich für diese Denkweise ist das Buch »Pakistan: A Nation«, das 1941 von El Hamza in Lahore veröffentlicht wurde – also sechs Jahre vor der Staatsgründung. Die Muslimliga hatte im Jahr zuvor die sogenannte »Pakistan-Resolution« verabschiedet. Hamza verfolgte das Ziel, »geographische, historische und soziologische Belege für die Forderung der Muslimliga« zu finden.[38]

In seinem Buch wies Hamza zunächst auf die beträchtliche interne Heterogenität Indiens hin und zog dabei selbst die unterschiedlichen klimatischen Bedingungen verschiedener Regionen als Beleg heran. Auf diese Weise hätte man allerdings auch für eine Aufteilung Indiens in Dutzende verschiedener Staaten plädieren oder umgekehrt »Heterogenität« als Argument gegen die Staatsgründung eines selbst sprachlich und ethnisch höchst heterogenen Pakistans ins Feld führen können. Gleichwohl verlegte sich der Autor im folgenden darauf, zu begründen, warum der indische Nordwesten alle Voraussetzungen für die Bildung eines eigenständigen Staates aufweise, daß er ein geschlossenes Gebiet sei und sich gänzlich vom Rest Indiens unterscheide: »Wir sehen, daß die Gesellschaften der Hindus und der Muslime sich vollkommen unterscheiden. Sie um jeden Preis zusammenzuzwingen wäre unnatürlich und ungerecht. Die Arbeit des Gesetzgebers und des Sozialreformers muß im hinduistischen Indien anders sein, als sie in Pakistan sein wird. Ein gemeinsames Parlament für beide zu schaffen wäre beiden gegenüber nicht fair und würde in der Praxis vor allem den Interessen Pakistans schaden, das kleiner ist.«[39]

Schließlich postulierte Hamza, daß in ganz Indien, auch in den gemischt bewohnten Gebieten, in denen die Muslime eine Minderheit darstellten, die muslimische Bevölkerung eine homogene Gruppe darstelle. Da sie sich über Jahrhunderte nie mit den in Kasten organisierten Hindus, sondern nur untereinander vermischt habe, sei aus den indischen Muslimen des Nordwestens eine eigene, getrennte »Rasse« geworden: »Dieser Rassentyp unterscheidet sich von der einheimischen nichtmuslimischen Bevölkerung durch eine lange Nase, hellere Hautfarbe und größeren Körperbau und hat denselben Ursprung wie der indo-afghanische oder pakistanische Typ. Die Einheitlichkeit von Rasse, Religion und Kultur hat der Mehrheit der indischen Muslime eine ausgeprägte nationale Identität gegeben, die immer deutlich wird, wenn man sie mit den nationalen Eigenschaften der nichtmuslimischen Völker vergleicht.«[40]

Diese Thesen waren offensichtlich von rein propagandistischem Wert: So groß die ethnischen Unterschiede der Bevölkerung in Indien auch waren, sie verliefen nie an religiösen Grenzlinien entlang. Muslime und Hindus innerhalb des Punjab oder Bengalens an ihrem äußeren Erscheinungsbild erkennen zu wollen, wäre eine aussichtslose Unternehmung gewesen, während – beispielsweise – muslimische Belutschen von ebenso muslimischen Bengalen oder hinduistische Punjabis von hinduistischen Tamilen äußerlich zu unterscheiden häufig nicht schwierig war. Auch der Versuch, die Muslime Indiens zu einer gemeinsamen »Rasse« zurechtzudefinieren, hatte weniger mit den Realitäten der Region, um so mehr mit der Anziehungskraft des Rassenbegriffs zur Legitimation politischer Ziele zu Beginn der vierziger Jahre zu tun.

Umstrittene Staatsgründung

Tatsächlich votierten die indischen Muslime noch zu Beginn der 1940er Jahre keineswegs mehrheitlich für einen eigenen Staat. Viele sympathisierten mit der Kongreßpartei, und auch in den Gebieten des späteren Pakistans gab es lange Widerstand gegen die Staatsgründung. Gerade im Punjab und in der Nordwestprovinz (*North-West Frontier Province*, NWFP) war die Skepsis groß. Die Pakistanbewegung hatte ihre Hochburgen nicht in diesen Provinzen, in denen die Muslime eine Mehrheit bildeten, sondern in den Minderheitenprovinzen Zentralindiens, wo sie zum Teil nur 15 Prozent der Bevölkerung ausmachten. Und zu ihren Aktivisten zählten vor allem gut ausgebildete Beamte, Rechtsanwälte und Händler jener Provinzen.[41] Eine paradoxe Situation, die aber erklärlich wird, wenn man bedenkt, daß gerade diese bisher von der Kolonialmacht z. T. bevorzugten muslimischen Eliten befürchteten, im Falle eines vereinigten Indiens ihre starke Stellung zu verlieren und in den Hintergrund gedrängt zu werden. In einem neu zu schaffenden »Pakistan« würde genau dieser Gruppe eine entscheidende Machtposition zufallen. Demgegenüber waren die Muslime in den Landesteilen, in denen sie ohnehin die Mehrheit besaßen, an Pakistan lange nicht interessiert: Sie hielten dort ohnehin das Heft in der Hand.

Paradox war auch, daß sich ausgerechnet die islamischen Prediger und Gelehrten mehrheitlich gegen einen Staat der Muslime aussprachen, so etwa die 1941 gegründete islamistische Partei *Jamaat-i-Islami* (JI). Die Führer der Pakistanbewegung – wie der Vorsitzende der Muslimliga, der Rechtsanwalt Muhammad Ali Jinnah – waren eindeutig säkular. Sie wollten zwar einen Staat der Muslime, aber zumindest zu Beginn keinen »islamischen« Staat. Die Religion sollte aus der Politik herausgehalten werden, Staat und Islam strikt getrennt bleiben. Religiöse Kräfte hingegen wiesen einen muslimischen Staat, der nicht religiös geprägt sein sollte, zurück. Sie argumentierten, daß der Islam keine *nationale* Angelegenheit, sondern eine allumfassende und transnationale Religion sei; zum Teil mißtraute man auch den säkularen Führern der Muslimliga.

In der letzten Phase der britischen Kolonialherrschaft sah sich die Führung der Muslimliga gezwungen, von ihrer sozial elitären, politisch säkularen Position abzurücken. Noch 1937 hatte sie bei Wahlen eine fast vernichtende Niederlage erlitten (nicht mehr als 5 Prozent aller Stimmen von Muslimen). Nun versprach man in populistischer Manier allen alles: den Armen soziale Gerechtigkeit, den Händlern und wirtschaftlich Mächtigen eine Befreiung von der hinduistischen Konkurrenz und der Abhängigkeit von den Hindu-Geldverleihern, den religiösen Menschen und Mullahs einen irgendwie »islamisch« geprägten Staat, während den gebildeten Städtern zugleich eine demokratische und säkulare Politik verheißen wurde. Die Muslimliga schürte den Konflikt mit der hinduistischen Mehrheit, und ihre säkularen Führer setzten – ein weiteres Paradox – zunehmend auf religiöse Massenmobilisierung und erweckten dabei den Eindruck, »der Islam« und die indischen Muslime seien von »den Hindus« grundsätzlich bedroht. Haqqani spricht von »religiöser Raserei« und stellt überspitzt fest: »Die Kampagne für Pakistan war in ihrer Schlußphase zu einer religiösen Bewegung geworden.«[42] Islamische Begrifflichkeiten, Vorstellungen und religiöse Demagogie wurden zu einem entscheidenden Mittel der weltlichen muslimischen Elite der Liga, die Konflikte zwischen Muslimen und Hindus (sowie Sikhs) zu verschärfen, die Muslime so hinter sich zu scharen und auf diese Weise die Teilung Indiens voranzutreiben.

Ishtiaq Ahmed faßt die Situation beim Kampf um die Staatsgründung folgendermaßen zusammen: »Die bemerkenswerteste Charakteristik des Kampfes für Pakistan lag darin, daß ihre Führungsschicht fast völlig aus westlich gebildeten muslimischen Akademikern bestand. Die religiösen Führer (*ulama*) blieben insgesamt der Idee eines muslimischen Nationalstaates gegenüber feindselig eingestellt. Sie glaubten, dieser würde auf säkularen Prinzipien und nicht der Scharia beruhen. Aber im Zuge der Massenmobilisierung ab 1943 gab die elitäre Muslimliga ihr verschrobenes konstitutionelles und legalistisches Image zugunsten eines muslimischen Populismus auf. Dieser Populismus bezog sich stark auf islamische Werte. Die Erinnerung an berühmte muslimische Krieger und Eroberer wurde beschworen, vor allem, wenn sie hinduistische Führer besiegt hatten. Man machte extravagante Versprechungen, den Ruhm des Islam in einem zukünftigen muslimischen Staat wiederherzustellen. Deshalb gewann die Muslimliga schließlich die Unterstützung vieler religiöser Heiliger und einiger respektierter Religionsgelehrter. ... Daß der Islam für verschiedene Leute sehr Unterschiedliches bedeutete, geriet in der allgemeinen Erregung der Massenmobilisierung in den Hintergrund.«[43]

Die Instrumentalisierung religiöser Gefühle, Traditionen und Organisationen zur antiindischen Agitation durch die säkulare Elite verschaffte dem Staatsbildungsprojekt zwar eine breite soziale Basis, verschob aber den politischen Diskurs ins Religiöse. Viele islamische Theologen und Prediger schlossen sich nun der Bewegung für Pakistan an, forderten aber immer stärker die »Islamisierung« des neuen Staates. Die Führer der Muslimliga hatten dem ideologisch wenig entgegenzusetzen: Wer einen Staat für die »Muslime Indiens« forderte, konnte sich kaum öffentlich gegen eine Islamisierung stellen. Dies galt um so stärker, als auch Jinnah und andere hohe Führer sich aus Gründen der Opportunität und Mobilisierung zunehmend einer religiösen Sprache bedienten.

Die Emotionalisierung der Politik trug zu den ohnehin wachsenden Spannungen zwischen den Bevölkerungsgruppen bei. Vor allem in Kalkutta und dann im Punjab kam es zu einer Eskalation der Gewalt, die den britischen Abzug beschleunigte. Blutige Auseinandersetzungen zwischen hinduistischen und muslimischen Gruppen nahmen zu.[44]

Die Gründungsphase: 1947 bis 1958

Die Startbedingungen Pakistans waren ausgesprochen schwierig. Das neue Land bestand aus zwei mehr als 1500 Kilometer voneinander entfernten Landesteilen, die durch indisches Gebiet getrennt waren: einerseits Westpakistan, andererseits Ostpakistan, das heutige Bangladesch. Westpakistan umfasste die Provinzen Sindh, Belutschistan und Punjab (dessen kleinerer Teil allerdings zu Indien gehörte), die Nordwestprovinz (NWFP), dazu die von Pakistan verwaltete Himalayaregion der *Northern Areas* und den von ihm kontrollierten Teil Kaschmirs.[45] In Ostpakistan wurde fast ausschließlich Bengali gesprochen, hier lebte die knappe Mehrheit der Gesamtbevölkerung des neuen Staates, während Westpakistan (das dem

Gebiet des heutigen Pakistans entspricht) ethnisch und sprachlich sehr vielfältig war. Als Hauptstadt wurde zuerst Karachi (am Indischen Ozean) bestimmt, ab 1961 begann der Bau einer völlig neuen Hauptstadt, Islamabad.

Zunächst verfügte das neue Land über keinerlei staatliche Strukturen. Die alte Kolonialregierung hatte ihren Sitz in Delhi gehabt, wo nun auch die Regierung des unabhängigen Indiens residierte. Die Gebiete des neuen Staates Pakistan waren nie zuvor als Einheit verwaltet oder regiert worden, verfügten also über keinerlei zentrale Regierungsinstanzen oder Behörden. In einem mühsamen und konfliktreichen Prozeß mußten Indien und Pakistan die bisherigen Kolonialbehörden, das Staatsvermögen, die Armee und alle anderen bisher gemeinsam genutzten Strukturen und Ressourcen möglichst gerecht aufteilen – kein einfaches Unterfangen angesichts des vorherrschenden Klimas der Spannung und Gewalt bei der Trennung beider Länder. Zudem ließen sich zwar der staatseigene Wagenpark, die Lokomotiven der Eisenbahn oder das flüssige Staatsvermögen nach einem bestimmten Schlüssel aufteilen, das Straßen- oder Eisenbahnnetz oder die Industrien hingegen nicht. Deshalb war Pakistan zunächst fast durchgehend landwirtschaftlich geprägt, da praktisch alle Industrien auf indischem Gebiet lagen. Entsprechend ländlich war die Bevölkerungsstruktur.

Naturgemäß waren die ersten Jahre von den Erschütterungen der indischen Teilung geprägt. Im Herbst 1947 löste eine Invasion paschtunischer Stämme aus der Nordwestprovinz in Kaschmir den ersten Krieg gegen Indien aus, der bis Januar 1949 andauern sollte. Als Kriegsergebnis wurde die im wesentlichen noch heute geltende Waffenstillstandslinie in Kaschmir festgelegt.

Nach der doppelten Staatsgründung hatte zudem eine massive Fluchtbewegung über die neuen Grenzen eingesetzt. Der Teilung, den Massakern und ethnischen Säuberungen dürften eine halbe Million Menschen zum Opfer gefallen sein (die Schätzungen reichen von 200.000 bis zu einer Million), wobei das Blutvergießen im Punjab am schlimmsten war.[46] Das neue Pakistan verlor rund sechs Millionen Hindus und Sikhs, dafür kamen acht Millionen Muslime hinzu, vor allem aus dem Osten des Punjab und den Minderheitenprovinzen, wie dem späteren Uttar Pradesh, Bombay, Delhi und dem gesamten nördlichen Zentralindien. Sowohl Bengalen als auch der Punjab wurden geteilt, und die jeweiligen Teile schlossen sich Indien bzw. Pakistan an.

Die Muslime aus dem nun indischen Teil des geteilten Punjab flüchteten überwiegend in den pakistanischen Westpunjab, während die Flüchtlinge aus Zentralindien sich meist in Lahore oder den großen Städten des Sindh niederließen, vor allem in Karachi und Hyderabad. Die meisten Flüchtlinge trafen völlig verarmt in Pakistan ein, oft froh, gerade noch mit dem Leben davongekommen zu sein. Eine kleine Minderheit aber hatte zur Verwaltungselite Britisch-Indiens gehört, und manche waren dort wohlhabende Händler oder Juristen gewesen. Zu ihnen gehörten oft die Aktivisten der Pakistanbewegung und der Muslimliga, und diese Flüchtlingselite besetzte bald im neugegründeten Staat wichtige Schlüsselfunktionen.

Die Staatsgründung mündete in eine Zeit politischer Instabilität. Gründervater Muhammad Ali Jinnah starb bereits 1948. »Die politischen Entwicklungen nach Jinnahs Tod können nur als chaotisch bezeichnet werden. Es gab nicht weniger als sieben Ministerpräsidenten in zehn Jahren. Liaquat Ali Khan (50 Monate im Amt) wurde ermordet. Seine Nachfolger, Khwaja Nazimuddin (17 Monate); Mohammed Ali Bogra (29 Monate); Chaudri Mohammed Ali (13 Monate); Shaheed Suhrawardy (13 Monate); I.I. Chundrigar (2 Monate) und Firoz Khan Noon (11 Monate) wurden alle Opfer von Palastintrigen. Nur zwei dieser sieben, Liaquat Ali Khan und Suhrawardy, hätten den Anspruch auf nennenswerte Unterstützung in der Bevölkerung erheben können. Während der gesamten 1950er Jahre mißbrauchten zwei Erzbürokraten, Ghulam Mohammed und Iskander Mirza, schamlos ihre Machtbefugnisse als Staatspräsidenten, um Regierungen ein- oder abzusetzen.«[47]

Durch diese ständigen Regierungswechsel konnten sich keine dauerhaften, verläßlichen oder gar demokratischen Strukturen entwickeln.

Dabei hatte sich Staatsgründer Jinnah zu Beginn noch mehrfach für eine demokratische Entwicklung ausgesprochen: »Ich weiß nicht, wie schließlich unsere Verfassung aussehen wird. Aber ich bin sicher, daß sie demokratisch sein und die wichtigen Prinzipien des Islam beinhalten wird. Demokratie liegt uns im Blut, sie durchdringt uns vollkommen. Nur Jahrhunderte ungünstiger Umstände haben die Zirkulation dieses Blutes erkalten lassen. Der Islam und seine Ideale haben uns die Gleichheit der Menschen, haben uns Gerechtigkeit und Fairneß gegen jedermann gelehrt.«[48]

Allerdings begann die Schwächung demokratischer Politik bereits unter Jinnah und seinem Ministerpräsidenten Liaquat Ali Khan. Jinnah übernahm bei Staatsgründung das Amt des Generalgouverneurs, das noch aus der Kolonialzeit stammte, aber zuerst beibehalten (und später ins Präsidentenamt umgewandelt) wurde. Auch wenn der Generalgouverneur eigentlich oberhalb der Tagespolitik angesiedelt hätte sein und eine eher symbolische Rolle spielen sollen, so führte das ungeheure Prestige Jinnahs dazu, ihm besondere Macht zuzuweisen. Dabei stellte sich schnell heraus, daß Jinnah zwar prinzipiell demokratische Vorstellungen haben mochte, in der politischen Praxis aber durchaus zu autoritären Lösungen neigte. Zugleich führte die prekäre Situation des neuen Staates zu einer Betonung zentralistischer Tendenzen. Zusammengenommen bedeutete dies, daß der neue Staat wie der alte Kolonialstaat weiterfunktionierte und Demokratie so von Beginn an untergraben wurde.

Besonders deutlich wurde dies im Verhältnis der Regierung zu den Provinzen. Auch wenn Pakistan eigentlich föderal regiert werden sollte, setzte Jinnah die Provinzregierungen in der Nordwestprovinz (1947) und im Sindh (1948) ab, obwohl sie dort über parlamentarische Mehrheiten verfügten. Nach dem Tod Jinnahs verfuhr sein Nachfolger Liaquat Ali Khan 1949 mit der Regierung des Punjab ebenso, womit bereits in der Frühphase Pakistans gefährliche Präzedenzfälle geschaffen wurden, auf administrativem Weg gewählte Regierungen zu beseitigen. Als dann im Oktober 1951 Liaquat Ali Khan ermordet wurde, führte dies nicht etwa zur Beendigung des autoritären und zentralisierenden Regierungsstils, sondern nur zu einer Veränderung in der Form.[49] Der Beamte Ghulam Mohammed trat an die Spitze des Staates, mit ihm nahmen die Bürokraten aus dem alten *Indian Civil Service* der Kolonialzeit (nun *Pakistan Civil Service,* beides karriereorientierte Beamtenlaufbahnen) zunehmend Schlüsselpositionen ein.[50]

Ein weiterer Schlag gegen die Demokratie wurde 1953 geführt, als angesichts religiös inspirierter Unruhen in Lahore dort das Kriegsrecht verhängt wurde. Dies rief zum ersten Mal das Militär auf die politische Bühne und demonstrierte, daß die zivile Regierung zur Lösung eines wichtigen politischen Problems nicht in der Lage war und der Armee mehr zutraute als sich selbst. Auch dies stellte einen wichtigen Präzedenzfall dar. Kurz nach der Beendigung des Ausnahmezustands entließ Generalgouverneur Ghulam Mohammed die Regierung von Ministerpräsident Nazimuddin, obwohl sie im Parlament (bzw. der Verfassunggebenden Versammlung) über eine Mehrheit verfügte.

Spätestens damit waren die Weichen endgültig gestellt. 1954 löste der Generalgouverneur die Verfassunggebende Versammlung ohne jede Rechtsgrundlage auf, noch bevor sie eine

Verfassung beschließen konnte, auf deren Grundlage dann Parlamentswahlen fällig gewesen wären.[51] Die Muslimliga verfiel in der ersten Hälfte der 1950er Jahre, und es gelang weder die Herausbildung eines funktionierenden Parteiensystems noch einer parlamentarischen Demokratie. Die Macht verschob sich hin zur Bürokratie und dem Militär, während die Politiker sich in Grabenkämpfen verloren. Zwar wurde 1956 endlich die erste pakistanische Verfassung verabschiedet, aber bereits zwei Jahre später wieder beseitigt, als der Oberkommandierende des Heeres, General Ayub Khan, durch einen Putsch die Macht an sich riß.

Säkulare Militärherrschaft, 1958 bis 1971

Im Herbst 1958 verhängte Iskandar Mirza (ursprünglich Offizier, dann Spitzenbürokrat; seit 1955 als Nachfolger Ghulam Mohammeds Generalgouverneur, 1956 erster Präsident) in einer Situation politischer Instabilität das Kriegsrecht und ernannte General Muhammad Ayub Khan zum »Obersten Kriegsrechtsverwalter«. Dieser setzte Mirza nach nur drei Wochen ab, übernahm mit diesem Doppelputsch allein die Macht im Land und begründete so die erste der bisher vier Militärdiktaturen Pakistans.[52] General Ayub Khan war bereits seit den frühen 1950er Jahren eine der mächtigsten Persönlichkeiten Pakistans (seit 1951 Oberkommandierender des Heeres, ab 1954 zusätzlich Verteidigungsminister). Nach dem Putsch löste er sofort das Parlament auf und verbot die Parteien, etwa 7000 Politikern wurde jede politische Betätigung verboten, später sogar politische Erklärungen.

Der Charakter seiner Herrschaft war weniger der einer typischen Militärdiktatur, sondern bestand eher in einer von Militärs geführten Herrschaft der zivilen Bürokratie. Sie war von starker Zentralisierung der politischen Macht gekennzeichnet; die Provinzen (im Westteil des Landes bereits seit

1955 zu einer Einheit verschmolzen) und insbesondere Ost-pakistan wurden weiter an den Rand gedrängt. Zur Gewin-nung von Legitimität und als Ersatz für das Parlament und die Parteien führte Ayub Khan ein System von »Basisdemo-kraten« ein, 80.000 (später 120.000) gewählten, parteilosen Repräsentanten, die in einem abgestuften System der Partizi-pation die Bevölkerung vertreten sollten, aber dem Einfluß (und der Auswahl) der Regierung viel stärker ausgeliefert wa-ren als gewählte Abgeordnete der Parteien. 1962 verkündete der inzwischen als Präsident amtierende Militärherrscher eine neue Verfassung, in der dieses System festgeschrieben war.[53]

Innenpolitisch vertrat Ayub Khan – auch wenn er immer wieder bereit war, sich religiöser Formeln zu bedienen, wenn dies politisch vorteilhaft erschien – eine säkulare Politik, die den Islam aus der Politik heraushalten und ihn zugleich mo-dernisieren wollte. In diesem Zusammenhang wurde auch ein neues, modernes Familien- und Scheidungsrecht verabschie-det. Ökonomisch setzte der Präsident auf Modernisierung, Industrialisierung und eine liberale Wirtschaftspolitik – die Wachstumsraten lagen bei jährlich fast sieben Prozent (wenn auch bezogen auf eine sehr niedrige Ausgangslage), und die Infrastruktur wurde massiv ausgebaut, etwa in den Bereichen Energiegewinnung und Schwerindustrie. Diese Politik war er-folgreich, vertiefte allerdings die soziale Ungleichheit und führte zu einer Konzentration der wirtschaftlichen Macht in immer weniger Händen. Zu dieser Zeit entstand auch die bis heute populäre – wenn auch stark übertriebene – Ansicht, daß der größte Teil der Reichtums in Pakistan von nur 22 Familien kontrolliert werde.[54] Auch die landwirtschaftliche Entwick-lung verlief erfolgreich; Ishrat Husain spricht von den »golde-nen Jahren der pakistanischen Landwirtschaft« und nennt ein durchschnittliches Wachstum dieses Sektors von 4,1 Prozent für die Jahre 1958–1969 – auch wenn, wie er selbst darlegt, die forcierte Industrialisierungspolitik auf Kosten der Landwirtschaft ging.[55]

Außenpolitisch orientierte sich Ayub Khan am Westen, insbesondere an den USA. Die pakistanische Armee wurde mit Hilfe US-amerikanischer Waffen und Ausbilder gestärkt. Pakistan versuchte seine militärische Schwäche gegenüber Indien durch die Bindung an einen starken Partner auszugleichen, während die USA umgekehrt im Kalten Krieg Pakistan auf ihre Seite ziehen wollten. Als Washington allerdings ab 1962 auch Indien (als Folge des für Indien katastrophalen Krieges gegen China) aufzurüsten begann, wurde die enge Bindung an Pakistan problematisch. Ab 1965 schließlich – nach dem zweiten pakistanisch-indischen Krieg – fühlte sich Pakistan (und nicht allein seine Regierung) von den USA im Stich gelassen und verstärkte die Zusammenarbeit mit der Volksrepublik China.

Der Krieg gegen Indien hatte begonnen, nachdem Pakistan seit Mai/Juni 1965 irreguläre Kämpfer und später Soldaten über die Waffenstillstandslinie in den indisch kontrollierten Teil Kaschmirs einsickern ließ, um einen Aufstand der kaschmirischen Bevölkerung gegen Indien auszulösen und zu unterstützen.

Die UNO vermittelte einen Waffenstillstand, und die Sowjetunion lud beide Länder nach Taschkent ein, wo Präsident Ayub Khan im Januar 1966 mit dem indischen Ministerpräsidenten vereinbarte, wechselseitig besetzte Gebiete zurückzugeben. Von einer Lösung der Kaschmirfrage war keine Rede. Da die pakistanische Öffentlichkeit die Propaganda der eigenen Führung für bare Münze genommen hatte und den Krieg als siegreich betrachtete, obwohl man im besten Fall von einer Sackgasse sprechen konnte, führte die Vereinbarung von Taschkent zu einer Welle der Kritik an Präsident Ayub Khan. Sein Außenminister Zulfikar Ali Bhutto, der selbst eine treibende Kraft der abenteuerlichen Kriegspolitik gewesen war, distanzierte sich vom Präsidenten und trat unter Protest zurück.

Nach dem Krieg von 1965 geriet Ayub Khan innenpolitisch zunehmend in die Defensive. Zu der bereits bestehenden Unzufriedenheit wegen der wachsenden sozialen Ungleichheit und mangelnden politischen Partizipation trat nun der Vorwurf, die pakistanischen Interessen nach einem angeblich erfolgreichen Krieg ohne Not aufgegeben zu haben. Angesichts des zunehmenden Drucks und einer hinzutretenden schweren Krankheit übergab General Ayub Khan die Macht 1969 an seinen Kollegen, General Yahya Khan.

Yahya Khan war eine eher unpolitische Person, hinterließ in seiner nur kurzen Amtszeit als Präsident trotzdem seinem Land ein schweres Erbe. Außer wegen seines ausschweifenden Lebensstils blieb er vor allem durch zwei Ereignisse im Gedächtnis: 1970 – also 23 Jahre nach Staatsgründung und mit einschneidenden Folgen – ließ Yahya Khan die ersten freien Parlamentswahlen Pakistans abhalten. In seine Amtszeit fiel aber auch der Krieg gegen Ostpakistan – und zugleich erneut mit Indien –, was zur Unabhängigkeit des damaligen Ostpakistans führte.

Das Verhältnis zwischen West- und Ostpakistan war von Beginn an problematisch gewesen. Bereits die Entscheidung, Urdu zur Staatssprache zu machen, wurde im östlichen Landesteil weitgehend abgelehnt. In Westpakistan herrschte beträchtliche sprachliche und ethnische Vielfalt (wodurch das mit den *Muhajir* aus Zentralindien importierte Urdu als neutral gegenüber den dort gesprochenen Sprachen und als Alternative zum Englischen oder Punjabi gelten konnte), während im Ostteil fast die gesamte Bevölkerung Bengalisch sprach. Urdu auch dort zur Staats- und Verwaltungssprache zu machen wurde als Benachteiligung der Bengalen empfunden. Bald wurde deutlich, daß das bengalische Ostpakistan auch wirtschaftlich ausgenutzt und vernachlässigt wurde. Zwar waren einzelne bengalische Politiker in hohen Positionen in der Regierung vertreten, insgesamt aber lag die Macht im Staat bei

Politikern aus dem Punjab und *Muhajir* (bei der Staatsgründung aus Indien eingewanderte Muslime) sowie beim Militär, das vor allem aus Punjabis und Paschtunen bestand.

Husain Haqqani schildert die Benachteiligung Ostpakistans so: »1947 machten die Bengalen nur ein Prozent an der pakistanischen Armee aus. Bis zu den 1960er Jahren war ihr Anteil auf nur sieben Prozent gestiegen. Im Offizierscorps war der Unterschied noch schärfer. Auch in der pakistanischen Bürokratie arbeiteten viel weniger Bengalen als Westpakistaner. 1966 stammten nur 27.648 von 114.302 aus Ostpakistan. Obwohl Ostpakistan den größten Teil der Deviseneinnahmen erwirtschaftete, erhielt es einen kleineren Teil der staatlichen Investitionen. 1969/1970 war das Pro-Kopf-Einkommen in Westpakistan um 61 Prozent höher als das bengalische. Ostpakistan schäumte vor Wut, aber die westpakistanischen Offiziere waren in einer Art kolonialer Hybris unfähig, die Tiefe dieser Gefühle zu begreifen. Es fehlte offensichtlich jede Bereitschaft, der bengalischen Bevölkerungsmehrheit eine führende Rolle bei der Leitung des Landes zuzugestehen.«[56]

Deshalb war es wenig erstaunlich, daß viele Bengalen zuerst auf größeren Einfluß in Pakistan drängten, schließlich auch Forderungen zumindest nach einer Teilautonomie stellten. Die pakistanischen Eliten und die Regierung wehrten solche Ansinnen konsequent ab und behandelten Ostpakistan wie ein abhängiges Gebiet. Dies hatte sich auch im Krieg gegen Indien 1965 gezeigt: Damals hatte man Ostpakistan faktisch sich selbst überlassen und trocken festgestellt, daß die Verteidigung des östlichen Landesteils im Westen erfolgen würde. In gewissem Sinne hatte man damals das Abenteuer in Kaschmir für wichtiger gehalten als Ostpakistan – was dort nicht unbemerkt blieb und den bengalischen Nationalismus förderte.

Vor diesem Hintergrund fand die Wahl von 1970 statt. Die bengalische Bevölkerung Ostpakistans machte etwas über die Hälfte der gesamten pakistanischen aus (ca. 55 Prozent), alle anderen ethnischen und nationalen Gruppen in Westpakistan zusammen bildeten zahlenmäßig die Minderheit. Präsident Yahya Khan und die westpakistanischen Eliten unterschätzten die Unzufriedenheit im Osten beträchtlich, sonst hätten sie vermutlich keine Wahlen erlaubt.

Ihr Ergebnis war aus Sicht des Militärs und der Machteliten des Westens verheerend: Ganz Ostpakistan hatte geschlossen für die Awami-Liga gestimmt (151 von 153 ostpakistanischen Parlamentssitzen), die die Bindung an Westpakistan lockern und zumindest Autonomie für den Osten erreichen wollte. Damit hatte die Awami-Liga aber zugleich die knappe Mehrheit im pakistanischen Parlament gewonnen, das insgesamt 300 Sitze umfaßte. In den Westprovinzen hatte sich die neue Pakistanische Volkspartei (*Pakistan Peoples Party*, PPP) von Zulfikar Ali Bhutto durchgesetzt (81 von 147 Sitze im Westen), wenn auch weniger überwältigend als die Awami-Liga im Osten. Der dominierende westliche Landesteil (insbesondere der Punjab) war gegenüber den antizentralistischen oder auf Autonomie zielenden Kräften (zu denen auch einige kleinere, regionale Parteien im Westteil gehörten) in die Minderheit geraten.

Sowohl die PPP Zulfikar Bhuttos als auch das Militär akzeptierten das Wahlergebnis nicht. Die Einberufung des Parlaments wurde auf unbestimmte Zeit verschoben. Das Militär ging seit Ende März 1971 brutal gegen Demonstranten, die Awami-Liga und die hinduistische Minderheit in Ostpakistan vor. Ein General formulierte das brutale Credo: »Ich werde alles aufbieten, das ich kann – Panzer, Artillerie und Maschinengewehre –, um die Verräter zu töten und, falls erforderlich, Dacca [die Hauptstadt Ostpakistans] dem Erdboden gleichzumachen. Es wird niemanden mehr zu regieren geben, es wird nichts mehr zu regieren geben.«[57]

General Tikka Khan, der neue Oberkommandierende in Ostpakistan, hielt sich an dieses Rezept und wurde zum

»Schlächter der Bengalen«. Er selbst sprach später von 34.000 Toten, der Vorsitzende der Awami-Liga, Sheikh Mujibur Rahman, nannte drei Millionen. Auch nach Regierungsangaben flohen rund sechs Millionen Ostpakistaner vor der Gewalt. Bengalische Soldaten und ganze Einheiten desertierten und organisierten den bewaffneten Widerstand, der von Studenten und anderen Teilen der Bevölkerung unterstützt wurde. Bald kam es auch zu Übergriffen und Massakern der bengalischen Milizen gegen Nichtbengalen. Das Militär gründete bewaffnete Gruppen, in denen die Studentenvereinigung der islamistischen *Jamaat-e-Islami* eine wichtige Rolle spielte, wie auch die religiösen Parteien insgesamt zu Kollaborateuren des Mordens der säkularen Diktatur wurden. Die Unterdrückung und die Massaker wurden von den Generälen immer stärker als Kampf für den Islam und gegen Ungläubige, Säkulare und Hindus gerechtfertigt. Dabei hielten sich Frömmigkeit und Barmherzigkeit der hohen Offiziere in Grenzen. So meinte General Niazi, als er auf die massenhafte Vergewaltigung bengalischer Frauen durch seine Soldaten hingewiesen wurde: »Man kann nicht hier in Ostpakistan Krieg führen und dann erst nach Westpakistan gehen, um zu ejakulieren.«[58]

Im November 1971 griff Indien, zunächst noch in geringem Umfang, militärisch direkt in die Kämpfe in Ostpakistan ein. Zuvor hatte es die Aufständischen indirekt unterstützt. Als daraufhin Pakistan durch militärische Angriffe vom Westflügel seines Landes antwortete, kam es zum dritten pakistanisch-indischen Krieg, der sich auf Ostpakistan konzentrierte. Da dort die pakistanische Armee relativ schwach und in einer logistisch schwierigen Lage war – ihre Nachschublinien aus Westpakistan mußten um ganz Indien herumgeführt werden – und praktisch die gesamte bengalische Bevölkerung gegen sich hatte, kam es bald zur pakistanischen Kapitulation. Ostpakistan wurde als Bangladesch ein unabhängiger Staat.

Haqqani benennt die Folgen für Rest-Pakistan: »Die Abspaltung Ostpakistans zum unabhängigen Bangladesch war das traumatischste Ereignis in der kurzen Geschichte Pakistans als unabhängiges Land. Die Bevölkerung des Landes wurde um mehr als die Hälfte vermindert. Pakistan verlor einen großen Teil seines Staatsgebietes, seine geopolitische Rolle in Südasien und einen wichtigen Bereich seiner Volkswirtschaft. Noch wichtiger war der psychologische Rückschlag einer Niederlage gegen Indien. Die islamische Ideologie erwies sich offensichtlich als unzureichend, um die Bengalen in Pakistan zu halten. Das Prestige der pakistanischen Armee ... war ebenso erschüttert.«[59]

Zuerst versuchten die hohen Militärs noch, ihre Macht zu retten, doch aufgrund des Widerstands in der Armee selbst – insbesondere bei den mittleren Dienstgraden – mußten sie bald kapitulieren. Schließlich war das Oberkommando bereit, die Macht an einen zivilen Politiker zu übergeben, den Wahlsieger in Westpakistan, Zulfikar Ali Bhutto, den früheren Außenminister Ayub Khans.

Die Regierungszeit Zulfikar Ali Bhuttos, 1971 bis 1977

Der Gründer der Pakistanischen Volkspartei (PPP) wurde als erster gewählter Ministerpräsident eine der zentralen Gestalten der pakistanischen Geschichte. Bis heute scheiden sich an ihm die Geister. Unter ihm wurde die arme Bevölkerungsmehrheit zum ersten Mal in die Politik einbezogen, Bhuttos »islamischer Sozialismus« mag zwar weder islamisch noch sozialistisch gewesen sein, aber er zielte stark auf die bisher Ausgeschlossenen und Vernachlässigten. Zwar war Bhutto selbst ein »feudaler« Großgrundbesitzer aus dem Sindh und von höchst autoritärem Charakter,[60] aber seine Neigung, sich in populistischer Art über die Köpfe der traditionellen Eliten an die Bevölkerung zu wenden, und seine zu Beginn radikale

Rhetorik brachten die konservativen Kräfte und das Militär gegen ihn auf. Zu Beginn seiner Regierungszeit ging Bhutto mit linken Kräften innerhalb und außerhalb der PPP ein lockeres Bündnis ein, da er deren Organisationskraft brauchte, um sich eine soziale Basis im Land aufzubauen. Dem diente auch die Übernahme linker Programmpunkte, etwa die Betonung einer Landreform oder der Verstaatlichung wichtiger Wirtschaftszweige. Bald aber ließ er seine linken Partner und den sozialreformerischen Flügel seiner Partei fallen, um die Vertreter lokaler Machteliten zufriedenzustellen. Die PPP behielt zwar einen Teil der radikalen Rhetorik bei, aber die entscheidenden Machtstrukturen wurden immer stärker mit Großgrundbesitzern durchsetzt. Was zuerst wie eine Bewegung zu mehr Demokratie und einer Beteiligung der breiten Mehrheit der Bevölkerung an der Politik begonnen hatte, geriet nun zu einer autoritären, populistischen Regierungspraxis, die noch gelegentlich aus taktischen Gründen an die »Massen« appellierte, wenn sie sich in der Defensive befand. Als Bhutto schließlich durch einen Militärputsch entmachtet wurde, rührte sich kaum eine Hand zu seiner Verteidigung.[61]

Zulfikar Ali Bhutto begann seine Präsidentschaft mit fast unbegrenzter Machtfülle. Er war zugleich Präsident und »Oberster Kriegsrechtverwalter« – beide Funktionen hatte er von General Yahya Khan übernommen. Aber er konnte sich auch auf das Mandat der Wahl von 1970 stützen, als er im Punjab und dem Sindh die überwältigende Mehrheit gewonnen hatte. Bhutto wurde weitgehend als säkularer, sozial eingestellter und nationalistischer Politiker wahrgenommen, und obwohl er seit 1958 mehrere Ministerposten in den Kabinetten der Militärherrscher innegehabt hatte, wirkte er seit seinem Rücktritt doch als Alternative zum Militär und zu den sozialen und wirtschaftlichen Eliten. Sein Wahlslogan »Brot, Wohnung, Kleidung« war in Pakistan unerhört und verschaffte ihm große Popularität bei der ärmeren Bevölkerung, sowohl auf dem Land als auch in den Städten. Auch große Teile der säkularen und gebildeten Mittelschichten standen auf seiner Seite, zumindest anfänglich. Schließlich darf nicht vergessen werden, daß das Militär wegen des kläglich verlorenen Krieges und der Abspaltung Bangladeschs fast jedes Prestige verloren hatte – wobei die Bevölkerung leicht übersah, daß gerade Bhutto in diesem Drama eine höchst fragwürdige Rolle gespielt und die Konfrontation mit Ostpakistan wesentlich verschärft hatte. Die politische Schwächung der Armee als potentielle Bedrohung jeder zivilen Regierung eröffnete Bhutto einen beträchtlichen Handlungsspielraum. Zu Beginn seiner Amtszeit stand eigentlich nur die islamistische *Jamaat-i-Islami* (JI) in entschlossener Opposition, und diese Partei agierte zwar lautstark und war gut organisiert, aber klein.

Bhutto brachte 1973 eine demokratische Verfassung zustande, die bis heute – wenn auch immer wieder geändert – in Grundzügen gültig blieb.[62] Allerdings hinderte ihn das nicht daran, durch das Kriegs- bzw. Notstandsrecht an dieser vorbeizuregieren, zunehmend die Presse zu gängeln, die Gerichte zu schwächen und sich seine eigenen Polizei- und Geheimdiensttruppen zu schaffen, die zum Teil brutal gegen Gegner vorgingen.

Bhutto setzte die gewählte, säkular geführte Regierung Belutschistans ab (und brachte die der Nordwestprovinz damit ebenfalls zum Rücktritt). In Belutschistan setzte er die Armee darüber hinaus zu einer brutalen Unterdrückung von Aufständischen ein. Insgesamt war der Volkstribun Bhutto ein skrupelloser Machtpolitiker, dem fast jedes Mittel recht war, um sich gegen politische Konkurrenz durchzusetzen. Zugleich kultivierte er seinen Ruf als sozialer Reformer, der ein Herz für die »Massen« habe. Bhutto verstaatlichte das Bankwesen und große Teile der Industrie – was seinen Gegnern wichtige Machtmittel nahm und ihm selbst ungeheure Möglichkeiten der Patronage gab. Er begann eine (halbherzige) Landreform, die die ländliche Macht nicht wirklich umverteilte, aber zumindest symbolisch von Bedeutung war. Sozialpolitische Maßnahmen verschafften ihm Glaubwürdigkeit bei Arbeitern und ihren Gewerkschaften und bei der ärmeren Landbevölkerung. Außenpolitisch profilierte sich Bhutto als Vertreter eines Dritte-Welt-Nationalismus, ließ die Verbindung zu den USA zwar nicht abreißen, baute die Beziehungen zu China aber deutlich aus. Zugleich gab er sich massiv antiindisch, was aber primär innenpolitisch motiviert war.

Schritt für Schritt allerdings schwächte sich die zuvor unangreifbar starke Position des Präsidenten. Einmal konnte die Armee ihr Ansehen und ihre politische Rolle wieder stärken, wozu Bhuttos antiindische Politik, aber auch der Krieg in Belutschistan oder seine rücksichtsvolle Personalpolitik (so ernannte er ausgerechnet General Tikka Khan, den »Schlächter von Bengalen«, zum Oberkommandierenden) nicht wenig beitrugen. Darüber hinaus blieb es nicht aus, daß sein selbstherrlicher und repressiver Politikstil viele Menschen gegen ihn aufbrachte, insbesondere in der Mittel- und Oberschicht. Schließlich machte ihn auch seine Verstaatlichungspolitik in diesen Bevölkerungsgruppen nicht unbedingt beliebter – zumindest, soweit man nicht selbst dort Positionen übertragen bekam.

Es bildete sich eine breite Oppositionsfront, die säkulare und religiöse Parteien einbezog, die *Pakistan National Alliance* (PNA). Als Bhutto im März 1977 Wahlen durchführen ließ, hätte er diese aufgrund seiner weiter bestehenden Unterstützung in der ärmeren Bevölkerung vermutlich ohnehin gewonnen, aufgrund von Wahlfälschung fiel sein Sieg allerdings unrealistisch hoch aus, vor allem im Punjab.

Bhutto selbst scheint vom Umfang der Manipulationen überrascht worden zu sein: »Bhutto erkannte, daß die Wahlergebnisse gefälscht waren. Er nahm sofort Kontakt mit der PNA-Führung auf und strebte eine Arrangement an, das ihren

Anteil in der Nationalversammlung erhöhen würde. Nach Kausar Niazi [ein wichtiger Politiker der PPP] wurde Bhutto am Tag nach den Wahlen informiert, daß die Wahl in dreißig bis vierzig Wahlbezirken gefälscht worden war. Er meinte: ›Können wir der PNA nicht sagen, daß wir bei dort durchgeführten Neuwahlen keine Kandidaten aufstellen würden?‹ In den drei ersten Tagen nach der Wahl nahm der Ministerpräsident mindestens zweimal Kontakt mit Mufti Mahmood auf, dem Religionsführer, der zugleich Präsident der PNA war. Aber die PNA-Führung hatte entschieden, den Kampf gegen Bhutto auf die Straße zu tragen.«[63]

Es kam zu Unruhen und Demonstrationen, die Legitimität der Regierung war angeschlagen, und die islamistischen Parteien nahmen in der PNA an Gewicht zu, da insbesondere die JI auf der Straße gut organisiert war. Die Lage verschärfte sich so sehr, daß die Regierung in einigen Großstädten – Karachi, Lahore, Hyderabad – das Kriegsrecht verhängte und so das Militär in die Auseinandersetzung hineinzog.[64] Anfang Juli standen beide Seiten kurz vor einer Übereinkunft zur Verabredung von Neuwahlen, als das Militär putschte und der von Bhutto eingesetzte Oberkommandierende, General Zia ul-Haq, die Macht ergriff.

Die islamistische Militärdiktatur Zia ul-Haqs, 1977 bis 1988

General Zia ul-Haq war 1976 von Bhutto zum Oberkommandierenden des Heeres ernannt worden, offensichtlich weil er ihn für einen farblosen und gefügigen Mann hielt. Der Putsch belegte das Gegenteil.

»Aufgrund der Proklamation des 5. Juli übernahm General Zia das Amt des Obersten Kriegsrechtsverwalters. Mit einem Federstrich wurde das ganze Land dem Kriegsrecht unterstellt. Die Nationalversammlung, der Senat und die Provinzparlamente wurden aufgelöst, der Ministerpräsident, die Ministerpräsidenten der Provinzen, die dortigen Gouverneure und andere Amtsträger wurden entlassen.«[65]

Jede politische und gewerkschaftliche Betätigung wurde verboten, die Strafen dafür betrugen bis zu fünf Jahre verschärfte Gefängnishaft oder Auspeitschung mit bis zu zehn Schlägen.[66] An die Stelle der zivilen Strukturen traten militärische: Ein Militärrat aus dem Gemeinsamen Stabschef der Waffengattungen und den Oberkommandierenden von Heer, Marine und Luftwaffe übernahm zivile administrative Aufgaben. Der Oberste Kriegsrechtsverwalter (also General Zia ul-Haq) wurde zum Chef der Exekutive, während in den Provinzen jeweils Kriegsrechtsverwalter die Provinzregierungen übernahmen.

Zia begründete seinen Putsch mit der innenpolitischen Krisenlage und versprach, innerhalb von 90 Tagen freie und faire Wahlen abzuhalten. Seine Erklärung direkt nach dem Putsch ließ in dieser Hinsicht nichts zu wünschen übrig: »Ich möchte absolut klarstellen, daß ich weder irgendwelche politischen Ambitionen habe noch das Heer sich von seiner militärischen Aufgabe entfernen möchte. Mein einziges Ziel besteht in der Organisierung freier und fairer Wahlen, die im Oktober dieses Jahres stattfinden werden. Nach den Wahlen wird die Macht an die gewählten Abgeordneten des Volkes übergeben. Ich verspreche feierlich, von diesem Zeitplan nicht abzuweichen. In den nächsten drei Monaten wird sich meine Aufmerksamkeit völlig auf die Durchführung der Wahlen konzentrieren, und ich möchte meine Machtbefugnisse und meine Energie als Oberster Kriegsrechtsverwalter nicht von anderen Dingen ablenken lassen.«[67]

Der beim Putsch inhaftierte Bhutto wurde freigelassen, aber als im Wahlkampf seine weiterhin große Popularität deutlich wurde, ließ Zia ihn erneut verhaften und die Wahlen eine Woche vor dem geplanten Termin absagen. Später gab er einen neuen Wahltermin für 1979 bekannt, der ebenfalls nicht eingehalten wurde. Bhutto wurde in einem juristisch höchst fragwürdigen Prozeß wegen eines politischen Mordes angeklagt, verurteilt und hingerichtet.

Das Repressionsniveau stieg massiv an. In den Jahren von 1978 bis 1985 (also bis zur Aufhebung des Kriegsrechts) wurden knapp 20.000 Personen wegen politischer Betätigung bestraft, oft in willkürlicher und brutaler Weise. Dabei ging es um die Einschüchterung jeder Opposition.

Daß sie dabei auf die Erzeugung von Furcht und Schrecken zielten, machten hohe Militärs deutlich. Brigadegeneral Malik formulierte:»Schrecken in die Herzen der Feinde zu tragen ist nicht allein ein Mittel, es ist das Ziel. Sobald man das Herz der Feinde in einen Zustand des Schreckens versetzt, bleibt kaum etwas anderes zu tun. ... Terror ist kein Mittel, dem Feind Entscheidungen aufzuzwingen, er ist selbst die Entscheidung, die wir ihm aufzwingen wollen.« Ähnlich deutlich war Generalleutnant und Minister Faiz Ali Chishti:»Die Feinde des Islam müssen zur Strecke gebracht und wie Schlangen getötet werden, selbst während sie ihre Gebete verrichten«[68] – wobei er unter Feinden der Religion mit großer Selbstverständlichkeit die politischen Gegner der Regierung verstand.

Pakistan war bereits unter Bhutto in zwei große Lager gespalten gewesen: Bhutto und seine PPP einerseits und alle religiösen und säkularen Kräfte, die im Gegensatz zu ihm standen, andererseits. Der Putsch änderte daran nichts. Einige Politiker der bisherigen Opposition traten in die Regierung ein, insbesondere die *Jamaat-i-Islami* wurde dabei bevorzugt. Aber die zweifache Absage fest versprochener Wahlen und der Justizmord am ehemaligen Ministerpräsidenten untergruben die Legitimität des Militärregimes und verschärften die Polarisierung. Der Putsch war zwar zunächst von wichtigen Teilen der Gesellschaft begrüßt worden, insbesondere von großen Teilen der Mittel- und Oberschicht und den konservativen und religiösen Parteien, aber dies bedeutete keine Unterstützung für die Diktatur, sondern nur eine Ablehnung der repressiven Politik des vorherigen zivilen Regimes.

Die Jahre 1978 und 1979 wurden zu einem Wendepunkt der Politik: Zia bemühte sich nun verstärkt, die geschwundene Legitimität seiner Macht durch eine stark »islamisch« ausgerichtete Politik und die »Islamisierung« des Landes auszugleichen.[69] Zweitens aber half die sowjetische Intervention im Nachbarland Afghanistan zu Weihnachten 1979 dem Diktator aus der Klemme: Nun konnte er sich innenpolitisch als »Frontstaat« gegen eine »sowjetische Bedrohung« darstellen und seiner islamischen Wende mehr Glaubwürdigkeit verleihen. Die internationale Kritik an Militärdiktatur und Kriegsrecht hörte schlagartig auf. Nun stand Pakistan im Mittelpunkt des internationalen Interesses, und insbesondere die USA und die anderen westlichen Länder betrachteten das Land als wichtigen Verbündeten gegen die Sowjetunion. Die USA und Pakistan begannen gemeinsam – und mit der finanzkräftigen Unterstützung Saudi-Arabiens und anderer Staaten – einen Untergrundkrieg gegen die sowjetische Besatzung und die Regierung Afghanistans. Der pakistanische Militärgeheimdienst ISI (*Inter Service Intelligence Directorate*) und die amerikanische CIA arbeiteten eng zusammen, um die afghanischen »Mudschahedin« mit Waffen zu beliefern, zu finanzieren, auszurüsten und auszubilden.[70] 1981 sagte Washington 3,2 Mrd. Dollar an militärischer und wirtschaftlicher Hilfe für Pakistan zu, zusätzlich zu den Kosten des Afghanistankrieges. Später wurden weitere Zahlungen vereinbart. Mit einem Schlag war eine anrüchige und brutale Militärdiktatur zum wichtigsten Träger des »amerikanischen *Jihad*« geworden, was sich gut mit der islamistischen Ausrichtung der pakistanischen Innenpolitik verbinden ließ.

Zia ließ das Rechtswesen »islamisieren« und für manche Straftatbestände koranische Strafen einführen, wie das Handabschlagen bei Diebstahl. Auch wenn vieles davon rein symbolisch blieb und nicht angewandt wurde (so wurden keine Hände amputiert oder abgeschlagen), so schuf es doch eine neue, frömmelnde Atmosphäre und viele zusätzliche Gelegenheiten der Korruption für Polizei und Justiz. Banken wurden »islamisiert« und die Zinsen verboten – faktisch blieben sie erhalten, erhielten aber neue Namen. Das Familien- und Personenstandsrecht wurde auf Kosten der Frauen geändert, neue Gesetze gegen Ehebruch und außereheliche Geschlechtsverkehr waren von absurder Frauenfeindlichkeit. So blieb Vergewaltigung zwar strafbar, aber Frauen konnten solche Verbrechen kaum noch anzeigen, da sie damit faktisch außerehelichen Geschlechtsverkehr zugaben und kaum jemals die zum Beweis des Verbrechens nötigen männlichen Zeugen beibringen konnten. Nun wurden manchmal die Opfer verurteilt, nicht die Täter. Im Erbrecht und vor Gericht wurden Frauen ebenso diskriminiert – alles mit Verweis auf religiöse Vorschriften und in Mißachtung der pakistanischen Verfassung, die Frauen prinzipiell gleichstellt.

Ähnlich erging es den nichtmuslimischen Minderheiten und den Ahmadis, die zwar schon unter dem säkularen Bhutto zur »nichtmuslimischen Minderheit« erklärt worden waren, nun aber faktisch ihren Glauben nicht mehr praktizieren konnten, ohne sich strafbar zu machen.[71] Die bisher freiwilligen Almosen für die Bedürftigen (*Zakat*) wurden nun zwangsweise durch den Staat von allen Muslimen eingezogen und durch zahllose Komitees verteilt – was beträchtliche Möglichkeiten der Begünstigung und Patronage schuf und die schiitische Minderheit zu massiven Protesten veranlaßte, da sie ein solches Zwangsverfahren aus religiösen Gründen ablehnte. Der Druck war so groß, daß die Regelung für die Schiiten zurückgenommen werden mußte.

In der Summe stellten diese Maßnahmen einen Versuch dar, die ungewählte und zunehmend unglaubwürdige Diktatur religiös zu legitimieren, die nun vorgab, ein quasigöttliches

Mandat zu besitzen. So meinte Zia ul-Haq in einem Interview: »Mir wurde von Gott die Mission übertragen, die islamische Ordnung in Pakistan einzuführen.«[72] Es entstand eine Kultur der Heuchelei, in der Frömmigkeit zur Schauspielerei und Konformitätszwang verkam. Die Militärdiktatur zielte bei ihrer »Islamisierungspolitik« zugleich auf die Selbstlegitimierung und darauf, Pakistan endlich ideologisch zu vollenden und zu einigen.

Islamisierung war der Versuch, ideologisches Nation-Building zu betreiben[73] und die Bevölkerung ideologisch zu homogenisieren, zusammenzuschweißen und unter Kontrolle zu bringen. Sie sollte insbesondere die Attraktivität der PPP brechen. So war es auch kein Zufall, daß die Islamisierungspolitik erst dann in den Vordergrund der Politik trat, als die versprochenen Wahlen immer wieder aufgeschoben und dann abgesagt wurden. Sie wurde zunehmend zur neuen Rechtfertigung der Aufrechterhaltung des Kriegsrechts.

Bald wurde aber klar, daß sich so das Problem der fehlenden Legitimität nicht beheben ließ. Das zeigte sich unter anderem an der Bewegung für die Wiederherstellung der Demokratie (*Movement for the Restoration of Democracy*, MRD), die 1983 vor allem in der Provinz Sindh massiv gegen die Diktatur protestierte und gewaltsam unterdrückt wurde. Um sie politisch zu schwächen, bemühte sich Zia ul-Haq auch darum, im Sindh die verschiedenen Bevölkerungsgruppen gegeneinander auszuspielen. So ließ er die neue – ausgesprochen säkulare – Partei MQM (*Muhajir Qaumi Movement*), die die Machtansprüche der aus Indien in die Städte des Sindh zugewanderten Muhajir gegen die Sindhi der Provinz auch mit Gewalt durchsetzen wollte, durch den Geheimdienst ISI unterstützen.[74] So wurde die MQM im Sindh zu einer Bedrohung der Vormacht der PPP (die Familie Bhutto stammte aus dieser Provinz, und die Partei war dort besonders gut verankert), was Mitte der 1990er Jahre schließlich zu bürgerkriegsähnlichen

Auseinandersetzungen in den dortigen Großstädten Karachi und Hyderabad führen würde.

Zur Stärkung seiner Legitimität ließ Zia 1984 darüber hinaus Kommunalwahlen durchführen, bei denen allerdings Parteien verboten waren und nur individuelle Kandidaten antreten durften. Er ernannte ein parlamentsähnliches, aber völlig machtloses Gremium, die *Majlis-e-Shura*. 1984 kam es auch zu einem höchst abstrusen Referendum, bei dem die Wähler nur einen Satz beantworten sollten, ob sie »den durch die Regierung eingeleiteten Prozeß der Islamisierung aller Gesetze in Übereinstimmung mit dem Heiligen Koran und der Sunnah sowie die islamische Ideologie Pakistans« unterstützten.[75] Die Wahlbeteiligung war gering (manche Schätzungen lagen bei 10 Prozent), wurde von der Regierung aber massiv nach oben manipuliert – und aus der »Zustimmung« zu dieser grotesken Frage der Schluß gezogen, daß Zia ul-Haq nunmehr für eine fünfjährige Amtsperiode zum Präsidenten gewählt sei. Im Februar 1985 wurden auf dieser Grundlage endlich Parlamentswahlen abgehalten, bei denen Parteien, Umzüge und Demonstrationen verboten blieben und die Presse weiter zensiert wurde.[76] Zia ul-Haq wählte Khan Junejo, einen landesweit wenig bekannten Politiker aus dem Sindh, als Ministerpräsidenten aus, der vom neuen Parlament auch bestätigt wurde. Dieses stimmte auch dem 8. Verfassungszusatz zu, der dem Präsidenten weitreichende Macht gab und ihn unter anderem ermächtigte, das Parlament aufzulösen, den Ministerpräsidenten zu entlassen, die Oberkommandierenden der militärischen Waffengattungen zu ernennen und Provinzregierungen abzusetzen. Damit konnte das Kriegsrecht zum Jahresende 1985 aufgehoben werden. Zia war nun Präsident, nicht mehr der Oberste Kriegsrechtsverwalter. »Den Zivilisten einen Teil der Macht zuzugestehen war für die Armee der Preis dafür, langfristig die Kontrolle über den Staat zu behalten.«[77]

Damit waren die Machtverhältnisse aber nicht grundsätzlich geändert. Selbst der zivile Vorsitzende der größten regierungsnahen Partei erklärte: »Die Nationalversammlung gehört dem Präsidenten. Sie ist nicht souverän, während der Präsident über-souverän ist.«[78]

Diese Einschätzung sollte sich rasch bestätigen. Der neue Ministerpräsident Junejo bemühte sich zwar, die Politik behutsam zu korrigieren, indem er etwa einzelne Elemente der Islamisierung zurücknehmen wollte oder öffentlich erklärte, daß Parteien notwendig und legitim seien. Junejo erlaubte sogar der Tochter Zulfikar Ali Bhuttos und Führerin der PPP im Exil, Benazir Bhutto, die Rückkehr nach Pakistan im August 1986, die zu einem Triumphzug wurde. Auch bezogen auf die Afghanistanpolitik und die Rolle des Militärs versuchte er, wenn auch höchst behutsam, neue Akzente zu setzen. Seine vorsichtigen Versuche der Eigenständigkeit wurden ihm aber bald übelgenommen: Im Mai 1988 setzte Zia ul-Haq ihn ab und löste das Parlament auf; das Militär übernahm erneut direkt die Macht.[79]

In gewissem Sinne befand sich der Präsident damit allerdings in einer Sackgasse: Ohne zivile Unterstützung konnte sich die Militärherrschaft nur auf reinen Zwang stützen – eine zivile Partizipation hingegen war nicht zum Nulltarif zu erhalten, sondern mußte die Handlungsfreiheit General Zias einschränken. Er kündigte für November neue, wieder ohne Parteien durchzuführende Wahlen an. Aus dem Dilemma, das Zia durch die Entlassung Junejos nicht gelöst, sondern eher verschärft hatte, eröffnete sich im August 1988 ein unerwarteter Ausweg: General Zia ul-Haq, eine Gruppe weiterer Spitzengeneräle und der US-Botschafter kamen bei einem Flugzeugabsturz in der Nähe von Bahawalpur (südlicher Punjab) ums Leben. Mit hoher Sicherheit handelte es sich dabei um ein Attentat, das mit einem Schlag die gesamte Machtspitze auslöschte.

Der Vorsitzende des Senats und frühere Finanzminister unter Zia, Ghulam Ishaq Khan, übernahm nach dem Tod der Generäle die Präsidentschaft, General Mirza Aslam Beg wurde neuer Oberkommandierender der Armee. Beide entschieden sich, an den Wahlen im November 1988 festzuhalten und den Übergang zu einer zivilen Regierung einzuleiten. Damit waren die Ära Zia ul-Haqs und die dritte Militärdiktatur beendet.

Fragile Demokratie, 1988 bis 1999

Als Benazir Bhutto, die als Tochter des hingerichteten Ministerpräsidenten Zulfikar Ali Bhutto und Vorsitzende der PPP eine klare Alternative zur Militärherrschaft symbolisierte, 1986 aus dem Exil zurückgekehrt war, wurde sie von einer Welle der Sympathie getragen. Bis zu ihrer Amtsübernahme Ende 1988 hatte der militärische Geheimdienst ISI allerdings mit viel Nachdruck und Geld daran gearbeitet, eine zivile politische Alternative zur PPP aufzubauen[80] – durchaus mit Erfolg: Im September 1988 war ein Bündnis der religiösen Parteien mit der vom Regime mit aufgebauten und geförderten *Pakistan Muslim League* (PML) entstanden, die IJI (*Islami Jamhoori Ittehad*, »Islamische Demokratische Allianz«).[81]

Die Wahlen vom November 1988 ergaben dann auch ein weniger eindeutiges Ergebnis als von vielen Beobachtern erwartet. Von 207 Sitzen im Parlament errang die PPP 93, verfehlte also die absolute Mehrheit. Die IJI kam auf 54 Abgeordnete, die MQM auf 13, der Rest ging an kleinere Parteien oder Unabhängige. Die PPP hatte zwar die Wahl gewonnen, war allerdings auf Koalitionspartner angewiesen – und hatte keine Chance auf eine Zweidrittelmehrheit, die nötig gewesen wäre, um die Verfassungsänderungen Zia ul-Haqs rückgängig zu machen.

Damit war die Handlungsfähigkeit der neuen zivilen Regierung von Anfang an eingeschränkt. Zudem verfügte die IJI –

unter der Führung des PML-Vorsitzenden Nawaz Sharif, der vom Militärregime aufgebaut worden war – in der Schlüsselprovinz Punjab (mehr als die Hälfte aller Wahlberechtigten) über die Mehrheit (111 Mandate der IJI gegenüber 94 der PPP, bei 30 Unabhängigen). Es kam zu dauernden Auseinandersetzungen der Regierung in Islamabad mit der Provinzregierung des Punjab. Darüber hinaus war mit Ghulam Ishaq Khan ein Präsident im Amt, der wie Nawaz Sharif enge Bindungen zum Militärregime gepflegt hatte und wenig Sympathie für die PPP hegte.[82] Schließlich – und das beschnitt die Souveränität der Regierung weiter – blieb das Militär, das sich zwar offiziell in die Kasernen zurückgezogen hatte, weiter der entscheidende Machtfaktor im Land. In wichtigen Fragen – etwa der Verteidigungspolitik, Atompolitik, manchen Teilen der Außen- (Afghanistan) und Innenpolitik – mußte Benazir Bhutto dem Militär das letzte Wort zugestehen. Insgesamt war die Ausgangslage der ersten Regierung Bhutto also schwierig. Im »Troika« genannten Machtdreieck von Ministerpräsidentin, Staatspräsident und dem Oberkommandierenden der Armee stellte Bhutto nicht die stärkste Kraft dar, da sie ja nicht einmal über eine klare Mehrheit im Parlament verfügte.[83]

Es machte die Lage nicht einfacher, daß die neue Regierung sich nicht eben durch Kompetenz und Professionalität auszeichnete und über kein klares Programm verfügte. Sie sah sich in einem dauernden Belagerungszustand, vernachlässigte ihre wirtschafts- und sozialpolitischen Aufgaben und die Parlamentsarbeit. Die PPP-Führung kümmerte sich kaum um die Organisation ihrer Partei.

»Benazir Bhutto sammelte ihre ersten Erfahrungen in einem hohen Amt und entwickelte einen Leitungsstil, der der Effizienz nicht förderlich war. Sie übernahm die Ministerien für Finanzen, Verteidigung und das Außenministerium [neben dem Amt der Ministerpräsidentin]. Ihre Mutter Begum Nusrat Bhutto war Co-Vorsitzende der Partei, Parlamentsabgeordnete und zugleich Ministerin für besondere Aufgaben (*Senior Minister*). Das Kabinett bestand aus jungen und unerfahrenen Politikern, die ihre Ernennung ihrer Parteiloyalität verdankten. Die Amtsführung war personalisiert. Um Parteianhänger zufriedenzustellen, ernannte Benazir Bhutto mehrere Berater der Ministerpräsidentin. Viele von ihnen übernahmen exekutive Aufgaben, obwohl sie keine Abgeordneten und gegenüber dem Parlament nicht verantwortlich waren. Die Zuständigkeiten waren unklar, und die Bürokratie wurde durch willkürliche Ernennungen und Beförderungen verunsichert. Mehr als 60 hohe Beamte versetzte man in den einstweiligen Ruhestand (»*officers on special duty*«), was zu einer Welle der Unzufriedenheit führte. Ein besonderes Einstellungsbüro vergab mehr als 26.000 Jobs an den normalen Verfahren des öffentlichen Dienstes vorbei.«[84]

Auch die sprichwörtliche Korruption von Benazirs Ehemann, Asif Ali Zardari, schwächte das Ansehen der Regierung und ihrer Ministerpräsidentin. Eine zusätzliche Belastung lag in der höchst personalisierten Auseinandersetzung zwischen Benazir Bhutto und Nawaz Sharif, die einen dauernden persönlichen Kleinkrieg gegeneinander führten.

Hassan Abbas skizziert die damalige Situation mit der angebrachten leichten Ironie so: »Wenn Kompromisse auf der politischen Bühne für Harmonie hätten sorgen können, demonstrierte Nawaz Sharif, wie dies nicht gelang. Er ging immer wieder zum Angriff über und ließ keine Chance ungenutzt, der Ministerpräsidentin Schwierigkeiten zu bereiten. Und im Geiste des Gebens und Nehmens gab sie es entsprechend zurück. Dies würde sich als tödlich für die Demokratie in Pakistan erweisen. Die Logik der wechselseitigen Feindschaft brachte den Krieg nach Islamabad, indem die Opposition einen Mißtrauensantrag gegen Benazir Bhutto in die Nationalversammlung einbrachte. Hektisch versuchten beide Seiten, die Loyalität von Abgeordneten der Gegenseite zu kaufen. Die Kombination der angebotenen hohen Summen mit der Wehrlosigkeit der Abgeordneten gegenüber der Aggressivität des Geldes ließ die Situation extrem instabil werden. Um ihre Loyalität und Tugend zu bewahren, gingen beide Seiten schließlich zu der extremen Maßnahme über, diese Meister der Demokratie [die eigenen Abgeordneten] praktisch unter Hausarrest zu halten, damit die andere Seite sie nicht erreichen konnte. Das ISI stand in diesem Spiel nicht zurück, sondern begann die »Operation Mitternachtsschakal«, um Mitglieder der Regierung zur Opposition zu locken. Aber schließlich überstand Benazir den Mißtrauensantrag. Am glücklichsten von allen war ein Unterinspektor der Polizei, der 10 Millionen Rupien (damals circa 400.000 US-Dollar) von einer Partei erhalten hatte, um einen Abgeordneten der anderen zu kaufen. Er entschied sich, lieber ein Flugticket zu kaufen, und verließ das Land.«[85]

Bhutto geriet zunehmend in eine unhaltbare Lage. Schließlich kam noch im Sindh – der Heimatprovinz der Bhuttos – eine mit Unruhen und Gewaltausbrüchen verbundene politische Krise dazu, nachdem die PPP dort ihre Zusammenarbeit mit der MQM hatte platzen lassen. Damit war Bhutto am Ende. Als Präsident Ghulam Ishaq Khan sie im August 1990 wegen »Inkompetenz und Korruption« und mit Verweis auf die Gewalt im Sindh entließ, war ihre Glaubwürdigkeit stark erschüttert; es kam kaum zu Protesten. Safdar Mahmood macht – nicht unberechtigt – »Unerfahrenheit, Inkompetenz, Korruption und ihr[en] Ehrgeiz, überall die Macht zu wollen«, für ihren Sturz verantwortlich.[86] Allerdings war er nicht allein selbstverschuldet; zwischen einem feindseligen Präsidenten, einer mißtrauischen Armeeführung und einer oppositionellen Regierung im Punjab geradezu eingeklemmt, hätte auch eine kompetentere und saubere Regierung wohl scheitern müssen.[87]

Benazirs Intimfeind Nawaz Sharif übernahm nach den

Neuwahlen vom Oktober 1990 die Amtsgeschäfte. Er stammte aus einer bedeutenden Industriellenfamilie – was ungewöhnlich war, da traditionell entweder Großgrundbesitzer oder Spitzenbürokraten hohe Regierungsposten bekleidet hatten –, die durch die Nationalisierungspolitik von Benazirs Vater Zulfikar Ali Bhutto einen wichtigen Teil ihrer Unternehmen verloren hatte.

Bei den Wahlen büßte die PPP mehr als die Hälfte ihrer Parlamentssitze ein (nur noch 44 statt 93), während die IJI von 54 auf 106 zulegen konnte. In der Schlüsselprovinz Punjab konnte die IJI sogar 208 von 234 Mandaten gewinnen, womit die PPP im wesentlichen auf den Sindh reduziert wurde.[88] Obwohl die PPP diese Wahl mit Sicherheit ohnehin verloren hätte, halfen die vom Präsidenten nach der Absetzung Bhuttos installierte Übergangsregierung und der Geheimdienst ISI mit Geld und anderen Mitteln noch nach.

Die politische Programmatik von PPP und der *Pakistan Muslim League* (PML) von Nawaz Sharif (also dem mit Abstand wichtigsten Bestandteil der IJI, die selbst allerdings bald zerfiel) unterschieden sich kaum. Beide setzten auf wirtschaftliche Liberalisierung, wenn z. T. auch mit unterschiedlichen Akzenten und Nachdruck (Nawaz war hierbei konsequenter), beide waren eher säkular, sich aber nicht zu schade, die Religion politisch auszuschlachten, wenn immer dies Erfolg versprach (hier war die PML deutlich offensiver), beide verfügten über keine Vision für die Zukunft Pakistans, sondern folgten einer Politik des Durchwurstelns. Beide waren – und sind – innerparteilich alles andere als demokratisch, sondern um die Familien- und Klientelnetzwerke der jeweiligen Parteichefs organisiert, innerparteiliche Wahlen finden so gut wie nie statt. Und beide stellen vor allem persönliche Machtinstrumente der Führer dar, die auch dazu dienen, sich selbst und wichtige Anhänger und Loyalisten schamlos zu bereichern. Deshalb gingen mit den häufigen Regierungswechseln der

Jahre von 1988 bis 1999 keine politischen Richtungswechsel einher, es handelte sich nur um eine Rotation des Personals. Zwar gab es graduelle Unterschiede und Differenzen in der Rhetorik (unter Bhutto war das innenpolitische Klima etwas liberaler, unter Nawaz Sharif die religiöse Rhetorik ausgeprägter), aber innen-, wirtschafts- und außenpolitisch blieben die Unterschiede gering. Wenn man zwei politische Akzente der ersten Amtszeit Nawaz Sharifs nennen möchte, so wären dies einerseits eine Welle der Privatisierung staatlicher Unternehmen (vor allem Banken und Industrieunternehmen) sowie die Öffnung mancher Wirtschaftssektoren für privates Kapital (Finanzwesen, Energieerzeugung, Luftfahrt etc.)[89] und andererseits die Ernennung eines religiösen Eiferers zum ISI-Chef, der bald damit begann, sunnitische Extremisten im Ausland zu unterstützen.

Zur Konsolidierung seiner Machtstellung bemühte sich Nawaz um eine Begrenzung der Kompetenzen des Präsidenten, etwa indem er den 8. Verfassungszusatz widerrief, der dem Präsidenten eine außerordentliche Machtfülle garantiert hatte, und sich Mitsprache bei der Ernennung eines neuen militärischen Oberkommandierenden ausbedingte. Präsident Ghulam Ishaq Khan ging deshalb zunehmend auf Distanz zum Ministerpräsidenten. 1993 kam es zu einer offenen Konfrontation zwischen beiden und – als Nawaz Sharif den Präsidenten im Fernsehen frontal angriff – zum Bruch. Ghulam Ishaq Khan entließ den Ministerpräsidenten.

Hassan Abbas beschreibt die Folgen: »In einem beispiellosen Akt setzte das Verfassungsgericht innerhalb eines Monats die Regierung Nawaz Sharif wieder ein und entschied, daß der Präsident nicht über ausreichende Gründe für ihre Absetzung verfügt hatte. Das war für Ishaq Khan peinlich, aber er entschied sich dafür, nicht aufzugeben. Er war ein erfahrener Bürokrat, der über Jahrzehnte politische Intrigen beobachtet hatte und die Kunst der Untergrabung von Regierungen gut beherrschte. Die politischen Opponenten von Nawaz standen hinter ihm, da sein Sturz ihnen die Türe zur Macht öffnen würde. Bald kam es zu einer neuen, künstlichen Krise. Die Pakistaner beobachteten ihre gewählten Vertreter voller Abscheu, waren aber hilflos. Das politische Durcheinander zwang General Waheed Kakar [den Oberkommandierenden des Heeres] zum Eingreifen. Er hätte das Kriegsrecht verhängen können, war aber ein professioneller Soldat und tat dies nicht. Stattdessen ›überzeugte‹ er sowohl den Präsidenten wie den Ministerpräsidenten zurückzutreten. Vor seinem Ausscheiden aus dem Amt installierte Ishaq Khan mit Zustimmung von Nawaz Sharif und Benazir Bhutto für drei Monate eine neutrale Übergangsregierung unter Moeen Qureshi, einem früheren Vizepräsidenten der Weltbank, um Neuwahlen zu organisieren.«[90]

Im Oktober kam es zu Neuwahlen, die die PPP knapp gewinnen konnte: Sie erzielte 89 Mandate, gegenüber 73 der PML. Mit Hilfe kleinerer Parteien konnte Benazir Bhutto die Regierung bilden. Auch im Punjab und im Sindh gelangte die PPP an die Regierung, wenn die Koalitionen auch höchst fragil waren. Einen wichtigen Erfolg erreichte die Partei allerdings bei der Wahl eines neuen Präsidenten: Hier konnte sich das PPP-Mitglied Sardar Farooq Ahmed Khan Leghari durchsetzen, ein Freund der Familie Bhutto.

In gewissem Sinne war damit die Ausgangslage für die zweite Amtszeit Bhuttos besser als 1988: Zwar war ihre Mehrheit im Parlament wenig eindrucksvoll, aber zumindest standen die anderen beiden institutionellen Machtzentren – der Präsident und der Militärchef – nicht von vornherein gegen sie. Farooq Leghari war von ihr selbst als Präsident ausgewählt worden, und General Kakar, der zwei ihrer entschiedensten Gegner zum Rücktritt gezwungen hatte, konnte als politisch neutral gelten.

Trotzdem zeigte sich bald, daß Pakistan aus seiner politischen Lähmung nicht herauskommen würde. Seit dem Sturz der Zia-Diktatur und der Wiederbelebung der Demokratie hatte sich unter beiden Ministerpräsidenten nicht allein eine Praxis der schamlosen Bereicherung durchgesetzt, sondern auch eine Kultur der Intoleranz. Der liberale ehemalige Luftwaffenchef (1957–1965) Asghar Khan beschrieb den Zusammenhang von Geld und Macht so: »In allen Wahlen seit 1988 wurden unverhohlen Politiker mit Geld gekauft. … Der Innenminister erklärte 1994 in der Nationalversammlung, daß Politiker und andere Personen von öffentlicher Bedeutung, darunter kommissarische Ministerpräsidenten, Senatoren, Abgeordnete der nationalen und Provinzparlamente bezahlt worden waren, um ihre Unterstützung zu erkaufen. … Die Liste der Geldempfänger enthält die Namen sogenannter angesehener Politiker, die weiterhin bei nationalen Wahlen kandidieren und das Schicksal unserer Nation bestimmen.«[91]

Wer immer von den beiden Ministerpräsidenten gerade an der Macht war, verfolgte den jeweils anderen und seine Gefolgsleute mit großem Eifer und geringer Fairneß, behandelte den jeweiligen Oppositionsführer kaum besser als einen Staatsfeind – und benutzte die Mißbräuche und Verfehlungen des Gegners während dessen Amtszeit zu einem politischen und juristischen Kesseltreiben –, obwohl man sich selbst der gleichen Praktiken befleißigte. Bhuttos Ehemann galt in der Bevölkerung in ihrer ersten Amtszeit als »Mister 10 Prozent« – in der zweiten als »Mister 20 Prozent«.[92] Dafür zahlte der Multimillionär Nawaz Sharif in den drei Jahren von 1994–1996 nur insgesamt 10 Dollar an Einkommensteuer und 60.000 Dollar an Vermögenssteuer – einmal ganz davon abgesehen, daß ein großer Teil seines Firmenimperiums mit Krediten staatlicher Banken bezahlt worden war, die ihm aus »Gefälligkeit« gewährt worden waren und die er nur teilweise zurückzahlte.[93]

So war die »Bekämpfung der Korruption« nie wirklich gegen die Korruption gerichtet, sondern nur gegen den jeweiligen Gegner, sie diente vor allem dessen Schwächung und Erpressung, um sich selbst gleichzeitig großzügig aus öffentlichen Kassen zu bedienen. Die Gegenseite unternahm derweil alles, um aus der Opposition heraus die Regierungsarbeit lahmzulegen: »Während die Regierung eine Politik der Rachsucht betrieb, gab sich die PML-N einer unermüdlichen Agitation hin. Die Absetzung einer Koalition aus PML-N und ANP in der Nordwestprovinz durch die Regierung der PPP unter umstrittenen Umständen … war der Startschuß der agitatorischen Politik. Die Unternehmerfamilie Nawaz Sharif sah sich zahllosen Gerichtsverfahren ausgesetzt, sein alternder Vater wurde verhaftet. Die PML-N reagierte mit Streiks, der Schließung von Unternehmen, Protestveranstaltungen und dem Boykott der Parlamente. Diese Zustände führten zu Wellen der Verzweifelung in der Bevölkerung, unabhängig von ihrer parteipolitischen Orientierung.«[94]

Benazir Bhutto folgte aber nicht allein einer Politik der bedingungslosen Konfrontation mit der Opposition – die spiegelbildlich der von Nawaz Sharif entsprach, der sie in seiner nächsten Amtszeit darin noch übertreffen würde –, sondern brachte auch andere wichtige Akteure gegen sich auf. So versuchte sie, das Justizwesen unter Druck zu setzen und im Punjab das höchste Gericht mit einer Anzahl eigener Gefolgsleute zu besetzen.[95] Die eskalierende Gewalt in Karachi wurde von der Polizei mit großer Gewalt und sogar »außergesetzlichen Tötungen« (also Morden durch die Polizei) bekämpft. Benazir Bhutto berief ihren berüchtigten Ehemann – der nach ihrem Tod Ende 2007 die Partei führen würde – in hohe Ämter, machte ihn schließlich gar zum Minister für Investitionen. Ein Beobachter stellte lakonisch fest: »Benazirs Leistungen in ihrer zweiten Amtszeit waren noch schlechter als in ihrer ersten.«[96] Das mag durchaus so gewesen sein – aber auch hierin würde Nawaz Sharif sie etwas später noch übertreffen.

Im November 1996 wurde auch die zweite Amtsperiode Benazir Bhuttos vorzeitig beendet: Der von ihr handverlesene Präsident Leghari setzte sie ab und begründete dies mit den Vorwürfen außergesetzlicher Tötungen, der Korruption und Mißachtung des Verfassungsgerichtes.

Die Parlamentswahl im Februar 1997 ergab eine vernichtende Niederlage für Benazir Bhutto und ihre PPP. Sie erreichte nur noch 18 Mandate, im Vergleich zu den 137 der PML (von 207 Sitzen insgesamt). Im Punjab fiel die PPP in die Bedeutungslosigkeit zurück (nur noch drei Mandate), selbst im Stammland Sindh geriet sie deutlich in die Minderheit. Wenn jemals bei einer demokratischen Wahl in Pakistan eine Partei ein überzeugendes Regierungsmandat erhalten hatte, dann Nawaz Sharif im Jahr 1997 – auch wenn dies mindestens so sehr auf das politische Scheitern seiner Konkurrentin zurückzuführen war wie auf seine eigene Beliebtheit. Die Wahlbeteiligung lag allerdings bei unter 36 Prozent, damit noch niedriger als üblich (in der Regel zwischen 40 und 46 Prozent). Die PPP war auf den Status einer Regionalpartei im Sindh zurückgefallen. Die PML hatte sie im Verlauf eines guten Jahrzehnts im Punjab beerbt, wo sie nun über eine solide Basis verfügte. Viele Wähler meinten, »natürlich« sei auch Nawaz Sharif korrupt – aber er würde mit dem gestohlenen Geld wenigstens im Punjab etwas unternehmen, anstatt es ins Ausland zu verschieben.[97] Zu Beginn des Jahres 1997 bestand damit eine gute Chance, aus der langen Lähmung des Landes auszubrechen. Nawaz Sharif hielt zu Beginn seiner zweiten Amtszeit alle Trümpfe in der Hand: Er verfügte über die Zweidrittelmehrheit im Parlament, die bald durchgesetzte Verfassungsänderung (der 13. Verfassungszusatz) beseitigte die oft willkürlich ausgeübte Macht des Präsidenten und stärkte die Stellung des Ministerpräsidenten entscheidend, und es gab eine Militärführung, die zwar ein bedeutender politischer Faktor im Hintergrund blieb, sich aber politisch mehr oder weniger neutral verhielt. Eine solche Chance zur Gestaltung Pakistans hatte seit der Machtübernahme Zulfikar Ali Bhuttos 1971 keine zivile Regierung besessen. Bedauerlicherweise stellte sich sehr schnell heraus, daß Nawaz Sharif dieser Verantwortung nicht gewachsen war.

Wie bereits in seiner ersten Amtszeit behandelte er die parlamentarische und außerparlamentarische Opposition, die ja ohnehin wegen des Wahlergebnisses stark geschwächt war, mit Verachtung. Polizei und Justiz wurden genutzt, um die Opposition einzuschüchtern und zu Wohlverhalten zu erpressen, wobei er mit harter Hand insbesondere die Untersuchung realer oder fiktiver Verfehlungen und der Korruption der Vorgängerregierung ausnutzte.[98]

Sharif versuchte rasch, das oberste Verfassungsgericht unter seine Kontrolle zu bringen und die Zahl der Richter per Parlamentsbeschluß von 17 auf 12 zu reduzieren. Nachdem der Oberste Verfassungsrichter und der Präsident heftigen Widerstand leisteten, eskalierte der Konflikt. Nawaz Sharif schickte Schlägerbanden – unter der Führung von Parlamentsabgeordneten seiner Partei – ins Verfassungsgericht, die eine laufende Sitzung sprengten und die Richter bedrohten, woraufhin diese sich fluchtartig zurückziehen mußten. Als der Oberste Verfassungsrichter sich mit der Bitte um Schutz – die Polizei hatte nicht reagiert – an den Oberkommandierenden der Armee wandte, verwies dieser die Anfrage an den Verteidigungsminister. Dieses Amt hatte aber Ministerpräsident Nawaz Sharif selbst inne, der nicht daran dachte, das Gericht zu schützen, das er selbst hatte angreifen lassen.

Als später eine Verfassungsbeschwerde wegen des Verhaltens der Schläger und der Rolle des Ministerpräsidenten vor dem Gericht verhandelt wurde, landete diese vor »einer Kammer des Verfassungsgerichts mit denselben Richtern, die von Nawaz Sharifs Hooligans angegriffen worden waren. Sie entschied, daß Beweise zu einer Verurteilung fehlten – obwohl die

Richter selbst Zeugen der ganzen Episode gewesen waren und der Vorgang vollständig auf einem Videoband des gerichtseigenen TV-Systems dokumentiert war, das dem Gericht vorlag.«[99]

Damit wurde der Grad der Einschüchterung des Gerichts deutlich. Bald traten der Oberste Verfassungsrichter und Präsident Leghari – der sich auf seine Seite gestellt hatte, aber ebenfalls vom Oberkommandierenden des Militärs im Stich gelassen worden war – zurück. Damit hatte Nawaz Sharif zwei potentielle Kontrolleure seiner Macht ausgeschaltet. Als neuen Präsidenten ließ er Rafiq Tarar wählen, einen alten Freund seiner Familie. Seinen Bruder Shabhaz Sharif machte er zum Regierungschef des Punjab. Damit war er ein gutes Stück bei der Etablierung dessen vorangekommen, was ein europäischer Beobachter eine »parlamentarische Diktatur« nannte.[100]

Als nächstes konzentrierte Sharif sich auf die Presse, die seine Politik scharf kritisiert hatte. Journalisten wurden gekauft, eingeschüchtert, bedroht und verhaftet, um die Medien gefügig zu machen. Schließlich blieb als machtpolitisches Gegengewicht nur noch das Militär.[101]

Dessen Oberkommandierender, General Jehangir Karamat, betrachtete – damit eine absolute Ausnahme an der Spitze des pakistanischen Heeres – die ständigen Einmischungen des Militärs in die Regierungsführung aus prinzipiellen Gründen skeptisch. Deshalb kam für ihn ein neuer Militärputsch gegen den Ministerpräsidenten nicht in Frage, auch wenn er dessen Politik für bedenklich hielt. Zugleich war sein Ansehen im Herbst 1998 geschwächt, da man ihm verständlicherweise vorhielt, das Oberste Verfassungsgericht nicht geschützt zu haben. Anfang Oktober kam es zu einer scharfen, öffentlichen Auseinandersetzung zwischen dem Militärchef und dem Ministerpräsidenten, als Karamat die »destabilisierenden Wirkungen der Polarisierung, Vendettas und die Unsicherheit erzeugende Politik« der Regierung kritisierte und eine »neutrale, kompetente und selbstbewußte Bürokratie und Verwaltung in den Provinzen und im Bund« empfahl.[102]

Nawaz Sharif betrachtete dies nicht als ein ernstes Warnsignal, sondern verlangte den Rücktritt des Generals; und dieser – für Pakistan völlig ungewöhnlich – trat tatsächlich zurück. Der Ministerpräsident ernannte umgehend einen neuen Oberkommandierenden, den General Pervez Musharraf. Damit sah es so aus, als habe Nawaz Sharif nacheinander alle rivalisierenden Machtzentren ausgeschaltet bzw. unter Kontrolle gebracht: das Verfassungsgericht, die Präsidentschaft, die Presse – und schließlich sogar das Militär, bei dem in Pakistans Geschichte fast immer die Fäden der Macht zusammengelaufen waren.

Neue Militärherrschaft, 1999 bis 2008

Doch im Oktober 1999 kam es zu einem neuen Militärputsch. Ausgangspunkt der Entwicklung war der Kleinkrieg von Kargil, bei dem das pakistanische Militär von Mai bis Juli 1999 zuvor besetzte indische Hochgebirgsstellungen in Kaschmir für Kampfhandlungen gegen das indische Militär genutzt hatte. Wegen der auf Dauer unhaltbaren Lage und insbesondere des Drucks aus Washington hatte Ministerpräsident Nawaz Sharif den Rückzug angeordnet. Verärgert warf er der Militärführung – insbesondere dem Oberkommandierenden Musharraf – vor, ihn in eine außen- wie innenpolitisch unhaltbare Situation gebracht zu haben. Umgekehrt waren die Militärführung und viele Offiziere niedriger Ränge der Auffassung, daß ein militärischer Erfolg gegen den Erzfeind Indien von der zivilen Führung verschenkt worden sei, eine Auffassung, die bis heute anhält.[103] Beide Seiten gerieten durch diese Angelegenheit unter starken Legitimationsdruck der Öffentlichkeit, Musharraf auch innerhalb der Streitkräfte. Seitdem bestand beträchtliches Mißtrauen gegeneinander, und es war deutlich, daß Nawaz Sharif daran dachte, Musharraf zu entlassen. Dies traf nicht nur auf den persönlichen Widerstand des Armeechefs selbst, sondern auch den des Militärs insgesamt: Nachdem erst kurz zuvor der letzte Heereschef Karamat durch den Ministerpräsidenten zum Rücktritt gezwungen worden war, wäre eine Entlassung oder ein erneuter Rücktritt des Oberkommandierenden nicht nur als demütigend für das Militär empfunden worden, sondern hätte auch dessen Unterordnung unter die zivile Führung symbolisiert – was dem Selbstverständnis des pakistanischen Militärs grundlegend widersprochen hätte.

Die schwelende Krise erreichte im Oktober 1999 ihren Höhepunkt. Pervez Musharraf hatte sich im Ausland aufgehalten und wurde während des Rückflugs aus Sri Lanka vom Ministerpräsidenten abgesetzt und durch einen weiteren persönlichen Freund der Familie Sharif ersetzt. Um Musharraf an Gegenmaßnahmen zu hindern, wurde seinem Flugzeug (eine Linienmaschine von *Pakistan International Airways* mit 198 Menschen an Bord) aufgrund der Anweisungen Nawaz Sharifs die Landeerlaubnis in Pakistan verweigert, obwohl das Passagierflugzeug kaum noch Treibstoff an Bord hatte.[104]

Die Armee nahm dies zum Anlaß für einen Staatsstreich. Der Putsch wurde auch von den meisten Teilen der Gesellschaft wohlwollend, von anderen eher gleichgültig aufgenommen. Widerstand gab es nicht, da das Zivilregime gründlich diskreditiert war. Nawaz Sharif wurde verhaftet, wegen »Flugzeugentführung« und Mordversuchs vor Gericht gestellt und zu lebenslanger Haft verurteilt, aber Ende 2000 aufgrund internationalen Drucks nach Saudi-Arabien ins Exil entlassen.[105] Die pakistanische Regierung und die der Provinzen wurden abgesetzt, das nationale und die Provinzparlamente »suspendiert« (also nicht offiziell aufgelöst) und die Verfassung »zeitweilig außer Kraft gesetzt«. Präsident Tarar blieb im Amt, bis Musharraf sich 2001 selbst zum Präsidenten ernannte. Bis zu

diesem Zeitpunkt führte der General den Titel »Chef der Exekutive« (nicht etwa Ministerpräsident). In seiner ersten Rede
an die Nation nach dem Putsch betonte er nachdrücklich,
nicht das Kriegsrecht verhängt, sondern »einen anderen Weg
zur Demokratie« beschritten zu haben. »Die Streitkräfte haben nicht die Absicht, länger als absolut nötig an der Macht zu
bleiben, um den Weg zu bahnen, damit in Pakistan eine wahre
Demokratie gedeihen kann.«[106]

Musharraf zeichnete ein düsteres Bild der Situation: »Wir
haben heute einen Zustand erreicht, in dem unsere Wirtschaft
zusammenbricht, unsere Glaubwürdigkeit verloren ist und
staatliche Institutionen zerstört sind. Zwietracht zwischen
den Provinzen hat zu Brüchen im Föderalismus geführt, und
Leute, die einmal Brüder waren, gehen sich nun gegenseitig an
die Gurgel.« Insbesondere warf er der Regierung von Nawaz
Sharif eine Verschwörung vor, um »die letzte Institution der
Stabilität in Pakistan zu zerstören, indem sie Zwietracht in den
Reihen der pakistanischen Streitkräfte sät«. Und er fragte rhetorisch: »Zusammengenommen: Wir haben unsere Ehre und
unsere Würde verloren und den Respekt in der Gemeinschaft
der Nationen. Ist das die Demokratie, die Muhammad Ali
Jinnah vorschwebte? Können wir so ins neue Jahrtausend gehen?«[107]

Im Unterschied zu früheren Militärdiktaturen verbot Musharraf die politischen Parteien nicht und sprach in seiner Rede
positiv von den Menschenrechten, insbesondere der Presse-
freiheit. Zugleich bediente er sich mehrfach religiöser Formeln
und trug gar ein angeblich selbst geschriebenes Gebet vor, in
dem er göttliche Hilfe bei seiner Amtsführung erbat, sprach
sich aber gegen die politische »Ausbeutung der Religion« aus
und für »Toleranz anstatt des Hasses, universelle Brüderlich-
keit anstatt der Feindseligkeit, Frieden anstatt Gewalt und
Fortschritt statt religiöser Heuchelei«.[108]

Viele Pakistaner stimmten mit diesen wohlklingenden Ausführungen überein, waren auch erleichtert, daß die Zeit Nawaz Sharifs vorbei war.

In allen Fällen der Militärherrschaft in Pakistan – wie auch anderswo – bestand das Hauptproblem in der Gewinnung von Legitimität[109] und darin, sich eine eigene Machtbasis in der Gesellschaft und zivilen Politik zu verschaffen. Beim Versuch der Gewinnung von Legitimität durch Legalität – also der juristischen Absicherung – folgte Musharraf im wesentlichen den Wegen, die seine Vorgänger als Militärherrscher bereits erprobt hatten. Direkt nach der Verhängung des Notstandes wurde eine verfassungsrechtliche Verordnung erlassen, die alle Gerichte zur Weiterarbeit ermächtigte, »vorausgesetzt, daß die höchsten Gerichte und das Verfassungsgericht nicht die Macht haben, gegen den Chef der Exekutive oder alle Personen zu entscheiden, die unter seiner Autorität agieren«.[110] Damit war allen pakistanischen Gerichten mit einem Federstrich die Möglichkeit genommen, Entscheidungen oder Verhaltensweisen der Diktatur zu überprüfen. In einem zweiten Schritt wurden im Januar 2000 die Richter des Obersten Verfassungsgerichts auf diese Verordnung vereidigt, so daß diese die Verordnung selbst nicht mehr als verfassungswidrig aufheben konnten. Sechs Richter verweigerten den Eid und wurden durch andere ersetzt.[111] Auf dieser Grundlage entschied das neue Verfassungsgericht fünf Monate später, daß der Putsch General Musharrafs und die inzwischen erfolgte Auflösung der nationalen und Provinzparlamente »legal« gewesen seien. Allerdings ordnete das Gericht zugleich an, daß innerhalb von drei Jahren Neuwahlen zu den Parlamenten stattfinden müßten.[112]

Im Juni 2001 übernahm Musharraf von Rafiq Tarar das Amt des Präsidenten und ließ sich Ende April 2002 in einem – in der Verfassung nicht vorgesehenen – Referendum für fünf Jahre im Amt bestätigen.[113] Die von den Wählern zu beantwortende Frage hatte folgenden Wortlaut: »Um die Existenz

der neuen Kommunalverfassung, die Einführung der Demokratie, die Fortsetzung der Reformen, das Ende des Sektie-
rertums und des Extremismus zu sichern und die Vision
Muhammad Ali Jinnahs zu erfüllen – möchten Sie Präsident
General Pervez Musharraf für fünf Jahre zum Präsidenten
wählen?«

Nach Angaben der Wahlkommission lag die Wahlbeteiligung
bei 56,6 Prozent – und damit deutlich höher als üblich –, obwohl die großen Parteien zum Boykott aufgerufen hatten.
Oppositionelle schätzten die Wahlbeteiligung dagegen auf
5 bis 10 Prozent.[114] Angeblich sprachen sich 97,5 Prozent für
Musharraf als Präsidenten aus.

Im August 2002 verkündete der neue Präsident eine »Rechtliche Rahmenverordnung«, mit der er sich u. a. das Recht gab,
die Nationalversammlung aufzulösen. Im Oktober 2002 wurden – in Übereinstimmung mit dem Verfassungsgerichtsbe-
schluß – Wahlen zur Nationalversammlung abgehalten, bei
denen es zu massiven Unregelmäßigkeiten kam. Dieses neue
Parlament beschloß 2003 den 17. Verfassungszusatz, der alle
Entscheidungen und Verordnungen des »Chefs der Exekutive«
bzw. Präsidenten seit dem Putsch von 1999 einer rechtlichen
Überprüfung entzog und damit legalisierte. Damit bekamen
alle Maßnahmen des Präsidenten offiziell Verfassungsrang –
der Putsch war nun nicht nur durch ein selbst ausgewähltes
Verfassungsgericht, sondern auch durch ein Parlament als legal akzeptiert.[115]

Zugleich ging es General Musharraf – auch hierin den Generälen Ayub Khan und Zia ul-Haq folgend – darum, sich in
der Gesellschaft eine soziale Basis zu verschaffen, um sich
nicht allein auf den Zwang militärischer Macht stützen zu
müssen. Hier sollen zumindest drei dieser Versuche angesprochen werden: die Verfolgung weitverbreiteter Praktiken der
Unterschlagung, Hinterziehung, des Betruges oder der Kor-

ruption durch Unternehmer oder Politiker; die Dezentralisierung politischer Entscheidungsfindung und Verwaltung durch eine Kommunalreform und die Manipulation des Parteienwesens und der Wahlen.

Eine zentrale Begründung des Staatsstreichs und eine der langjährigen Klagen der Pakistaner über ihr politisches System bestanden in der Seuche der Korruption, Bereicherung und Betrügereien der politischen Eliten auf Kosten der Allgemeinheit. Deshalb war es zugleich in der Sache richtig und taktisch klug, als sich General Musharraf bald nach seinem Putsch der Bevölkerung dadurch empfahl, nun endlich einmal gründlich und ohne Rücksichten auf politische Seilschaften damit aufräumen zu wollen. Musharraf ließ nun ein Nationales Büro für Verantwortlichkeit (»National Accountability Bureau«, NAB) gründen und ernannte einen respektierten und »sauberen« General mit der Leitung. In den ersten Monaten schritt die Arbeit dynamisch und erfolgversprechend voran, was in der Bevölkerung Hoffnungen auf Besserung und Sympathie für die Militärregierung weckte. Bald aber sah sich die Regierung zunehmend dazu veranlaßt, politische Rücksichten auf manche Tätergruppen zu nehmen, zuerst auf amtierende Militärs, dann aber auch auf Prominente aus dem wirtschaftlichen und politischen Bereich, die man ans Regime binden wollte. Damit erlahmte die Arbeit des NAB, und im September 2000 trat sein Leiter zurück. Danach waren Schwung und Glaubwürdigkeit der Behörde gebrochen.[116]

Abbas faßt das Ergebnis so zusammen: »Das NAB war praktisch tot. Ein edles Experiment war zu Ende gegangen, weil seine Initiatoren nicht das moralische Stehvermögen hatten, um es umzusetzen … Musharraf hatte sich eindeutig entschieden – er würde mit denjenigen Politikern einen Kompromiß eingehen, die sich auf seine Seite stellten. Er hatte dem wachsenden Druck derjenigen nachgegeben, die wollten, daß sich das Regime ›normal‹ verhielt und nicht wie ein revolutionäres. Das Dilemma Musharrafs bestand darin, daß die Massen einen Messias in ihm sahen, während die politische und militärische Elite den Status quo fortsetzen wollte.«[117]

Ähnlich erging es den Plänen des Präsidenten zur Dezentralisierung der pakistanischen Bürokratie und insbesondere zur Stärkung der Städte und Gemeinden. Der pakistanische Staatsapparat war traditionell immer überzentralisiert gewesen, die unteren politischen Ebenen am Gängelband der Regierung geführt worden, was der kolonialen Vergangenheit entsprach und zu ausgesprochen bürgerferner Verwaltungspraxis führte. Erste Reformpläne, die General Musharraf im Verlauf des Jahres 2000 ankündigte, enthielten durchaus positive Ansätze. So sollten die Entscheidungsbefugnisse und Finanzzuständigkeit zum ersten Mal bei gewählten Gemeindeinstanzen liegen, das Wahlrecht von 21 auf 18 Jahre gesenkt, 50 Prozent der Stadt- und Gemeinderäte von Frauen besetzt und Minderheiten bessergestellt werden.[118]

Diese Reformen wurden bei der Überarbeitung der Pläne immer weiter verwässert und schließlich den taktischen Zielen der Militärregierung geopfert. Es ging ihr darum, an den Parteien vorbei – insbesondere der PPP und der PML Nawaz Sharifs – politische Basisstrukturen in den Städten und Gemeinden aufzubauen – folglich mußten die Parteien von den Wahlen 2000/2001 zu den neuen Gemeinderäten wie zu Zeiten Ayub Khans und Zia ul-Haqs ausgeschlossen werden.[119] Die so gewählten Bürgermeister mußten General Musharraf dankbar sein, da sie ihm und seiner Politik letztlich ihre Posten verdankten. Die Parteien mußten von ihnen als Bedrohung ihrer neuen Macht wahrgenommen werden. Dieser Mechanismus wurde beim Referendum über die Präsidentschaft Musharrafs deutlich, als zahlreiche der Gemeindeverwaltungen und Bürgermeister ihre finanziellen und organisatorischen Mittel einsetzten, um für eine Zustimmung der Bevölkerung zu werben.

Alle Militärregime in Pakistan hatten sich zu Beginn bemüht, die Parteien auszuschalten und eine »parteilose« Politik zu organisieren, und in allen Fällen war dies gescheitert. Da es nie gelang, die Parteien völlig bedeutungslos werden zu lassen oder zu beseitigen, und man nie das Problem der eigenen Legitimität *ohne* die Parteien hatte lösen können, bemühten sich die Militärregime in der Regel etwas später in ihren Amtszeiten, die Parteien zu kontrollieren, zu instrumentalisieren, gegeneinander auszuspielen – und Parteien zu schaffen, die sich entweder vom Regime lenken ließen oder dieses freiwillig unterstützten. Auch Musharraf beschritt diesen Weg, eine Politik des »Teile und Herrsche« mit der Schaffung einer regimenahen Partei zu verbinden.

Ausgangspunkt war natürlich das Problem, im Oktober 2002 Wahlen abzuhalten, ohne die eigene Macht zu untergraben und die PPP und PML zu stärken.[120] Der Militärgeheimdienst ISI spielte dabei wieder eine Schlüsselrolle. Nachdem die beiden Parteiführer von PPP und PML – Benazir Bhutto und Nawaz Sharif – ins Exil gezwungen waren, waren deren – ausgesprochen auf ihre Führer bezogene – Parteien ohnehin geschwächt. In einem nächsten Schritt wurden die bestehenden Spannungen in der PML so weit verschärft, daß es zur Parteispaltung kam. Aus der PML entstanden so die PML-N (»N« steht für Nawaz, also den Teil der Partei, der weiter zu Nawaz Sharif stand) und PML-Q (wobei »Q« für »Quaid-i-Azam« steht, also den Ehrentitel des Staatsgründers Jinnah). Durch Drohungen, Lockungen, Geld und Erpressung warb das ISI insbesondere ehemalige PML-Mitglieder an, aber im geringeren Maße liefen auch solche der PPP und Unabhängige zur neuen Partei über: Hier ließ sich schnell Karriere machen, prominente Überläufer wurden leicht Minister. Gerade Politiker, denen das NAB bei krummen Geschäften auf die Schliche gekommen war, erwiesen sich diesem Werben gegenüber als anfällig. So wurde der frühere PPP-Funktionär Aftab Ahmed

Khan Sherpao, der wegen Vorwürfen der Korruption ins Exil gegangen war, Minister für Wasser und Energie, später Innenminister.

In einem nächsten Schritt wurde als Voraussetzung einer Parlamentskandidatur festgelegt, daß die jeweiligen Bewerber über einen akademischen Abschluß (mindestens BA) verfügen mußten – in einem Land mit hoher Analphabetenrate wurden so 96 Prozent der Bevölkerung (und 41 Prozent der bisherigen Abgeordneten)[121] von einer Kandidatur ausgeschlossen. Um allerdings die religiösen Parteien – die ohnehin keine Chance hatten, die Wahl zu gewinnen – als Gegengewicht gegen PPP und PML-N aufzubauen, wurde eine bemerkenswerte Ausnahmeregel beschlossen: Abschlüsse der religiösen Schulen (den Medressen bzw. *Madaris*) wurden als einem akademischen Abschluß gleichwertig anerkannt, so daß insbesondere die extrem konservative JUI keine Probleme bei der Kandidatenaufstellung bekam. Auch auf andere Weise wurden religiöse Parteien bevorzugt – ausgerechnet von einer Regierung, die sich international als Hüterin der säkularen Werte präsentierte. Schließlich sorgte das ISI durch nachdrückliches Drängen und andere handfeste Formen der Überzeugungsarbeit auch dafür, daß die zersplitterte religiöse Rechte sich zum gemeinsamen Wahlbündnis MMA (*Muttahida Majlis-e-Amal*) zusammenschloß, um ihre Wahlaussichten zu verbessern. Im Sindh wurde die mit der PPP verfeindete Partei MQM gefördert. Wo solche Praktiken nicht ausreichten, wurde auch direkter Zwang angewendet: Beispielsweise wurde im Sindh das gewählte Mitglied des Provinzparlaments Zahid Bhurgari vom Geheimdienst entführt und gefoltert, als er nicht zur PML-Q übertreten wollte.[122]

Obwohl die Wahlen von 2002 insgesamt kaum als frei und fair bezeichnet werden können, reichte es für die regimenahe PML-Q nicht zur Mehrheit. Erst mit Hilfe der MQM und verschiedener Überläufer gelang es, unter Führung der PML-Q eine Regierung zu bilden.[123]

Angesichts seiner machtpolitischen Manipulationen und der bald enttäuschten Hoffnungen auf eine »saubere« Politik verlor General Musharraf allmählich das Vertrauen der Bevölkerung, die nach seiner Machtübernahme in so besonderer Weise hinter ihm gestanden hatte. Nach den Terroranschlägen des 11. September 2001 sank sein Ansehen rapide. Die USA hatten Pakistan vor die Wahl gestellt, sich entweder dem »Krieg gegen den Terrorismus« anzuschließen (und sich dabei auch unzweideutig von den afghanischen Taliban zu distanzieren) oder aber selbst zum Ziel dieses Krieges zu werden. Präsident Musharraf entschied sich sofort für das Bündnis mit Washington – ansonsten wäre Pakistan zum Opfer wirtschaftlicher Sanktionen und politischen und militärischen Drucks geworden, was die Stabilität des Regimes bedroht hätte. Musharraf hatte kaum eine andere Wahl. Das Land wurde zum Bündnispartner der USA gegen Afghanistan, die Taliban und al-Qaida (Luftwaffenstützpunkte, logistische und geheimdienstliche Zusammenarbeit, Abriegelung der Grenze u. a.).

So sehr dies auch unvermeidlich gewesen sein mochte, so sehr diskreditierte es Musharraf innenpolitisch: Die pakistanische Bevölkerung mochte zwar wenig Sympathie für den gewalttätigen Extremismus Usama bin Ladins oder den Steinzeitislam der Taliban hegen, sie betrachtete die USA unter George W. Bush allerdings als das größere Übel. Als die USA im Oktober 2001 den Afghanistankrieg begannen und die Taliban Ende des Jahres stürzten, ergriffen auch die meisten liberalen und säkularen Pakistaner Partei für Usama bin Ladin, da er gegen die übermächtige und in ihren Augen arrogante Weltmacht USA kämpfte.[124] Musharraf hingegen galt in großen Teilen der pakistanischen Gesellschaft als deren Handlanger, vor allem in den paschtunisch geprägten Landesteilen (insbesondere der Nordwestprovinz) und bei religiösen Kräften. Diese Stimmung verschärfte sich noch einmal massiv, als die USA im März 2003 den Irakkrieg begannen, das Land besetzten und durch den Folterskandal von Abu Ghraib und die nie gefundenen Massenvernichtungswaffen zunehmend diskreditiert waren. Einer solchen Macht zu folgen – und bald über 100.000 Soldaten zur Flankierung des US-Krieges in Afghanistan in die paschtunischen Stammesgebiete an der afghanischen Grenze zu entsenden, die dort bald selbst beträchtliche »Kollateralschäden« an der Zivilbevölkerung anrichteten – war für Musharraf innenpolitisch verheerend. Sein Regime geriet in der eigenen Bevölkerung zunehmend in die Isolation.

Auch in anderer Hinsicht war Musharrafs Position prekär – als Oberkommandierender der Armee und zugleich Präsident hatte er eine Doppelfunktion inne, die der Verfassung widersprach. Zur Jahreswende 2003/2004 kam Musharraf zu einer Verständigung mit den radikalen religiösen Parteien der MMA,[125] wodurch seine oben erwähnte »rechtliche Rahmenverordnung« vom Parlament akzeptiert und leicht verändert als 17. Verfassungszusatz verabschiedet wurde. Musharraf versprach, bis Ende 2004 sein Amt als Oberkommandierender aufzugeben, und wurde daraufhin bis Ende 2007 als Präsident gewählt.[126] Mit Unterstützung der Regierung erhielt der Vorsitzende der extrem konservativen religiösen Partei JUI, Fazl ur Rehman, im Mai 2004 im Parlament den Status des Oppositionsführers, obwohl andere Parteien – insbesondere die PPP – wesentlich mehr Stimmen erhalten hatten. Ausgerechnet die religiösen Extremisten hatten dem säkularen Präsidenten und US-Verbündeten Musharraf aus der Patsche geholfen – was ihre Glaubwürdigkeit in der pakistanischen Gesellschaft ebenfalls schwächte.

Musharraf brach jedoch sein Versprechen, zum Jahresende 2004 sein militärisches Amt aufzugeben, nachdem im Oktober 2004 die PML-Q mit ihren parlamentarischen Verbündeten ein Gesetz durchgesetzt hatte, das es Musharraf bis Ende 2007 gestattete, Oberkommandierender und Präsident zugleich zu bleiben.

Das ganze Jahr 2007 über beherrschte folglich die Frage die pakistanische Politik, wie Musharraf sich entscheiden würde. Würde er eine Wiederwahl als Präsident anstreben – und zuvor als Oberkommandierender zurücktreten – oder nicht? In beiden Fällen wäre eine Wiederwahl verfassungsrechtlich bedenklich bzw. klar verfassungswidrig gewesen (z. B. muß ein besoldeter Staatsdiener – wie ein General – zumindest zwei Jahre nach seinem Ausscheiden warten, bis er sich in ein Amt wählen lassen kann).

Vor diesem Hintergrund setzte der Präsident im März 2007 unter fadenscheinigen Vorwänden den Obersten Verfassungsrichter Iftikhar Muhammad Chaudhry ab. Dieser hatte – keine Selbstverständlichkeit in Pakistan – sehr auf seine Unabhängigkeit geachtet und immer wieder auch Entscheidungen getroffen, die der Regierung wenig genehm waren. Offensichtlich wollte Präsident Musharraf in bezug auf seine Wiederwahl das Verfassungsgericht rechtzeitig disziplinieren – allerdings erwies sich die Absetzung des Verfassungsrichters als katastrophale Fehlspekulation.

Richter Iftikhar zog sich trotz massiven Drucks nicht still ins Privatleben zurück, sondern leistete Widerstand: Er erhob Verfassungsbeschwerde gegen seine Entlassung und begann eine Kampagne für Rechtsstaatlichkeit mit Kundgebungen überall im Land. In kurzer Zeit wurde der Richter zum Volkshelden, dem Zehntausende, zum Teil Hunderttausende auf Massendemonstrationen zujubelten. Damit war Musharraf ein ernster Gegner entstanden: ein weitgehend unbelasteter Richter, der sich von Parteipolitik fernhielt und allein die Fragen von Demokratie, Rechtsstaatlichkeit und der Verteidigung der Verfassung ins Zentrum rückte. Und erstaunlicherweise mobilisierten er und die Arroganz der Macht breite Kreise der pakistanischen Bevölkerung: Rechtsanwälte, säkulare und religiöse Bürger, Intellektuelle und Bettler, Händler, Theologen, Rechte und Linke sympathisierten mit dem mutigen Richter.[127] Bis in den Staatsapparat hinein war kaum jemand zu finden, der die Partei Musharrafs ergriffen hätte.

Als bemerkenswert wirksam erwies sich dabei insbesondere eine breite und dauerhafte landesweite Kampagne der Rechtsanwälte, die vom März 2007 bis weit ins Jahr 2008 hinein immer wieder mit großem Engagement für Rechtsstaatlichkeit, Demokratie und die Wiedereinsetzung der entlassenen Richter demonstrierten, die Gerichtsarbeit boykottierten und bei ihrem Widerstand auch persönliche Risiken eingingen.

Im Juli 2007 traf das Verfassungsgericht die sensationelle Entscheidung, daß die Absetzung ihres Vorsitzenden illegal gewesen war – Richter Iftikhar wurde wieder ins Amt eingesetzt, was Musharraf zähneknirschend akzeptierte. Damit wurde allerdings seine Wiederwahl als Präsident fraglich, da es Klagen gegen deren Rechtmäßigkeit geben würde – und das Verfassungsgericht erkennbar an Selbstbewußtsein gewonnen hatte.

Das Jahr 2007 brachte eine weitere Entwicklung, die den Präsidenten politisch schwächte: den Skandal um die »Rote Moschee« in Islamabad. Diese Moschee nebst ihren dazugehörigen Medressen (für Jungen und Mädchen) hatte sich in der Hauptstadt zu einem Zentrum militanter Theologie und politischen Aktivismus entwickelt. Zunehmend versuchten die Koranschüler – besonders aktiv die Schülerinnen –, auch mit illegalen Mitteln ihr Stadtviertel »moralisch zu säubern«. Im Februar wurde eine Kinderbücherei besetzt, im März die Inhaberin eines Bordells und ihre Tochter und Schwiegertochter sowie zwei Polizisten entführt. Im April erklärte einer der beiden Leiter der Roten Moschee, daß ein religiöser Gerichtshof der Moschee nunmehr im Stadtviertel die Scharia durchsetzen würde – die ja offiziell seit 1991 durch Parlamentsbeschluß in Pakistan ohnehin gilt, wenn man auch von ihrer Anwendung kaum etwas spürte.[128] Als schließlich im Mai erneut vier Polizisten zur Freipressung Verhafteter und dann fünf chinesische Staatsbürger aus einem »Massagesalon« entführt wurden, war der Konflikt vorprogrammiert. China ist ein wichtiger politischer und wirtschaftlicher Partner Pakistans, und es war bereits zuvor zu Angriffen auf und Morden an chinesischen Ingenieuren und Arbeitern gekommen, so daß die chinesische Regierung besorgt intervenierte. In der ersten Julihälfte kam es zur militärischen Belagerung und Erstürmung der Roten Moschee. Dabei stellte sich heraus, daß größere Mengen an Waffen in die Moschee geschmuggelt worden waren. Der Sturm verlief ausgesprochen blutig, es kam zu vermutlich Hunderten von Toten.[129]

Insgesamt schadete die Affäre der Regierung und Präsident Musharraf beträchtlich. Selbst wohlwollende Beobachter kritisierten, daß man zuerst mit zu großer Nachlässigkeit auf die Gesetzesbrüche und Entführungen der Moscheeverantwortlichen reagiert habe – um dann aber mit großer Rücksichtslosigkeit und Brutalität auch gegen Frauen und Kinder vorzugehen. Viele – auch säkulare – Pakistaner spekulierten, daß Musharraf die ganze Angelegenheit selbst inszeniert habe, um den USA seine Entschlossenheit gegenüber religiösen Extremisten zu demonstrieren. Auch wenn es dafür keine seriösen Belege gab, so machten diese weitverbreiteten Gerüchte doch deutlich, wie tief das Ansehen des Präsidenten inzwischen gesunken war.

General Musharraf war im Herbst 2007 politisch entscheidend geschwächt.[130] In dieser Situation begann er verstärkt mit Benazir Bhutto über eine Machtteilung zu verhandeln und traf Bhutto dazu sogar heimlich in Dubai. Es ging um einen Kuhhandel, der Benazir Bhutto die Rückkehr nach Pakistan und eine erneute Kandidatur für das Amt der Ministerpräsidentin gestatten würde, ohne sie wegen der Korruptionsvorwürfe gerichtlich zu belangen. Dafür sollten sie und die PPP Musharraf nach seinem Rücktritt als Oberkommandierender als zivilen Präsidenten unterstützen. Das Geschäft zum gegenseitigen Nutzen kam nicht zustande, u.a., weil die Verhandlungen auf beiden Seiten das jeweils eigene Lager destabilisierten: Viele Aktivisten in der PPP fühlten sich von Bhutto verraten, da man einen Deal mit dem Militär ablehnte. Ähnliche Unruhe entstand in der Regierungspartei PML-Q: Man habe nicht in schwerer Zeit zu General Musharraf gehalten, um nun zugunsten der PPP fallengelassen zu werden. Der Handel zwischen Musharraf und Bhutto scheiterte, obwohl er mehrfach kurz vor einem Abschluß gestanden hatte – und der Präsident verfügte über einen möglichen Ausweg aus seiner verfahrenen Lage weniger.

Musharraf entschloß sich zur Flucht nach vorn. Anfang Oktober 2007 ließ er sich von den bereits seit 2002 amtierenden Abgeordneten des Parlaments und der Provinzparlamente für weitere fünf Jahre zum Präsidenten wählen – obwohl die Wahl eines neuen Parlaments kurz bevorstand. Und dann putschte der Militärherrscher Musharraf sozusagen gegen sich selbst, den Präsidenten. Anfang November 2007 verhängte er als Militär-Chef den Notstand und setzte damit die Verfassung erneut außer Kraft.[131] Durch eine neue Provisorische Verfassungsverordnung wurden die Grundrechte aufgehoben und die Gerichte dem Präsidenten und Ministerpräsidenten unterstellt.[132] Die Richter des Verfassungsgerichtes und der anderen obersten Gerichte wurden entlassen, soweit sie nicht einen Eid ablegten, der sie auf die Akzeptierung des Notstandes und der Provisorischen Verfassungsverordnung verpflichtete.[133] Zusätzlich änderte General Musharraf per Dekret die Verfassung, um die Hindernisse für seine Wiederwahl im Nachhinein auszuräumen – faszinierenderweise rückwirkend bis 1988.[134]

Die Verhängung des Notstands wurde mit der »Zunahme extremistischer Aktivitäten und Fällen terroristischer Angriffe, einschließlich Selbstmordanschläge«, begründet, aber auch mit der »Einmischung einiger Richter in die Politik der Regierung«. Die Richter hätten sich u. a. nicht auf die Rechtspre-chung beschränkt, sondern sich auch legislative und exekutive Funktionen angemaßt, sie hätten zum Teil Regierungsbeamte demütigend behandelt und so das Regierungshandeln beein-trächtigt.[135] In der Folge wurde das Verfassungsgericht perso-nell gesäubert (unter anderem Chefrichter Iftikhar Chaudhry erneut entlassen), eingeschüchtert und in einen neuen, enge-ren verfassungsrechtlichen Rahmen gezwängt. Ein verschärf-tes Vorgehen gegen Extremisten und Gewalt war demgegen-über nicht zu verzeichnen. Bemerkenswert war auch, daß der Präsident den Notstand bereits nach sechs Wochen wieder aufhob – als zwar das Justizwesen gefügig und die Verfassung im Sinne Musharrafs korrigiert war, sich aber an der Sicher-heitslage nichts gebessert hatte.

Letzteres wurde schlagartig deutlich, als Ende Dezember 2007 die frühere Ministerpräsidentin Benazir Bhutto bei einer Wahlkampfveranstaltung in Rawalpindi ermordet wurde. Be-reits kurz nach ihrer Rückkehr aus dem Exil, im Oktober 2007, hatte es einen verheerenden Anschlag auf sie gegeben, bei dem sie zwar unverletzt geblieben war, aber etwa 150 ihrer Anhän-ger getötet wurden. Nun fiel sie einem Attentat vermutlich zweier Täter zum Opfer, einem Selbstmordattentäter mit Sprengstoffgürtel und einem Pistolenschützen. Es kam zu schweren Unruhen insbesondere im Sindh, bei denen rund 40 Menschen starben. Das öffentliche Leben in den Großstädten kam für einige Tage zum Erliegen, Plünderer und Brandstifter nutzten die Gunst der Stunde.

Es war bezeichnend für die geringe Glaubwürdigkeit des Präsidenten, daß eine relative Mehrheit der Bevölkerung (39 Prozent) die Behörden direkt oder indirekt für den Mord verantwortlich machte.[136] Allerdings gab es dafür weder Hin-weise noch ein Motiv – Musharraf hatte seit Monaten hart-näckig versucht, eine Zusammenarbeit mit Benazir Bhutto zustande zu bringen. Tatsächlich spricht vieles dafür, daß der

Führer der pakistanischen Taliban in den Stammesgebieten, Baitullah Mehsud, das Attentat organisiert hatte – und daß die Motive in der proamerikanischen Orientierung Bhuttos und ihrer Annäherung an Präsident Musharraf zu suchen waren. Trotzdem glaubten nur 16 Prozent der Bevölkerung der Erklärung der Regierung, daß extremistische Kräfte mit Bindungen an al-Qaida für den Mord verantwortlich waren.

Die Nachfolgeregelung für Benazir Bhutto gelang schnell und problemlos. Bereits drei Tage nach dem Mord wurde ihr Sohn, Bilawal Bhutto Zardari, zum Parteichef bestimmt – ein 19jähriger junger Mann ohne jegliche politische Erfahrung, der erst sein Studium in Oxford abschließen wollte, bevor er diese Funktion tatsächlich ausfüllen würde.[137] In der Zwischenzeit sollte entsprechend einem im Oktober von Benazir geschriebenen politischen Testament ihr Mann und Bilawals Vater, Asif Zardari, die Partei als Co-Vorsitzender führen.[138] Diese Entscheidung war nicht unproblematisch, da Asif Zardari aufgrund der zahlreichen Korruptionsvorwürfe eher suspekt war und auch in der PPP deutliches Mißtrauen ihm gegenüber bestand, das sich allerdings in der bestehenden Krisensituation nicht öffentlich äußerte. Andererseits war die extrem heterogene Partei so eng mit der Familie Bhutto verflochten und in den letzten Jahren vor allem durch die Person Benazir Bhuttos zusammengehalten worden, daß nun eine Nachfolge außerhalb der Familie kaum vorstellbar schien.

Aufgrund des Mordes und der folgenden Unruhen standen die für den Januar 2008 geplanten Wahlen plötzlich in Frage, wurden aber schließlich – auch aufgrund des Drängens der neuen PPP-Führung, die von der Welle der Sympathie mit der »Märtyrerin« profitieren wollte – um nur wenige Wochen in den Februar verschoben.

Nur 44 Prozent der Bevölkerung erwarteten Ende Januar 2008, daß die Wahlen am 18. Februar fair und frei durchgeführt würden, 46 Prozent glaubten dies nicht.[139] Gerade die geringe Unterstützung der Regierung in der Bevölkerung nährte die Befürchtung, daß diese zu einer Fälschung der Wahl Zuflucht nehmen würde. Einige kleinere – religiöse und säkulare – Parteien erklärten deshalb einen Wahlboykott. Sie waren der Auffassung, daß eine freie und faire Wahl nur nach der vorherigen Wiedereinsetzung der entlassenen Verfassungsrichter und unter einer regierungsunabhängigen Wahlkommission gewährleistet werden könnte. Dadurch kam es zur faktischen Spaltung der religiösen Parteien: Die JUI nahm an der Wahl teil, die JI boykottierte sie. Insgesamt wurde sie durch die Nichtteilnahme einiger Parteien allerdings kaum beeinträchtigt: Als die PPP nach dem Mord an ihrer Vorsitzenden erklärte, weiter zur Kandidatur bereit zu sein, blieb auch der zögernden PML-N unter Nawaz Sharif nichts anderes übrig, als ebenfalls teilzunehmen. Die bisherigen Regierungsparteien PML-Q und MQM, die paschtunisch-nationale ANP, weitere kleinere Parteien und eine ganze Reihe unabhängiger Kandidaten nahmen teil, so daß fast das gesamte politische Spektrum vertreten war. Trotz kleinerer Unregelmäßigkeiten insbesondere im Vorfeld der Wahl war sie insgesamt fair, wenn sie auch in etwa zehn Wahlkreisen (etwa in den Stammesgebieten und der NWFP) aufgrund der Sicherheitslage, Rechtsstreitigkeiten oder verstorbener Kandidaten verschoben werden mußte.

Ergebnis der Parlamentswahl von 2008

Partei	PPP	PML-N	PML-Q	MQM	ANP	MMA	andere Parteien	Unab- hängige	Gesamt
Sitze im Parlament	121	91	54	25	13	6	8	18	336 von 342
Anteil der Sitze im Parlament	36,0 %	27,1 %	16,1 %	7,4 %	3,9 %	1,8 %	2,4 %	5,4 %	

Die Nationalversammlung – also die wichtigere der beiden Kammern des Parlaments – besteht aus 342 Abgeordneten, von denen 272 in einer allgemeinen Wahl bestimmt werden. Zusätzlich gibt es zehn Mandate, die für die religiösen Minderheiten, sowie 60 weitere, die für Frauen reserviert sind. Insgesamt ergab sich nach offiziellen Angaben (Mitte März 2008, sechs Wahlkreise weiter offen) – bei einer Wahlbeteiligung von 44,6 Prozent,[140] fast drei Prozent mehr als 2002 – das in der obigen Tabelle festgehaltene Ergebnis.

Die Einzelergebnisse in den Provinzen fielen höchst unterschiedlich aus. So schnitt die PPP überall respektabel ab, konnte allerdings nur im Sindh die Wahl gewinnen, während die PML-N im Punjab (vor der PPP) deutlich siegte, allerdings im Sindh und Belutschistan keinen einzigen Sitz errang und in der NWFP nur mäßig erfolgreich war. Die MMA (faktisch nur die JUI) erzielte im Sindh und dem Punjab keine Sitze, und erwartungsgemäß konnten die Regionalparteien ANP nur in der NWFP und die MQM nur im Sindh Mandate gewinnen, waren dort aber sehr erfolgreich.

Die Wahl demonstrierte, daß vor allem die PPP in Pakistan wirklich nationalen Charakter besitzt (für die PML-Q gilt dies nur in weit geringerem Maße) – also in allen Provinzen über eine solide Basis verfügt, während die PML-N vor allem eine Partei des Punjab mit gewisser Präsenz in der NWFP ist. Die anderen Parteien sind primär oder völlig regionalen Charakters.

Die PPP konnte die Wahl zwar gewinnen, blieb aber weit von einer Mehrheit im Parlament entfernt – auch wenn zuvor immer wieder darüber spekuliert worden war, daß sie nach dem Mord an Benazir Bhutto auf zahlreiche Sympathiestimmen rechnen und vielleicht sogar die absolute Mehrheit erreichen könne. Die Parteien, die zuvor Präsident Musharraf gestützt hatten (PML-Q und MQM), erreichten trotz ihrer Begünstigung durch staatliche Stellen und viele Bürgermeister zusammen nur 23,5 Prozent der Mandate. Wären die beiden verfeindeten Flügel der PML allerdings gemeinsam aufgetreten, hätten sie mit Sicherheit die Wahl gewonnen (PML-N und PML-Q zusammen erhielten 43,2 Prozent der Sitze, bei einheitlichem Auftreten hätten sie angesichts des Mehrheitswahlrechts der Konkurrenz zahlreiche weitere Mandate abgenommen). Die religiösen Parteien schließlich erlitten eine geradezu vernichtende Niederlage: Die verbliebenen sechs von 336 Abgeordnetenmandaten unterstrichen, daß auch in der Islamischen Republik Pakistan die Bevölkerung den islamischen Parteien nicht unbedingt zutraut, erfolgreiche Politik zu gestalten. Insbesondere die Kungelei der JUI mit dem Militär und Präsident Musharraf hatte ihre Glaubwürdigkeit untergraben. Selbst in ihren Hochburgen an der afghanischen Grenze war der Einfluß der religiösen Parteien dramatisch geschwunden, in der NWFP verloren sie die Macht an eine Koalition aus der säkular-paschtunischen ANP und der PPP.

Insgesamt erzielten die Kräfte der säkularen Opposition gegen Präsident Musharraf bei den Wahlen vom Februar 2008 einen eindrucksvollen Erfolg. Bald nach den Wahlen zeichnete sich eine zusätzliche Schwächung des ehemaligen Regierungslagers ab: In der PML-Q ging eine Gruppe von Abgeordneten auf Distanz zur Parteiführung und brachte ihr Interesse einer Zusammenarbeit mit den Wahlsiegern zum Ausdruck, selbst die Führung der PML-Q ließ zunehmende Distanz zum Präsidenten erkennen – wenn sie etwa erklärte, daß man einer Wiedereinsetzung der Verfassungsrichter nicht unbedingt widersprechen würde. Präsident Musharraf drängte den Parteivorsitzenden der PML-Q zum Rücktritt, was dieser und die gesamte Parteiführung allerdings ablehnten – ein früher undenkbarer Affront.[141] Und die MQM ging so weit, sogar über eine Beteiligung an der neuen Regierung zu verhandeln.

Nach wochenlangen Verhandlungen wurde Ende März schließlich eine neue Regierung gebildet, an der sich außer der PPP und der PML-N auch die paschtunische ANP und die stark geschwächte JUI beteiligten. Makhdoom Yusuf Raza Gilani (PPP) wurde mit eindrucksvollen 264 Stimmen von der Nationalversammlung zum neuen Ministerpräsidenten gewählt, sein Gegenkandidat von der PML-Q erhielt nur 42 Stimmen. Selbst die MQM stimmte für Gilani. Nur wenige Tage später kam es nach einer programmatischen Regierungserklärung des neuen Ministerpräsidenten zu einer Vertrauensabstimmung, bei der sogar die Opposition geschlossen für ihn stimmte – eine in Pakistan bis dahin unvorstellbare Situation.

Damit eröffnete sich die historische Chance für Pakistan, die frühere Lähmung des politischen Systems aufgrund der wechselseitigen Blockade der Parteien zu überwinden, die immer wieder einer Intervention des Militärs und einer Verselbständigung der Bürokratie den Weg geebnet hatte. Zwei der überkommenen Grundkonflikte schienen vorerst überwunden: die scharfe Konfrontation zwischen PPP und PML-N, die die gesamte Periode vom Ende der 1980er bis zum Ende der 1990er Jahre vergiftet hatte, und der Grundkonflikt zwischen der PPP und der MQM um die Macht im Sindh. Auch stellten die radikalen religiösen Kräfte zumindest im Parlament keinen relevanten Machtfaktor mehr dar. Dazu kam, daß sich das Militär seit der Amtsübernahme General Ashfaq Parvez Kayanis als Oberkommandierender des Heeres (November 2007) stärker aus der Politik zurückzog und beispielsweise schrittweise Offiziere aus den zivilen Behörden abzog.

Direkt nach seiner Wahl ordnete Ministerpräsident Gilani bereits die Freilassung der noch in Haft oder in Hausarrest befindlichen Richter an. Sodann wurde ein Gesetz eingebracht, das die in der Zeit des Ausnahmezustands eingeführten Kontrollen über die Medien aufhob. Zur Beendigung der Gewalt in den Stammesgebieten wurden zügig Verhandlungen mit Stämmen und den Aufständischen begonnen (die allerdings fast ebensoschnell in eine Sackgasse gerieten). Gilani kündigte die Aufhebung der berüchtigten *Frontier Crimes Regulation* für die Stammesgebiete und der Verordnung zur Regelung der Arbeitsbeziehungen von 2002 an, die die Handlungsmöglichkeiten der Gewerkschaften stark eingeschränkt hatte. In Belutschistan entwickelte sich die Lage vielversprechend: Bereits Ende April wurden dort seitens der Armee die Kampfhandlungen zeitweise eingestellt und die Truppen des paramilitärischen *Frontier Corps* aus Quetta und Gwadar abgezogen. Die Verantwortung für die Sicherheit ging auf die Polizei über.[142] Zur Jahresmitte 2008 hat sich zwar die politische Atmosphäre deutlich entspannt, aber der Konflikt ist weiter ungelöst.

Zahlreiche politische Entwicklungen boten bald Anlaß zur Skepsis. So kam es schon im Vorfeld der Regierungsbildung zu beträchtlichen Auseinandersetzungen innerhalb der PPP. Vor ihrem Tod hatte sich auch Benazir Bhutto für den angesehenen Fraktionsvorsitzenden der Partei in der Nationalversammlung, Makhdoom Amin Fahim, als künftigen Regierungschef ausgesprochen, sollte ihr etwas zustoßen. Entsprechend hatte Asif Zardari ihn als Kandidaten der PPP für das Amt des Ministerpräsidenten benannt,[143] begann jedoch sofort nach den Wahlen gegen ihn zu intrigieren. Offensichtlich fürchtete er, Makhdoom Fahim könne ein »starker« Ministerpräsident mit eigener Machtbasis werden. Außerdem spielte Zardari selbst mit dem Gedanken, Ministerpräsident zu werden – war aber kein Abgeordneter des neuen Parlaments, eine verfassungsrechtliche Voraussetzung. (Die Wahlkommission hatte ihm aufgrund der anhängigen Gerichtsverfahren wegen Korruption eine Kandidatur verweigert.) Um das Amt des Regierungschefs übernehmen zu können, mußte er also zuerst bei einer Nachwahl ein Parlamentsmandat erringen und danach der vorher gewählte Ministerpräsident von seinem Amt zurücktreten. Bei einem solchen Verfahren konnte Fahim im Weg stehen – deshalb wurde nach einigem Tauziehen der Parteiloyalist Yusuf Raza Gilani zum Ministerpräsidenten gekürt. Gilani war durchaus präsentabel, hatte unter Musharraf einige Jahre im Gefängnis gesessen und sich immer loyal zu Benazir Bhutto verhalten. Es war aufschlußreich, daß Asif Zardari nach der Regierungsbildung ganz nebenbei erklärte, er wäre bereit, selbst Ministerpräsident zu werden, wenn dies »notwendig« sei.[144]

Eine zentrale Streitfrage belastete die junge Koalition besonders schwer. Für die PML-N unter Nawaz Sharif war die Frage der Wiedereinsetzung der von Musharraf etwa 60 abgesetzten Richter, einschließlich des obersten Verfassungsrichters Iftikhar Chaudhry, eine Schlüsselforderung. Sie stellte diese, wie auch die Absetzung der während des Ausnahmezustands neu eingesetzten Richter sowie die Entfernung des Präsidenten aus dem Amt, ins Zentrum ihres Wahlkampfes. Auch die PPP hatte vor der Wahl die Wiedereinsetzung der Richter verlangt, doch schon bald wurde deutlich, daß die Partei in dieser Frage höchst zögerlich und halbherzig agierte und die Tür zu Präsident Musharraf offenhalten wollte. Ministerpräsident Gilani erklärte, ein »Gleichgewicht zwischen der Macht des Präsidenten und dem Parlament« herstellen zu wollen,[145] was die Amtsenthebung des Präsidenten durch das Parlament oder ein rekonstituiertes Verfassungsgericht offensichtlich ausschloß. Und PPP-Coparteichef Zardari ging erkennbar auf Distanz zu den Richtern, denen er vorhielt, nicht an der Demokratie, sondern nur der Wiedererlangung ihrer Posten interessiert zu sein, und regte an, die von Musharraf berufenen neuen Richter auch nach der Wiedereinsetzung der alten zusätzlich weiteramtieren zu lassen.[146] Die schwankende Haltung der PPP dürfte einerseits auf die Instrumentalisierung Musharrafs als Gegengewicht zur PML-N, aber auch auf das Drängen der US-Regierung zurückzuführen sein, die eine weitere Schwächung ihres alten Partners Musharraf verhindern wollte. Denn die Frage der Wiedereinsetzung der Verfassungsrichter würde vermutlich auch über das Schicksal des Präsidenten entscheiden, da allgemein erwartet wurde, die Richter würden die zweifelhafte Wiederwahl Musharrafs und dessen Maßnahmen während des Ausnahmezustands für verfassungswidrig erklären. Die Parteien stritten monatelang um einen Kompromiß, der bis zum Redaktionsschluß dieses Buches (Juni 2008) nicht gefunden wurde. In dieser Phase zog die PML-N ihre Minister aus der Regierung zurück, betrachtete sich aber weiter vorläufig als Teil der Koalition. Unterdessen wurden schon koalitionspolitische Alternativen diskutiert, die einen Eintritt der MQM und sogar der PML-Q in die Regierung an Stelle der PML-N und den Austritt der PPP aus der Regierung im Punjab einschlossen.

Insgesamt stellte sich die politische Situation in Pakistan zur Jahresmitte 2008 widersprüchlich dar. Die historische Regierungsbildung auf der Grundlage im wesentlichen fairer Wahlen und die Bereitschaft auch der Opposition, die neue Regierung grundsätzlich zu unterstützen, öffneten die Tür einer politischen Verständigung früher heftig verfeindeter Parteien. Auch die ersten politischen Initiativen der Regierung ließen auf einen Neubeginn hoffen. Andererseits boten der weiterhin undemokratische und anachronistische Charakter fast aller Parteien keinen Grund zum Optimismus. Schließlich deutete auch noch wenig darauf hin, daß die Situation der Gewalt in manchen Landesteilen (insbesondere in der NWFP) – die im dritten Teil des Buches ausführlich behandelt wird – abnehmen würde. Eine besondere Belastung entstand aus dem langen Tauziehen der beiden großen Koalitionsparteien um die Wiedereinsetzung der Richter, das die Politik des Landes monatelang lähmte. Die Hoffnungen auf einen neuen Aufbruch machten bald Ernüchterung und wachsender Skepsis Platz, ob die Parteien wirklich die Lehren aus der Vergangenheit gezogen haben. Erst die nächsten Jahre werden zeigen können, ob Pakistan die neue Chance zur Entwicklung einer funktionierenden Demokratie wird ergreifen können – oder ob das Land in den Zustand einer gelähmten und korrupten Scheindemokratie der Zeit von 1988 bis 1999 zurückfallen wird.

Das Land – Pakistans Gesellschaft und seine Regionen

Wirtschaft und Gesellschaft

Die pakistanische Gesellschaft hat sich in den letzten Jahrzehnten dramatisch verändert und durchläuft heute einen noch beschleunigten Wandlungsprozeß. So nahm beispielsweise von 1947 bis 2007 die Bevölkerungszahl auf dem Gebiet des heutigen Pakistans von etwa 31 auf fast 170 Millionen zu – womit sich auch die sozialen Beziehungen wesentlich dynamisieren mußten. Eine so schnell wachsende Gesellschaft ist nicht einfach *größer* als zuvor, sie muß auch ihren Charakter ändern, um diesem Wachstum gerecht zu werden. In westlichen Ländern wird oft unterstellt, die Identität muslimischer Länder sei vor allem in der Tatsache zu suchen, daß sie eben vom Islam geprägt sind – wobei die religiöse Kontinuität leicht über die teilweisen rasanten Veränderungsprozesse hinwegtäuscht. Der Islam mag sich in wenigen Jahren oder Jahrzehnten nicht grundlegend wandeln – aber die muslimischen Gesellschaften sind selten so wie vor zwanzig oder dreißig Jahren. Auch in Pakistan ändern sich die Verhältnisse weiterhin in hohem Tempo – und dadurch auch die politische und religiöse Kultur. Neben der demographischen ist vor allem die wirtschaftliche Entwicklung die Triebfeder des Wandels.

Wirtschaft

Pakistan ist in vielem ein typisches Land der Dritten Welt. Selbst unter den Entwicklungsländern gehört es zu den wirtschaftlich und sozial schwächsten, wenn man die Lebensbedingungen der Bevölkerung zum Maßstab nimmt: Es liegt auf Rang 136 von 177 Entwicklungsländern (*Human Development Index*, 2005).[147] Das Bruttosozialprodukt betrug 2006 bescheidene 122 Mrd., unter Berücksichtigung der örtlichen Kaufkraft 398 Mrd. Dollar. (Für einen US-Dollar würde man in Pakistan mehr kaufen können als etwa in den USA. Zum Vergleich: Für Deutschland mit seiner etwa halb so großen Bevölkerung liegen die Zahlen bei 3018 bzw. 2623 Mrd. Dollar.) Pro Kopf der Bevölkerung liegt damit das Bruttosozialprodukt bei nur 770 bzw. kaufkraftbereinigt 2500 Dollar pro Jahr (die deutschen Pro-Kopf-Zahlen: 36.620 bzw. 31.830 Dollar; jeweils 2006).[148] Dies bedeutet, daß jeder pakistanische Bürger im Durchschnitt pro Monat Güter und Dienstleistungen im örtlichen Wert von etwas mehr als 200 Dollar (ca. 140 Euro) erzeugt – ein klarer Hinweis auf den niedrigen Stand der Ökonomie und Entwicklung.

Andererseits hat die pakistanische Wirtschaft, verglichen mit europäischen Ländern, fast von Beginn an eindrucksvolle Wachstumsraten zu verzeichnen. Zwar lagen diese im ersten Jahrzehnt nach der Staatsgründung trotz des geringen Ausgangsniveaus noch relativ niedrig, aber insbesondere in den 1960er und 1980er Jahren betrugen sie durchschnittlich 6 bis 7 Prozent jährlich, waren also deutlich höher als das Bevölkerungswachstum von damals knapp über 3 Prozent. Aber selbst in Zeiten von politischer Instabilität oder Wachstumsschwäche (etwa in den 1970er und 1990er Jahren) lagen die Wachstumsraten immer noch bei über 4 Prozent. Seit 2003 hat sich das Wachstum noch einmal deutlich beschleunigt: Im Spitzenjahr 2005 betrug es eindrucksvolle 9, aber selbst im Jahresdurchschnitt 2004–2007 noch 7,5 Prozent.

Die pakistanische Wirtschaft hat in diesen Jahrzehnten ihre Struktur grundlegend geändert. Bei der Gründung des Landes war nicht nur die Infrastruktur extrem schwach, sondern es gab praktisch noch keine Industrie. 1950 machte die Land-wirtschaft rund 60 Prozent des pakistanischen Bruttosozial-produktes (BSP) aus[149] – 2007 lag ihr Anteil nur noch bei 20,9 Prozent.[150] Hinter diesen trockenen Zahlen verbirgt sich eine grundlegende Umstrukturierung, hin zur verarbeitenden In-dustrie und dem Dienstleistungssektor, der heute etwas mehr als die Hälfte des BSP ausmacht. Der Anteil der verarbeitenden Industrie stieg allein von 1999/2000 bis 2006/2007 von 14,7 auf 19,1 Prozent, der des Handels von 17,5 auf ebenfalls 19,1 und der Anteil der Banken und Versicherungen allein seit 2002/2003 von 3,3 auf 5,6 Prozent.[151]

Diese Umstrukturierung der Wirtschaft schlug sich, wenn auch verzögert und abgeschwächt, auch auf den Arbeitsmarkt nieder: Wegen der niedrigen Produktivität der Landwirtschaft sind noch heute über 43 Prozent der Erwerbstätigen in diesem Sektor tätig und noch rund zwei Drittel der Bevölkerung direkt oder indirekt von ihm abhängig. Die wichtigsten Produkte sind Weizen, Baumwolle, Reis, Zuckerrohr und Tier-zucht. Im verarbeitenden Sektor haben Textilproduktion, Nahrungs- und Genußmittelverarbeitung, Zement, nichtme-tallische Mineralien und Fahrzeugbau in den letzten Jahren wesentlich zum Wachstum beigetragen. Im Dienstleistungs-sektor haben in den letzten Jahren vor allem Banken und Ver-sicherungen ein beeindruckendes Wachstum vorzuweisen: 2005 lag es bei fast explosiven 30,8 und 2006 bei 33,0 Pro-zent.[152]

In den Jahren 2003–2007 hatten sich das wirtschaftliche Klima und die ökonomische Performance Pakistans deutlich verbessert. Noch in den 1990er Jahren gaben mehrere ökono-mische und finanzpolitische Indikatoren Anlaß zur Sorge: So lag das Defizit des Staatshaushaltes 1990/91 bei stolzen 8,7 Prozent des BSP, 1999/2000 mußte die Regierung über die Hälfte der Staatseinnahmen (51,2 %) nur für den Schulden-dienst aufwenden. Die öffentliche Verschuldung war genauso hoch wie das gesamte Bruttosozialprodukt. Die Inflationsrate betrug in der ersten Hälfte der 1990er Jahre zwischen 10 und 13 Prozent, die Auslandsinvestitionen in Pakistan waren verschwindend gering (237 Millionen Dollar in den Jahren 1990/1991), die Devisenreserven lagen bei kläglichen 600 Millionen Dollar, um nur einige Schlüsselindikatoren zu nennen.[153] 1998 war sogar über einen bevorstehenden Staatsbankrott spekuliert worden.[154] Eine langfristig angelegte und seriöse Wirtschaftspolitik gestaltet sich schwierig, wenn die jeweiligen Regierungen vor allem um ihr Überleben kämpfen und sich mit der Opposition lähmende Auseinandersetzungen liefern – auch wenn es zwischen den Ministerpräsidenten Benazir Bhutto und Nawaz Sharif keine grundlegenden Unterschiede in der Wirtschaftspolitik gab; beide setzten auf Liberalisierung und Privatisierung.

Nach der Machtübernahme General Musharrafs sank die Wachstumsrate zunächst auf einen Tiefpunkt von nur 2,0 Prozent in den Jahren 2000/2001. Ab 2003 erfolgte dann aber ein eindrucksvoller Wirtschaftsaufschwung mit Wachstumsraten von zuerst 4,7, danach bis zu 9 Prozent.[155] Damit übertraf das Wachstum sogar noch das unter General Ayub Khan aus den 1960er Jahren, als Pakistan als vorbildliches und dynamisches Entwicklungsland galt.[156]

Auch andere Indikatoren waren bemerkenswert: Die offizielle Arbeitslosenrate sank (2001/2002 auf 2006/2007) von 8,3 auf 5,3 Prozent, die Staatseinnahmen stiegen in den acht Jahren vor 2006/2007 von 469 auf 1163 Mrd. Rupien, also um fast 150 Prozent, und die Exporte (von 1998/1999 bis 2006/2007) von 7,5 auf 17 Mrd. Dollar. Die ausländischen Investitionen in Pakistan wuchsen vom Beginn des Jahrhunderts bis 2006/2007 von kaum nennenswerten 182 Millionen auf 6,945 Mrd. Dollar. Der Anteil der Auslandsverschuldung am BSP sank in acht Jahren von 66,3 auf nur noch 26,3 Prozent, und die Devisenreserven verzehnfachten sich in dieser Zeit.[157]

Pakistan hatte sich also innerhalb weniger Jahre vom ökonomischen Sorgenkind zu einer dynamischen Wirtschaftsnation gewandelt – doch Präsident Musharraf konnte 2007 erstaunlicherweise nicht davon profitieren. Dafür waren vor allem politische Faktoren verantwortlich, aber auch einzelne ökonomische Probleme: So lag die Inflationsrate weiterhin relativ hoch (zwischen 8 und 9 Prozent). Insbesondere bei Nahrungsmitteln stiegen die Preise noch deutlich schneller, was vor allem die ärmeren Bürger traf. Hier kam es zu Preissteigerungen von bis zu 12,5 Prozent (2004/2005; zwei Jahre später erneut bei über 10 Prozent). Dies war psychologisch bedeutsam, da noch Anfang des Jahrhunderts die Preise bei Nahrungsmitteln nur um einen Wert zwischen 3,6 bzw. 2,5 Prozent gestiegen waren.[158]

Sowohl Grundnahrungsmittel als auch das für das Kochen in den ärmeren Bevölkerungsschichten wichtige Feuerholz oder Kerosin waren während des dramatischen Wirtschaftsaufschwungs viel teurer geworden – während der gestiegene Wohlstand vor allem den Mittel- und Oberschichten zugute kam. Dies zeigte sich beispielhaft im extrem schnell wachsenden Telekommunikationssektor, der gewöhnlich zuerst in der Mittel- und Oberschicht expandiert, bevor er auch ärmere Bevölkerungskreise erfaßt. Verfügten Ende 2000 erst magere 2,8 Prozent der Bevölkerung über einen Telefonanschluß (Festnetz oder mobil), so waren es Ende März 2007 bereits 40,2 Prozent – und damit wesentlich mehr als in Indien (15,4 Prozent).[159]

Die gewachsene Kaufkraft der Mittelschichten läßt sich auch daran ablesen, daß 2006 in Pakistan 26,6 Prozent mehr Autos und 36,4 Prozent mehr Motorräder und Mopeds zugelassen wurden als noch im Jahr 2000. Die Zahl der Autos auf den pakistanischen Straßen stieg in der gleichen Zeit von 928.000 auf rund zwei Millionen, die der Mopeds und Motorräder von etwas mehr als 2 auf 4,46 Millionen.[160] So bedenklich dies für die

Luftqualität und die Verkehrssituation in den großen Städten auch war, so demonstrierte es doch die steigende Konsumfähigkeit der pakistanischen Mittelschichten und deren wachsende Mobilität.

Die pakistanische Ökonomie – so viel sollte deutlich geworden sein – erlebte ab etwa 2003 einen regelrechten Boom, der alle früheren Entwicklungen in den Schatten stellte und nicht allein auf quantitativem Wachstum beruhte, sondern Kernbereiche der Ökonomie auch einschneidend modernisierte (Finanzsektor, Kommunikation) und die fiskalische Lage und Verschuldungssituation wesentlich verbesserte. Über die Ursachen dieser Erfolge wird gestritten. Anhänger von Präsident Musharraf verweisen auf dessen Privatisierungs- und Liberalisierungspolitik. Opponenten führen hingegen an, daß der Boom zum großen Teil durch äußere Faktoren bewirkt worden sei: einmal die günstigen weltwirtschaftlichen Rahmenbedingungen in jenen Jahren – als Beispiel können die Überweisungen von im Ausland arbeitenden Pakistanern gelten: Diese stiegen von rund einer Milliarde auf knapp 5,5 Mrd. Dollar jährlich (2000 bis Mitte 2007)[161] – in einem Entwicklungsland wie Pakistan ein nicht zu unterschätzender Betrag. Darüber hinaus habe die Regierung schlicht Glück gehabt, daß nach dem 11. September 2001 die USA Pakistan als Partner im »Krieg gegen den Terrorismus« benötigten und seitdem das Land finanziell großzügig unterstützten (ca. 10 Mrd. Dollar, inkl. Militärhilfe) und bei Umschuldungsverhandlungen hilfreich waren.

Die Wahrheit liegt vermutlich in der Mitte: Der Boom verdankt sich sowohl der größeren Stabilität unter der Militärherrschaft als auch den günstigen internationalen Bedingungen.

Eine Fortsetzung dieser Entwicklung ist keineswegs sicher. Einerseits besteht die Gefahr innenpolitischer Destabilisierung, wie die Gewalt nach der Ermordung Benazir Bhuttos belegte, als auch Infrastruktur und Geschäftsbetriebe zerstört wurden. Zum anderen müssen weder das Maß der Überweisungen von Auslandspakistanis noch die US-Finanz- und Wirtschaftshilfe von Dauer sein: Im US-Kongreß wird zunehmend gefragt, ob die bisherige Politik gegenüber Pakistan nicht gescheitert sei. Und schließlich bleibt die weiterhin zentrale Landwirtschaft, die durch die zunehmende Wasserknappheit belastet und von niedriger Effizienz geplagt wird, die Achillesferse der pakistanischen Ökonomie. Auch wird der Klimawandel sich negativ auswirken: Einer Schätzung zufolge dürfte die Erhöhung der durchschnittlichen Temperatur um 1 Grad Celsius die Weizenernte um 6 bis 9 Prozent reduzieren.[162] Im heißen Jahr 2005 lag die Durchschnittstemperatur bereits 5 bis 6 Grad über dem langjährigen Durchschnitt.[163]

In der Landwirtschaft sind die Wachstumsraten ohnehin niedrig und schwanken stark, zusätzlich können schlechte Ernten die Industrie belasten: Fehlernten bei der Baumwolle etwa treffen die Textil- und Bekleidungsindustrie, den zweiten großen Wirtschaftssektor Pakistans. Auch der Exportsektor bleibt fragil: Die Exportproduktion befindet sich zwar zum Teil auf internationalem Standard, aber der Welttextilmarkt ist doch mehr als gesättigt; zudem befindet man sich in einem höchst schwierigen Wettbewerb mit Ländern wie Indien oder China, der kaum zu gewinnen ist. Damit bleiben die beiden wichtigsten Wirtschaftssektoren – Landwirtschaft und Textil/ Bekleidung – auf Dauer Krisenkandidaten. Die neuen dynamischen Bereiche Banken/Versicherungen und Telekommunikation werden zwar zunehmend wichtiger, können die großen, alten Wirtschaftssektoren aber nicht ersetzen. Diese strukturellen Schwächen der pakistanischen Ökonomie – insbesondere des Exportsektors – haben sich in den letzten Jahren nur noch nicht durchgreifend ausgewirkt, weil der Aufschwung fast vollständig von der Inlandsnachfrage getragen war. Sie wurden allerdings im Jahre 2008 zunehmend deutlich, als die Symptome einer Wirtschaftskrise nicht mehr zu übersehen waren. Es kam zu ernsten Mängeln bei der Stromversorgung, selbst in der Hauptstadt fiel jeden Tag für 5–6 Stunden der Strom aus, in anderen Städten und auf dem Land zum Teil noch deutlich länger. Dies stellte bei der großen Sommerhitze nicht allein eine schwere Beeinträchtigung der Bürger dar, sondern auch eine harte Belastung der Wirtschaft. Die Wachstumserwartungen wurden schrittweise auf nur noch 5,5 Prozent reduziert, und die massiven Preissteigerungen bei Lebensmitteln führten zu Unzufriedenheit. Manche Beobachter sprachen schon davon, dass sich die pakistanische Wirtschaft »im freien Fall« befinde – eine deutliche Übertreibung, die aber die Verschlechterung der Wirtschaftslage auf den Punkt brachte.

Soziale Gliederung

Pakistan – daran ist noch einmal zu erinnern – ist ein Entwicklungsland. Die große Mehrheit der Pakistaner ist arm. Im Durchschnitt der Jahre 1990 bis 2005 mußten dort 78,6 Prozent der Bevölkerung von weniger als 2 Dollar pro Tag leben.[164] Ein knappes Viertel der Bevölkerung ist unterernährt, und rund 40 Prozent aller Kinder unter fünf Jahren haben Untergewicht.[165] Selbst der Wirtschaftsaufschwung der letzten Jahre hat an diesen Mißständen (die Zahlen stammen von 2005) nichts Wesentliches ändern können. Für die meisten Menschen steht folglich die schlichte Sicherung des Lebensunterhalts im Mittelpunkt – alles andere, auch religiöse Belange und politische Partizipation, kommt danach. Die arme Bevölkerungsmehrheit verfügt auch kaum über Bildungschancen (die Analphabetenrate liegt bei mindestens 50 Prozent, manche Schätzungen reichen wesentlich höher), lebt unter kläglichen Wohn- und Lebensbedingungen und hat faktisch keine Möglichkeiten politischer Teilnahme oder Artikulation.

Ihnen steht eine kleine und mächtige gesellschaftliche Elite gegenüber, die das Land oft wie ihr Privateigentum behandelt hat.

Nach der Staatsgründung lag die politische und wirtschaftliche Macht bei den ländlichen Eliten – also den »feudalen« Großgrundbesitzern – des Punjab und (in geringerem Maße) des Sindh, was angesichts des agrarischen Charakters Pakistans in jenen Jahren wenig überrascht.[166] Der Begriff »feudal« meint in diesem Zusammenhang keine sozialen Beziehungen wie im europäischen Feudalismus des Mittelalters, sondern eine ausgeprägte Form persönlicher Abhängigkeitsverhältnisse auf dem Land, bis hin zu privater Polizei- und Justizgewalt.

Diese Machtelite kooperierte mit den Spitzen der aus Indien geflohenen oder ausgewanderten *Muhajir*, die wegen ihres Bildungsvorsprungs und ihrer Verwaltungserfahrung schnell Schlüsselpositionen in der zivilen und militärischen Bürokratie einnahmen. Dieses Netzwerk aus Großgrundbesitzern und der Elite der Bürokratie und des Militärs prägte die politische Kultur des Landes. Die »feudale« Mentalität war auch der wirtschaftlichen Entwicklung abträglich: Auf die bloße Ausbeutung der abhängigen Landbevölkerung gestützt oder an politische Rentenzahlungen gewohnt, galten den Eliten wettbewerbsorientiertes Verhalten oder individuelle Leistungsbereitschaft als überflüssig oder sogar suspekt. Auch die hohen Militärs waren von solcher Mentalität nicht frei, da sie oft aus feudalen Familien stammten, zugleich aber herrschte bei ihnen naturgemäß eine Kultur von Befehl und Gehorsam, die die Lösung von Problemen vor allem als organisatorische oder technische Aufgabe verstand. Auch dies erwies sich als nicht förderlich dabei, eine moderne Marktwirtschaft, gar eine pluralistische und demokratische Gesellschaft aufzubauen.

Die Großgrundbesitzer vermochten ihre politische Dominanz zum guten Teil auch abzusichern, indem sie sich über

Jahrzehnte als Abgeordnete in die Parlamente wählen ließen und so – in wie auch immer spannungsreicher Allianz mit der Militärbürokratie – die zentralen Regierungspositionen direkt oder indirekt kontrollierten.[167] Bourgeoisie und Mittelschichten sind in Pakistan hingegen traditionell schwach ausgeprägt, anders als etwa in Indien. Zwar war zu Zeiten General Ayub Khans im Zuge der Industrialisierungs- und Modernisierungspolitik eine noch kleine Klasse von Industriellen und modernen Geschäftsleuten entstanden, diese entwickelte aber kaum politisches Selbstbewußtsein. Durch die Verstaatlichungspolitik Zulfikar Ali Bhuttos in den 1970er Jahren wurde sie wieder stark geschwächt.

Erst in den letzten zwei oder drei Jahrzehnten konnte die pakistanische Bourgeoisie an Gewicht gewinnen und zu einem eigenständigen Machtfaktor werden[168] – wie sich beispielhaft an der politischen Karriere von Nawaz Sharif ablesen läßt, einem der größten Industriellen des Landes. War er in den 1980er Jahren von der Militärdiktatur Zia ul-Haq als zivile Alternative zur PPP Benazir Bhuttos aufgebaut worden, so konnte er sich später aus der Kontrolle des Militärs lösen und wurde zu einem der wichtigsten Gegenspieler General Musharrafs. Allerdings war auch Nawaz keineswegs gegen »feudale« Allüren gefeit: Seine beiden Amtszeiten als Ministerpräsident waren in hohem Maße von Vetternwirtschaft, Begünstigung von Familienangehörigen, Korruption und dem Anspruch auf unbestrittene Allmacht gekennzeichnet. Gleichwohl brachten seit den 1990er Jahren neue, modernere Wirtschaftssektoren zusätzliche politische Akteure von Gewicht ins Spiel – auch wenn sie selbst zum Teil aus der alten Großgrundbesitzerklasse stammten. Mit der »grünen Revolution« der Landwirtschaft (systematischer Einsatz von Dünger, Traktoren und anderen Produktionsmitteln unter Ayub Khan) hatte der Trend zur Monetarisierung und Kapitalisierung der Landwirtschaft eingesetzt, der auch Teile des zuvor »feudalen«

Großgrundbesitzes erfaßte. So investierten die feudalen Familien des Punjab und des Sindh zunehmend in die Textilindustrie (in der sie die selbst erzeugte Baumwolle verarbeiten konnten) und andere Wirtschaftsbereiche (z. B. Banken). Idealtypisch könnte man formulieren, daß ein Sohn aus feudaler Familie den Landbesitz übernahm, während seine Brüder in die Industrie, das Bankwesen und inzwischen die Telekommunikationsbranche gingen, um dort eigene Firmen aufzubauen oder zu leiten – und ein anderer Bruder beim Militär Karriere machte. Auf diese Weise weitete die Industrialisierung bzw. der Aufstieg neuer Wirtschaftszweige den Einfluß ursprünglich feudaler Familien noch aus, veränderte aber deren Charakter zum Teil in Richtung moderner Mentalitäten und Verhaltensweisen und schwächte so den Feudalismus.

Im letzten Jahrzehnt entwickelte sich auch die Mittelschicht relativ dynamisch. War sie früher vorwiegend auf den Handel und die Staatsangestellten beschränkt, so nahm sie mit der schnellen Entwicklung der Ökonomie und der Stärkung neuer, dynamischer Wirtschaftsbereiche sowie der Ausdehnung des Bildungswesens deutlich zu. Der akademische Sektor hat – seitdem die Universitäten unter Präsident Musharraf besser ausgestattet wurden – beträchtlich an Selbstbewußtsein gewonnen, die Juristen und Rechtsanwälte demonstrierten im Konflikt um die Absetzung des Obersten Verfassungsrichters ihre Organisations- und Konfliktfähigkeit. Bemerkenswert ist auch der Umstand, daß vielversprechende junge Leute aus »guten Familien«, die früher eine Karriere in der Bürokratie angestrebt hätten, heute eher in die Wirtschaft oder an die Universitäten gehen. Auch die Journalisten haben beträchtlich an Selbstbewußtsein gewonnen und sind zu einem politischen Faktor von Gewicht geworden, insbesondere durch die zahlreichen neu entstandenen privaten Fernseh- und Radiosender.

Urbanisierung

In der Eigenwahrnehmung der meisten Einwohner wie in der Fremdwahrnehmung ist Pakistan ein vorwiegend agrarisches Land, in dem die dörfliche Kultur weiter dominiert. Tatsächlich wohnen die meisten Pakistanis noch auf dem Land. Der Gegentrend ist allerdings eindeutig. Ende der 1940er Jahre lebten nur etwa 17 Prozent der Bevölkerung in Städten mit mehr als 5000 Einwohnern.[169] Nach Zahlen der UN-Entwicklungsbehörde betrug der Anteil städtischer Bevölkerung 1975 bereits 26,3 Prozent, 2005 schon 34,9 und wird bis 2015 auf schätzungsweise 39,6 Prozent steigen.[170]

Aus vielen Mittelstädten wurden Großstädte, aus den wenigen früheren Großstädten riesige Metropolen. Dieser Trend setzte durch die Zuwanderungs- und Fluchtbewegung aus Indien direkt mit der Staatsgründung ein. Nur vier Jahre danach stammten 48 Prozent der städtischen Bevölkerung aus Indien. Viele Städte wuchsen in dieser kurzen Zeit um 100 Prozent oder mehr,[171] und seitdem hat sich das rapide Wachstum fortgesetzt. Heute leben allein in der Stadt Karachi möglicherweise halb so viele Einwohner wie in ganz Pakistan (in den heutigen Grenzen) bei seiner Gründung.

Allerdings verläuft – darauf hat Mohammad Qadeer hingewiesen – der Verstädterungsprozeß komplexer als gemeinhin angenommen. Er hat nämlich nicht allein die Bevölkerungsanteile von Stadt und Land gründlich verschoben und damit die materielle und kulturelle »Modernisierung« befördert, sondern zusätzlich auch verdichtete Siedlungsregionen im Umkreis und zwischen den großen Städten entstehen lassen: »Entlang der Achse der bewässerten Gebiete gibt es von Peshawar bis Multan einen nur gelegentlich unterbrochenen Streifen verteilter Siedlungen, die mit Städten verbunden sind und die zwischen Feldern, Gärten und offenem Land liegen. In ähnlicher Weise besteht von Karachi bis Hyderabad eine weitere dichtbesiedelte ländliche Region, die mit diesen beiden Großstädten verknüpft ist. Hier ist die Bevölkerungsdichte so groß oder noch höher, als es der UNO-Norm für städtische Regionen entspricht. 1998 lebten rund 31,3 Millionen Menschen in solchen dichtbesiedelten ländlichen Regionen, die insgesamt 70.000 Quadratkilometer umfaßten. Wenn man diese Gegenden als städtisch betrachtet, ist Pakistan ein Land mit überwiegend städtischer Bevölkerung (56,6 Prozent). Dies kennzeichnet die Verstädterung der Landschaft wie das Bevölkerungswachstum.«[172]

Tatsächlich ist Pakistan heute viel städtischer, als die amtlichen Statistiken es erahnen lassen. Viele ländliche Regionen weisen eine so hohe Bevölkerungsdichte auf, daß man sie anderswo eher als ein Netz aus Kleinstädten ansehen würde. Früher waren Stadt und Land klare Gegensätze, geprägt von unterschiedlichen Ökonomien und unterschiedlichen Verhaltensweisen, Sitten und »Kulturen«. Unter dem demographischen und Modernisierungsdruck der letzten Jahrzehnte hat sich auch das verändert: »Das ländliche Leben wurde seit langer Zeit durch traditionelle Lebensweisen und Sitten bestimmt, die in der Kastenzugehörigkeit, in Verwandtschaftsnetzwerken und Stämmen gründeten. Viele dieser traditionellen Lebensweisen sind von einer Aura islamischer Gebote umgeben, haben sich aber von Generation zu Generation verändert. Die moralische Ordnung dieser Traditionen paßt immer weniger zu den sich verstädternden und kommerzialisierenden Dörfern und Kleinstädten.«[173]

Stadt und Land verschmelzen heute gewissermaßen miteinander. Die Dörfer sind wegen der größeren Mobilität weit enger mit den Städten verbunden als früher. Männer aus ländlichen Regionen arbeiten heute in der Stadt, schicken ihren Familien aber regelmäßig Geld und verbringen möglichst viel Zeit mit ihnen im Dorf. Wohlhabendere unterhalten ein Haus oder eine Wohnung in der Stadt, haben aber weiter Landbesitz. Auch Städter behalten oft einen engen Bezug zu den ländlichen Gemeinschaften, aus denen sie einmal in die Stadt abgewandert sind, Familienbesuche sind ein wichtiger Lebensbestandteil.

Wegen der Durchkapitalisierung der Landwirtschaft und des gesamten Dorflebens, des Verlusts der lokalen Autarkie – früher wurde in den Dörfern das meiste selbst erzeugt, heute werden Dünger, Traktoren, Konsumgüter, Kleidung etc. gekauft – und der größeren Mobilität sind tatsächlich die überkommenen Werte und Verhaltensweisen des pakistanischen Dorfes untergraben oder entwertet und ist in gewissem Sinne die ländliche Mentalität urbanisiert worden. Konsumbedürfnisse haben sich geändert – der Besitz von Fernsehgeräten (oder zumindest Radios) demonstriert nicht nur gewachsene Ansprüche und Erwartungen der dörflichen Bevölkerung, sondern verbindet den ländlichen Raum, der früher mental eng begrenzt war, mit der Stadt und dem ganzen Land. Dieser Prozeß mentaler Urbanisierung ist sicher noch lange nicht abgeschlossen, und zumindest in abgelegenen und wirtschaftlich marginalisierten Landesteilen (etwa in der Nordwestprovinz oder Belutschistan) bestehen weiter dörflich geprägte Regionen mit ihren – wenn auch geschwächten – traditionellen Mentalitäten. Aber in großen Teilen des (Nord-)Punjab und des südlichen Sindh gibt es heute Regionen, die zwar weiter »ländlich«, aber doch agglomeriert und mental zumindest halburban geprägt sind.

In den Städten wiederum hat das vielerorts explosive Bevölkerungswachstum nicht im gleichen Maße zu mehr Urbanität geführt, sondern zur Ausdifferenzierung der Lebensstile und teilweise zur ökonomischen und kulturellen Fragmentierung. Durch die schnelle Zuwanderung von Landbevölkerung in die armen Vorstädte oder Slums (*katchi abadis*) wurden große Teile der Städte mental ruralisiert: Die dörflichen Migranten brachten die Reste ländlicher und traditioneller Mentalitäten mit in die Städte, wo sie sich durch Ghettobildung längerfristig halten können: »Pakistanische Städte haben sich zu Orten scharfer Kontraste entwickelt. Es gibt wohlhabende Stadtteile mit durch Klimaanlagen gekühlten Einkaufszentren, palastähnlichen Bungalows und neonbeleuchteten Straßen, die in ihrer Modernität an westliche Vorstädte heranreichen. Aber die gleichen Städte haben Viertel aus schäbigen Hütten, staubigen Straßen und mit verwilderten Hunden, die in Müllhaufen wühlen. Das sind extreme Beispiele, aber die Trennung der Bevölkerung nach Einkommen und sozialem Status kennzeichnet die Stadtentwicklung seit der Unabhängigkeit. Diese räumliche Trennung der sozialen Klassen wird unterstrichen durch die kulturellen Charakteristika der jeweiligen Stadtviertel. Die Slums sind nicht allein Orte des niedrigen Einkommens, sondern auch der traditionellen Lebensweisen. Dort tragen die Frauen normalerweise einen Chador (lange Baumwollschals), und die Kinder spielen in den Straßen. In den entwickelteren Stadtteilen herrschen moderne Lebensstile und Wohlstand. Hier fahren modisch gekleidete Frauen in Autos herum, und die Kinder werden von Dienern zum Spielen in die Parks begleitet und gehen zum Essen zu McDonald's.«[174]

Der Importprozeß ländlicher Mentalitäten in die Großstädte läßt das Traditionelle aber nicht unverändert. Häufig werden bestimmte Formen und Äußerlichkeiten traditioneller Lebensweise im neuen Umfeld gerade deshalb betont, weil ihre Substanz untergraben und bedroht ist. Auch die partielle Urbanisierung der Dörfer erfolgt nicht als schematische Übertragung städtischer Mentalitäten und Lebensweisen – denen auf dem Land oft viele Voraussetzungen fehlten. Diese Prozesse erfolgen vielmehr in fragmentierter Weise und erzeugen selbst neue gesellschaftliche, politische und psychologische Widersprüche auf dem Land und in den Städten. Die Veränderung religiösen Denkens und Glaubens und die Politisierung des Islam haben hier eine ihrer Wurzeln.

Pakistan ist das Land vieler Sprachen. Fünf oder sechs von ihnen sind zahlenmäßig bedeutsam: Urdu ist die offizielle Landessprache, wird allerdings nur von knapp 8 Prozent der Bevölkerung als Erstsprache benutzt, den sogenannten *Muhajir*, die vor allem in Karachi und den anderen großen Städten des Sindh leben. In der gesellschaftlichen Elite ist auch Englisch als inoffizielle zweite Nationalsprache mit höherem Prestige verbreitet. Rund 45 Prozent der pakistanischen Bevölkerung sprechen Punjabi, vor allem natürlich in der Provinz Punjab. In deren südlichen Regionen allerdings wird auch Siraiki benutzt (knapp 10 Prozent der pakistanischen Bevölkerung). Paschtu (ca. 13 Prozent) ist die Sprache der Paschtunen, sie ist im größten Teil der Nordwestprovinz NWFP verbreitet, aber auch in den paschtunischen Siedlungsgebieten Belutschistans und bei den Millionen paschtunischen Migranten in Karachi. Umgekehrt werden in der NWFP in manchen Regionen auch andere Sprachen gesprochen, etwa Khowar (bei Chitral) oder Hindko (um Abbottabad). Vor allem in den ländlichen Regionen des Sindh spricht man Sindhi (knapp 12 Prozent), teilweise aber auch Belutsch und Siraiki, während in Belutschistan neben Belutsch (rund 3 Prozent) wie erwähnt auch Paschtu und in manchen Gebieten Brahui benutzt werden.[175]

Die kleineren Sprachen, von denen die meisten von sehr kleinen Bevölkerungsgruppen im nördlichen Hochgebirge gesprochen werden (wichtigste Ausnahmen: Hindko und Brahui), machen zusammen nur 7 bis 8 Prozent aus. In den Nördlichen Territorien sind Shina, Burushaski, Wakhi und Balti besonders verbreitet.[176] Eine detaillierte Zählung kommt auf 72 verschiedene Sprachen und Dialekte, wobei aber allein drei Varianten des Punjabi unterschieden und die meisten dieser Sprachen von nur wenigen hundert bis wenigen tausend Menschen gesprochen werden.[177]

Die ethnische Zugehörigkeit ist nicht immer mit der sprachlichen deckungsgleich, und die Heterogenität ist auf diesem Feld nicht minder ausgeprägt. Pakistan ist ein besonders geeigneter Ort, um die Wandelbarkeit ethnischer Identitäten zu studieren.[178] Das Land existierte vor siebzig Jahren noch nicht, und wenig früher war nicht einmal an so etwas wie eine pakistanische Identität zu denken. Selbst heute ist sie in manchen Gebieten eher mäßig ausgeprägt, wird aber – wie auch Urdu als Staatssprache – durch das Schulwesen, das Fernsehen und die staatliche Verwaltung allmählich gestärkt. Es gibt ein ständiges Nebeneinander, manchmal auch Spannungsverhältnis zwischen den ethnischen Identitäten (als Punjabi, Paschtune usw.), den religiösen (als Muslim, Sunnit, Schiit, Säkularer, Christ, Ismailit etc.) und der »nationalen« Identität. All diese Identitäten überlappen sich und konkurrieren zugleich miteinander.

Die Gründung Pakistans war ein Paradoxon: Das Land sollte ein Nationalstaat sein, aber keiner für die Punjabis, Paschtunen oder Sindhi, sondern für die »Muslime Indiens«. Das Ergebnis war die Gründung eines Vielvölkerstaates – in der Erwartung, daß die Gemeinsamkeiten muslimischer Kultur, Tradition, Religion und Geschichte die Unterschiede zwischen den verschiedenen sprachlichen und ethnischen Gruppen überdecken würden. Diese Hoffnung trog.

Nach der Staatsgründung wurde Pakistan – wie erwähnt – von zwei sozialen Gruppen dominiert: einer Verwaltungselite, die überwiegend aus Zentralindien zugewandert war und meist Urdu sprach (also eine Elite der *Muhajir*); und den feudalen Großgrundbesitzern des Punjab. Im Laufe der Zeit verloren die urdusprachigen *Muhajir* an Einfluß – oder wurden selbst zu Punjabis (während sie sich im Sindh zu einer eigenen »Ethnie« entwickelt haben), und als zusätzlicher Machtfaktor kam außer der Bürokratie und den Feudalen bald noch die Armee hinzu, die selbst von Punjabis dominiert war, aber auch viele Paschtunen umfaßte.

Demgegenüber blieben die anderen Sprachgruppen und Ethnien ohne wesentlichen Einfluß. Das ehemalige, bengalische Ostpakistan wurde von der Macht praktisch ausgeschlossen und wirtschaftlich ausgebeutet. Auch die Provinzen Belutschistan und Sindh wurden in unterschiedlichem Maße marginalisiert, was zu Aufständen, zu dauernder Unruhe und beträchtlichem Bandenunwesen sowie zu bürgerkriegsähnlichen Konflikten in der Wirtschaftsmetropole Karachi führte.[179] Nur die überwiegend von Paschtunen bewohnte Nordwestprovinz integrierte sich stärker in die zentralen Strukturen, da die Paschtunen auch stärker an den Strukturen der Macht beteiligt wurden. Allerdings: Die paschtunischen Stammesgebiete an der afghanischen Grenze waren und sind kaum integriert.

Die Strategie der Eliten zur Sicherung der staatlichen, »nationalen« Einheit bestand fast immer in Zentralisierung. Je weiter diese fortschritt, um so stärker wurde der Staat zum Quasieigentum und Machtinstrument einer kleinen Elite. Ansprüche kleinerer ethnischer Gruppen oder Nationalitäten wurden als Machtbedrohung aufgefaßt. Genau diese egoistische Interpretation von »Einheit« führte allerdings nicht zur Stärkung der nationalen Integration. Je stärker die Rechte der Provinzen beschnitten und je mehr die Nichtpunjabis von der politischen Macht ausgeschlossen wurden, desto stärker regte sich Widerstand gegen den Zentralstaat.[180] Auch das Militär erschien als Herrschaftsinstrument der Punjabis. Tatsächlich wird in den kleineren Provinzen immer wieder beklagt, daß sie vom Punjab »kolonisiert« worden seien. Noch Anfang 2008 formulierte Mehmood Khan Achakzai, ein Führer der paschtunischen Nationalisten und Vorsitzender der Pakistanischen Bewegung unterdrückter Völker, die Menschen »wollten nicht in einem Pakistan leben, in dem die Sindhi, Belutschen, Paschtunen und Seraikis wie Sklaven behandelt werden«.[181] Dies mochte zwar die Probleme der kleineren Nationalitäten drastisch überzeichnen, drückte aber doch ein Unbehagen an der Machtverteilung aus, das von vielen geteilt wird. Ian Talbot brachte dies auf den Punkt, als er formulierte, daß der Punjab zugleich als »der Grundstein des Landes und als wichtiges Hindernis der nationalen Integration« bezeichnet werden müsse.[182]

Pakistan ist – obwohl föderal verfaßt – letztlich ein Zentralstaat geblieben, der den Provinzen nur von Fall zu Fall einen gewissen Spielraum einräumt. Daher sind Bewegungen zur Stärkung bestimmter Sprachgruppen, ethnischer oder provinzieller Rechte immer zugleich auch Demokratiebewegungen gewesen, die sich, wenn sie unterdrückt wurden, zu »Autonomie-« oder »separatistischen Bewegungen« entwickelten.

Religion: Konfessionen, Strömungen, Mentalitäten

In der Islamischen Republik Pakistan sind schätzungsweise 96 Prozent der Bevölkerung Muslime. Diese gehören allerdings zu sehr unterschiedlichen Strömungen:

- Die *Sunniten* machen gut 70 Prozent der Bevölkerung aus. Auch weltweit sind sie die mit Abstand größte muslimische Konfession, die selbst wiederum aus unterschiedlichen Rechtsschulen (Hanafi etc.) besteht, was uns hier nicht weiter interessieren muß – mit einer Ausnahme: die Differenzierung der pakistanischen Sunniten in zwei große Strömungen. Das sind einmal die im 19. Jahrhundert aus einer muslimischen Reformbewegung im nordindischen Deoband hervorgegangenen *Deobandi*, die eine extrem konservative und dogmatische Islaminterpretation entwickelt haben, die sich an manchen Punkten mit der strengen Richtung der sunnitischen Wahabiten (aus Saudi-Arabien stammend) berührt. Demgegenüber gelten die *Barelvis* als theologisch offener und auch für spirituelle und mystische Erfahrungen aufgeschlossener.

- Die *Schiiten* stellen im Iran und im Irak die Bevölkerungsmehrheit, in Pakistan machen sie etwa 15 bis 20 Prozent der Bevölkerung aus. Dabei bestehen große regionale Unterschiede: In den gering besiedelten Nördlichen Territorien stellen sie sogar die Mehrheit. Die Schiiten haben sich im Streit um die Nachfolge des Propheten von den Sunniten abgespalten.

- Die *Ismailiten* haben sich von der schiitischen Hauptströmung getrennt, wobei (wie bei der Trennung von Sunniten und Schiiten) die Frage der legitimen Nachfolge des Propheten Mohammed den Anlaß bot. Die Ismailiten werden heute von ihrem Imam, dem Agha Khan, geführt und sind in Pakistan nur in den Nördlichen Territorien zahlenmäßig bedeutsam, sonst eine kleine Minderheit, auch wenn es u. a. aufgrund von Migration inzwischen relevante Gemeinden in einigen pakistanischen Großstädten (wie Karachi) gibt. Die Ismailiten gelten in Pakistan als besonders liberal, sie pflegen in der Regel einen eher entspannten Umgang mit der Religion, die gleichwohl einen wichtigen Teil ihrer Identität ausmacht.

- Die religiöse Gemeinschaft der *Ahmadis* besteht seit 1889 und führt sich auf das Wirken Mirza Ghulam Ahmads (1835–1908) zurück. Dieser betrachtete sich als göttlich inspirierten religiösen Reformer, als »Propheten« in der Nachfolge des Propheten Mohammed und als Verkörperung der Wiederkehr Jesu Christi (der im Islam ja ebenfalls als Prophet, nicht als »Sohn Gottes« gilt). Die Ahmadis werden von vielen Muslimen nicht als Muslime betrachtet; 1974 sprach ihnen das pakistanische Parlament den islamischen Charakter ab.

In allen erwähnten Gruppen gibt es säkulare Formen der Religiosität (im Sinne, dass man zwischen Glauben und Politik trennt), aber insbesondere bei den beiden großen Konfessionen auch verschiedene Spielarten des religiösen Radikalismus (von extremistischen über reaktionäre bis zu konservativen Varianten) und eine starke, mystische Tradition der Sufis, die über die Barelvis weit hinausreicht. Die Sufis spielten bei der Islamisierung des indischen Subkontinents eine große Rolle und sind noch heute ein wichtiger Teil der Volksfrömmigkeit, gerade weil sie häufig eine konfessions- und gelegentlich sogar religionsübergreifende Offenheit an den Tag legen.

Jenseits der theologisch definierten konfessionellen Zugehörigkeiten wird die Realität islamischen Lebens vor allem dadurch bestimmt, wie sich die Individuen oder religiösen Gruppen auf Gott oder den Islam beziehen. Vereinfacht lassen sich mindestens fünf Herangehensweisen identifizieren:

- Eine primär an Regeln und Vorschriften des Koran und der Hadithe (Überlieferungen über Mohammed und seine Anweisungen) orientierte Haltung, die man als *quasijuristisch* bezeichnen kann. Diese neigt dazu, den Koran und die religiösen Überlieferungen wörtlich zu nehmen (vergleichbar einem Teil der Evangelikalen in den amerikanischen Südstaaten und ihrem Bezug zur Bibel) und die dort fixierten Gebote und Vorschriften peinlich genau zu beachten. Das bezieht sich u. a. auf die Verrichtung der Gebete, das Fasten und andere grundlegenden Praktiken des Islam.
- Eine primär theologische Herangehensweise an das Verhältnis zu Gott, die man *philosophisch* nennen könnte. Hierbei geht es nicht primär um die Befolgung von Regeln, sondern um die theologisch-systematische Reflexion des Verhältnisses des Menschen zu Gott auf Grundlage des Koran und der islamischen Überliefe-

rungen. Dies ermöglicht prinzipiell auch deren Interpretation zum besseren Verständnis oder zur Adaption an neue Gegebenheiten.

- Ein spiritueller Bezug auf die Religiosität, den man gerade im pakistanischen Kontext *mystisch* nennen kann. Dabei sind starre Regeln oder ein logischer Diskurs über Gott weniger wichtig als das Bemühen, sich ihm direkt und persönlich zu nähern. Häufig wird Gott dabei in der eigenen Persönlichkeit gesucht, also durch Introspektion, nicht im Studium des Koran. Formen der Meditation können dabei eine große Rolle spielen.

- Darüber hinaus bestehen Mentalitäten, die Religion vor allem als *Motivation sozialen Wandels* und politischer Intervention betrachten. Hier steht im Vordergrund, mit moralischem Impuls sich gegen gesellschaftliche oder politische Übel zu wehren und ein eigenes politisches oder soziales Projekt dagegenzusetzen. In einem solchen Fall wird in oft kreativer Weise der Islam zur Rechtfertigung von Veränderung.

- Manche Menschen betrachten den Islam auch einfach als Selbstverständlichkeit ihres Lebens und der Gesellschaft, messen ihm für das eigene Verhalten aber kaum praktische Bedeutung bei, sind Muslime aus Konvention oder Konformismus oder sehen den Islam vor allem als Anleitung zu ethischem Verhalten. Der Islam wird als Teil der eigenen Kultur oder der eigenen nationalen oder ethnischen Identität betrachtet, wodurch sich sein religiöser Charakter relativiert.

Die verschiedenen Zugänge zu individueller oder kollektiver Religiosität liegen häufig quer zu den theologischen und konfessionellen Richtungen. Dieser Faktor wird häufig übersehen, ist aber politisch von hoher Bedeutung. Politisch relevante Gruppenbildung kann nämlich einerseits entlang den konfessionellen Grenzen erfolgen, andererseits auch quer zu diesen, da es zahlreiche Überlappungen gibt. Auch die politisch säkulare Organisation religiöser Kräfte – wobei Säkularität hier nie antireligiös gemeint ist, sondern als Trennung von Politik und Religion – ist nicht ausgeschlossen. Denn die tatsächlichen Lebensäußerungen von gläubigen Menschen sind nicht allein und selten vorwiegend von der speziellen Theologie der jeweiligen Konfession oder Glaubensrichtung, sondern auch von den persönlichen Mentalitäten, gesellschaftlichen und individuellen Bedingungen und persönlichen Lebensumständen geprägt. Muslime sind so wenig wie Christen oder Hindus Automaten zur Exekution einer durch Theologen vorgegebenen Religion, sondern Menschen, die in ihr normales Leben *auch* religiöse Elemente integrieren.

Die *Theologie* der verschiedenen Konfessionen ist zwar prinzipiell veränderlich, aber doch vergleichsweise stabil. Was der sunnitische oder schiitische Islam theologisch bedeutet und ihn von anderen Richtungen unterscheidet, gilt seit langem als theologisch geklärt. Andererseits ist empirisch leicht feststellbar, dass sich die säkularen und religiösen Lebenswirklichkeiten und Verhaltensweisen vieler Sunniten oder Schiiten in den letzten hundert Jahren oder auch nur den letzten Jahrzehnten oft dramatisch geändert haben. Bekleidungsvorschriften beispielsweise (etwa Kopftuch oder Schleier) werden nicht nur in unterschiedlichen sunnitischen Regionen sehr verschieden gehandhabt (etwa auf dem Land oder in Großstädten, in verschiedenen Staaten oder Provinzen eines Landes), sondern ändern sich auch innerhalb derselben Gegend, können mal lockerer oder strenger gehandhabt werden. Auch wenn solche Verhaltensweisen, Sitten, Gebräuche und Umgangsformen sich also gesellschaftlich wandeln, werden sie oft doch quasitheologisch gerechtfertigt – also durch etwas, das als stabil (weil göttlich offenbart) betrachtet wird. Dieses Spannungsverhältnis zwischen einer prinzipiell unveränderbaren Religion einerseits und dem beträchtlichen Pragmatismus und Individualismus bei deren Übersetzung in die konkrete Lebensrealität andererseits lockert die Grenzen zwischen den verschiedenen theologischen Richtungen auf.

Vor diesem Hintergrund lassen sich islamische Strömungen in Pakistan – soweit sie politisch relevant sind und nicht allein auf Spiritualität und die Nähe zu Gott zielen – in folgende Kategorien einteilen:[183]

- Ein »orthodoxer«, konservativer Islam, der die religiösen Traditionen und Gebote ins Zentrum rückt und eigentlich politikfern ist. Wenn seine Anhänger diese Tendenz übersteigern, sich zum Teil literalistisch ausrichten (also den Koran buchstabengläubig als überhistorisch gültige Wahrheit auffassen), kann diese Variante als »fundamentalistisch« bezeichnet werden. Gerät sie in eine tatsächliche oder so wahrgenommene gesellschaftliche Defensive (gegenüber dem Staat, externen Akteuren oder anderen Konfessionen), dann ist die Herausbildung einer kämpferischen, entweder verbalradikalen oder tatsächlich militanten Strömung möglich.
- Ein »politischer Islam«, der im Kern aus dem Projekt einer grundlegenden politischen Veränderung der Gesellschaft besteht. Die reine »Verwaltung« des Glaubens ist dann nicht genug, er wird zur Ideologie des gesellschaftlichen Wandels, zum politischen Projekt. So trägt er paradoxerweise den Kern der Säkularität in sich, auch wenn er das bestreiten wird: Dieser »politische Islam« – den wir auch Islamismus nennen können – zieht Schlußfolgerungen aus den gesellschaftlichen Modernisierungsprozessen, will daran teilhaben und ihnen eine andere Form geben (im Unterschied zur orthodoxen Strömung). Er ist also im Kern eine *politische* Bewe-

gung. Seine Träger sind in der Regel Teile der Mittelschichten, ihr Bildungsstand überdurchschnittlich.

- Der »Volksislam«, der zwar eine religiöse, aber keine
  eigentlich theologische Richtung darstellt und in eklek-
  tizistischer Weise lokale Traditionen, »Aberglauben«,
  vorislamische Kultur- und Spiritualitätselemente, theologische Fragmente und allgemeine Moralvorstellungen
  zusammenfügt. Dieser Volksislam ist unsystematisch,
  verfügt oft über mystische Elemente und ist häufig pragmatisch veranlagt. Orthodoxe und islamistische Strömungen erklären ihn zum »Aberglauben« und streben
  danach, ihn zu »islamisieren«.
- Daneben läßt sich, im Anschluß an Olivier Roy,[184] ein
  zahlenmäßig winziger, aber lautstarker »Neofundamentalismus« nennen, der den Islam statt als sozial
  verankerte und in die Familie, den Stamm, die eigene
  Gesellschaft eingebettete Erscheinung (wie alle zuvor
  genannten Strömungen) vor allem als Anleitung zum
  individuellen Handeln begreifen will. Oft wird er von sozial entwurzelten, isolierten und relativ gebildeten An-
  gehörigen der Mittelschicht getragen und kann sich
  durch seine fehlende gesellschaftliche Einbettung besonders radikal und militant geben. Am häufigsten tritt
  diese Richtung in Diasporasituationen auf, etwa bei
  manchen muslimischen Migranten in westlichen Ländern. Dieser Neofundamentalismus ist ein spezielles
  Produkt der Moderne, da er auf der Individualisierung
  und Entfremdung der Subjekte gründet.

Angemerkt werden sollte, daß viele – vermutlich die meisten –
der Muslime außerhalb dieser Kategorien verortet werden
müssen. Gerade die säkularen Tendenzen der Gesellschft sind
hierin nicht enthalten, weil diese ja gerade nicht *religiös*, sondern politisch oder gesellschaftlich organisiert oder orientiert

sind, also z.B. in Parteien, Berufsverbänden, Gewerkschaften und ähnlichen. Später werden wir uns aber auf die religiösen Varianten von Politik konzentrieren, weil diese in bezug auf Radikalisierung, Extremismus und Gewalt in Europa die größte Aufmerksamkeit auf sich ziehen.

Menschenrechte und die Stellung der Frau

Um die Menschenrechte ist es in Pakistan nicht gut bestellt. Einmal tritt der *Staat als Täter* auf; daneben kommt es zur Verletzung der Menschenrechte aufgrund der *Schwäche von Staatlichkeit*, also etwa durch untergeordnete Staatsorgane, die nicht ausreichend kontrolliert werden; schließlich gibt es immer wieder Situationen, in denen der Staat untätig bleibt, wenn Rechte von gesellschaftlichen Gruppen beeinträchtigt oder gebrochen werden, in denen er also seine *Bürger nicht schützt*. Es läßt sich auch zwischen Menschenrechtsverletzungen unterscheiden, die dem pakistanischen Recht widersprechen (so ist Folter beispielsweise offiziell verboten), und solchen, die rechtlich abgesichert sind (also etwa das Sonderrecht für die Stammesgebiete, die *Frontier Crimes Regulation*, FCR, die noch auf die Kolonialzeit zurückgeht).[185]

Folter, insbesondere durch die Polizei, ist in Pakistan nicht ungewöhnlich. Das US-Außenministerium – das die pakistanische Regierung nachdrücklich unterstützt und deshalb kein Interesse an Übertreibungen haben dürfte – erwähnte in diesem Zusammenhang Schläge, Verbrennungen durch Zigaretten, Peitschenschläge auf die Fußsohlen, Isolationshaft, Elektroschocks, Essens- und Schlafentzug, Aufhängen an den Füßen und Vergewaltigungen.[186] Für das Jahr 2006 berichteten verschiedene Menschenrechtsorganisationen zwischen 1000 und 1500 Fälle, leichtere Formen von Mißhandlungen nicht mitgerechnet.[187]

Seit längerem gibt es sogenannte »außergesetzliche Tötungen« (*extrajuridical killings*) durch die Polizei, die sich zum Teil gegen Gewaltkriminelle und kriminelle Banden, aber auch gegen als politische Gewalttäter oder Aufständische Verdächtige richten. In der Regel werden Verdächtige »auf der Flucht erschossen«, sterben bei »Zusammenstößen mit der Polizei«, wobei häufig Augenzeugen davon zu berichten wissen, daß die Opfer solcher Praktiken entweder unbewaffnet waren, keinen Widerstand geleistet hätten oder gar nicht geflohen seien. 2004 seien 251 Menschen auf diese Weise ermordet worden, 2005 waren es 189, im Jahr 2006 37 in den ersten sieben Monaten, 2007 insgesamt 23 Fälle in den ersten acht Monaten.[188] Darüber hinaus starben im ersten Halbjahr 2006 79 Menschen im Polizeigewahrsam.[189] Nur zum Teil kommt es zu Untersuchungen gegen die Täter, diese verlaufen aber in der Regel im Sande.

Zugenommen hat in den letzten Jahren das »Verschwindenlassen« von Oppositionellen und Verdächtigen bzw. von deren Familienangehörigen. Dies ist insbesondere in Belutschistan seit dem Ausbruch des neuen Aufstandes (seit 2004) zu beobachten, kommt aber auch im Sindh und anderswo vor. Vor der Verhängung des Ausnahmezustandes durch Präsident Musharraf im November 2007 hatte das Oberste Verfassungsgericht die Behörden angewiesen, »Verschwundene« dem Gericht vorzustellen bzw. freizulassen. In 110 Fällen kam es tatsächlich zu Freilassungen. Tatsächlich aber dürfte der Umfang des Problems weit größer sein: »In der Geschichte Pakistans gab es wenige Fälle des Verschwindenlassens, zumindest bis vor kurzem. Aber etwa seit dem Jahr 2000 nahmen sie deutlich zu. Allein in Belutschistan, wo bis heute militärische Operationen im Gange sind, sind 4000 Menschen nach ihrer Verhaftung verschwunden. Im Sindh verschwanden 100 Personen, meist Sindhi-Nationalisten, und in der Nordwestprovinz ließ man mehr als 1000 Menschen im Namen des ›Kriegs gegen den Terror‹ verschwinden.«[190]

Journalisten gerieten zunehmend in Konflikt mit staatlichen Stellen. Zwar war die Presse in den letzten Jahren – insbesondere bis zum Notstand – ausgesprochen lebhaft und kritisch, aber trotzdem standen kritische Journalisten unter oft hohem Druck und wurden immer wieder auch direkt bedroht. Einer Nichtregierungsorganisation zufolge gab es im Jahr 2006 127 Angriffe gegen die Medien oder gegen Journalisten. Mindestens fünf Journalisten waren getötet, neun entführt worden, von denen sieben später freigelassen wurden. 191 wurden körperlich angegriffen, was von Schlägen und Folter bis zum Schußwaffengebrauch reichte. 45 Journalisten wurden vorläufig festgenommen, vier verhaftet und 13 bedroht. Darüber hinaus wurden 15 Printmedien, drei Fernsehstationen und 23 Internetseiten vorübergehend suspendiert.[191]

Insgesamt läßt sich feststellen, daß sich die Menschenrechtslage seit 2001/2002 deutlich verschlechtert hat. Dazu dürften einmal die Beteiligung Pakistans am »Krieg gegen den Terror« und das daraufhin verschärfte innenpolitische Klima und die zunehmende Gewalt beigetragen haben, zunehmend aber auch die wachsende Schwächung und politische Isolierung des Regimes, die es stärker zu repressiven Maßnahmen Zuflucht nehmen ließ. Allerdings ist kaum zu übersehen, daß die Repression im »Krieg gegen den Terror« – wie auch in anderen Ländern – immer mehr außerhalb jeder Rechtsstaatlichkeit erfolgte. Willkürliche Verhaftungen, *extrajuridical killings* und andere Gewaltmaßnahmen nahmen drastisch zu.[192] Manche dieser schweren Menschenrechtsverletzungen erfolgten in enger Zusammenarbeit mit US-amerikanischen Behörden. Ein Beispiel dafür sind Geheimgefängnisse der CIA in Pakistan, in denen Verdächtige ohne Haftbefehl jahrelang festgehalten und gefoltert, anschließend teilweise nach Afghanistan oder Guantanamo verschleppt wurden. Ein gut dokumentiertes Beispiel stellt die Haft und Folter von Marwan Jabour in einem CIA-Geheimgefängnis dar.[193]

Eine weitere drastische Verschlechterung der Menschenrechtslage erfolgte nach der Verhängung des Ausnahmezustandes (November und Dezember 2007), als Tausende von Oppositionellen, Journalisten und Juristen verhaftet und zum Teil schwer mißhandelt wurden.

Ein düsteres Kapitel stellt die rechtliche und gesellschaftliche Diskriminierung von Frauen und die gegen sie ausgeübte Gewalt dar. Zwar garantiert die pakistanische Verfassung in Paragraph 25 die Gleichstellung der Frau, und Paragraph 34 verpflichtet alle staatlichen Organe, die volle Teilhabe von Frauen in allen Bereichen des öffentlichen Lebens sicherzustellen. Die Verfassungswirklichkeit kommt diesen Vorschriften allerdings nicht nach. Zwar gibt es durchaus Bereiche der Gesellschaft, in denen Frauen eine wichtige und aktive Rolle spielen und beträchtlichen Entfaltungsspielraum haben. In vielen Universitäten sind Frauen inzwischen stark vertreten oder gar in der Mehrheit. An der Universität Karachi sollen bereits 68 Prozent aller Studierenden weiblich sein,[194] und in manchen prestigeträchtigen Instituten machen sie z.T. schon über 90 Prozent der Studierenden aus und sind auch im Lehrpersonal stark vertreten.[195] Es fällt auch auf, daß in vielen Colleges oder Universitäten Frauen bessere Noten erreichen als ihre männlichen Kommilitonen. Dieser Trend besteht nicht allein im Bildungswesen: In Pakistan gab es früher Pilotinnen als in vielen europäischen Ländern, inzwischen rekrutieren selbst die Streitkräfte Frauen – und nicht allein für zweitrangige oder »typisch weibliche« Funktionen, sondern durchaus auch als Kampfpilotinnen, wo sie zum Teil in der Ausbildung ebenfalls besser abschneiden als ihre männlichen Kameraden.[196]

Unter Journalisten gibt es zahlreiche Frauen, auch in Leitungspositionen. Der Anteil an Frauen in den Parlamenten ist drastisch angestiegen, in den Stadt- und Gemeinderäten liegt er aufgrund einer Quotenregelung bereits bei 33 Prozent.

Hier ist insgesamt ein positiver Trend erkennbar. Dies kann aber nicht darüber hinwegtäuschen, daß sich Frauen in Pakistan insgesamt weiterhin in einer untergeordneten und häufig benachteiligten und mißachteten Position befinden. Selbst eine rechtliche Gleichstellung ist noch lange nicht erreicht.

Im Gegenteil: Zur Zeit der Diktatur Zia ul-Haqs (1977–1988) verschlechterte sich die rechtliche Stellung der Frau dramatisch, ein Rückschritt, der sich bis heute auswirkt. Die sogenannten *Hudood*-Erlasse machten unter religiösen Vorzeichen aus den Frauen Bürger zweiter Klasse. Das Erbrecht wurde zu ihren Ungunsten geändert, vor Gericht waren Zeugenaussagen von Frauen in manchen Fällen nur noch halb soviel wert wie die von Männern. Außerehelicher Geschlechtsverkehr wurde als Form der Vergewaltigung betrachtet und unter Strafe gestellt – zugleich waren Frauen kaum noch in der Lage, die Täter realer Vergewaltigungen anzuzeigen und strafrechtlich zur Rechenschaft ziehen zu lassen: Zum Nachweis einer Vergewaltigung bedurfte es nun eines Geständnisses des oder der Täter oder einer Zeugenaussage von vier erwachsenen Männern – womit sie faktisch kaum jemals gerichtsfest werden konnte. Umgekehrt führten Anzeigen gegen Männer nicht selten zur Verhaftung und Verurteilung der Opfer: Ihre Anzeige bedeutete, daß sie damit automatisch Geschlechtsverkehr außerhalb der Ehe »gestanden« hatten.

Frauen wurden aus dem öffentlichen Leben verdrängt und wieder stärker auf ihre Rollen als Hausfrau und Mutter festgelegt. Ende 2006 verabschiedete das Parlament ein »Gesetz zum Schutz der Frau«, das einen Teil dieser Diskriminierungen aufhob, aufgrund des Protestes religiöser Kräfte allerdings andere bestehen ließ.[197] Frauen machen nur einen Bruchteil der auf dem »ersten Arbeitsmarkt« Beschäftigten aus, ihre Analphabetenrate ist mindestens doppelt so hoch wie die der Männer, sie liegt möglicherweise um 90 Prozent.

Mehr als besorgniserregend sind auch die Fälle von Gewalt

gegen Frauen. Jedes Jahr sterben 1000 bis 1500 Frauen durch sogenannte »Ehrenmorde« von Familienangehörigen, die zum Teil aus nichtigen Gründen verübt werden oder wegen des bloßen Verdachts, Kontakt zu einem Mann gehabt zu haben. Bis zu 100 Frauen pro Jahr sterben auch durch inszenierte »Unfälle« im Haushalt, vor allem durch Verbrennungen, die durch manipulierte Gasbrenner, Öfen oder den Einsatz von Benzin oder Säure verursacht sind.[198] Manche Nichtregierungsorganisationen nennen weit höhere Zahlen.[199] Schätzungen zufolge sind über die Hälfte aller Frauen in Pakistan schon Opfer von Schlägen oder anderen Formen der Gewalt durch ihre Ehemänner oder andere Verwandte – etwa Schwiegermütter – geworden.

Auch die religiösen Minderheiten[200] sind in Pakistan zahlreichen Diskriminierungen ausgesetzt. Am schwierigsten ist die Situation für die Gemeinschaft der Ahmadis, die in den 1970er Jahren vom Parlament – in der Regierungszeit des säkularen Ministerpräsidenten Zulfikar Ali Bhutto – zu einer nichtmuslimischen Minderheit erklärt und faktisch entrechtet wurde. Unter Zia ul-Haq verschlechterte sich ihr Status weiter. Heute dürfen die Ahmadis nicht einmal öffentlich ihre Religion ausüben, dürfen keine Moscheen besuchen, ihre eigenen Gebetshäuser nicht Moscheen nennen, keine muslimischen Grußformeln verwenden, keine muslimischen Gebete sprechen, an der Pilgerfahrt nach Mekka oder an Feiern des Fastenmonats Ramadan nicht teilnehmen. Sie dürfen nicht für ihren Glauben werben und keine Versammlungen durchführen. Ahmadis werden immer wieder von religiösen Extremisten bedroht oder angegriffen.

Ein Problem besteht auch in den Gesetzen gegen Gotteslästerung, die teilweise höchst vage formuliert sind. Eine zentrale Formulierung enthält der Paragraph 295-C des Strafgesetzbuchs, ebenfalls eine Erbschaft der Diktatur Zia ul-Haqs: »Wer durch das gesprochene oder geschriebene Wort, durch bildliche Darstellung oder durch sonstige Zuschreibungen oder offene oder verdeckte Andeutungen den heiligen Namen des Propheten Mohammed (Friede sei mit ihm) direkt oder indirekt beschmutzt, wird mit dem Tode oder lebenslanger Haft und einer Geldstrafe bestraft.«

Durch auch nur »versteckte Andeutungen« den Namen des Propheten auch nur indirekt »zu beschmutzen« – ein solch unklarer und kaum bestimmbarer Tatbestand öffnet der Willkür Tür und Tor. Zwar kommt es selten zu Verurteilungen – Schuldsprüche in erster Instanz werden in der Regel von Berufungsgerichten aufgehoben –, aber ein so Angeklagter wird als Feind des Islam öffentlich an den Pranger gestellt und lebt während eines möglicherweise jahrelangen Rechtsstreits in völliger Unsicherheit. Der Gotteslästerungsparagraph wird immer wieder genutzt, um einen verhaßten Nachbarn unter Druck zu setzen oder die Mitglieder religiöser Minderheiten (neben Ahmadis auch Christen und Hindus) zu erpressen, verleumden oder zum Umzug zu zwingen. So trägt dieser Paragraph zur Schaffung eines Klimas der Frömmelei und Heuchelei bei, und es kommt immer wieder zu gewaltsamen Übergriffen von Extremisten oder mit politischen Hintergedanken mobilisierter Mobs gegen Mitglieder von Minderheiten, etwa Christen oder Hindus. Polizei und andere Staatsorgane schützen die Opfer in der Regel nicht, begünstigen die Täter und hintertreiben eine Strafverfolgung.

Provinzen und Regionen

Pakistan ist ein Land mit fast 170 Millionen Einwohnern. Es ist nicht nur topographisch, sondern auch bezüglich des wirtschaftlichen Entwicklungsstandes, kulturell, sprachlich, ethnisch, religiös und politisch höchst heterogen. Um das Land zu verstehen, gilt es, die einzelnen Regionen genauer zu be-

trachten. Es gibt vier Provinzen (Punjab, Sindh, Belutschistan und die Nordwestprovinz), dazu kommen die Nördlichen Territorien (»Northern Areas«) und Azad Kashmir, die zwar nach amtlichem Verständnis völkerrechtlich nicht zu Pakistan gehören, aber von diesem regiert werden.

Der Punjab

Die Provinz Punjab bildet den historischen und politischen Kern Pakistans. Hier lebt etwas mehr als die Hälfte der Bevölkerung, und der Punjab hat das ganze Land seit der Gründung maßgeblich geprägt oder beherrscht. Nicht zu vergessen: Die pakistanische Armee als der wichtigste Machtfaktor bestand lange zu rund 80 Prozent aus Soldaten dieser Provinz, rekrutiert überwiegend aus wenigen Bezirken im Norden, etwa Jhelum.

Der Punjab besteht vor allem aus einer flachen Tiefebene und der ebenso flachen, südöstlich gelegenen Cholistan-Wüste, die jenseits der Grenze in die indische Wüste von Rajastan übergeht. Nur im Norden des Punjab gibt es Höhen- oder Gebirgszüge – das verkarstete Potowar-Plateau südlich von Islamabad mit seiner Begrenzung durch den Höhenzug der *Salt Range* zwischen den Städten Mianwali und Jhelum. Im Norden geht der flache Punjab nördlich der Doppelstadt Islamabad/Rawalpindi in die Vorgebirge des Himalaya und die Berge Kaschmirs über. Der Name der Provinz bedeutet »Land der fünf Flüsse« und deutet damit auf die Quelle des relativen Wohlstands im Punjab und ihre strategische Bedeutung hin. Diese fünf Zuflüsse des Indus sind Jhelum, Chenab, Ravi, Sutlej und Beas. Letzterer verläuft seit der Teilung des Subkontinents allerdings im indischen Teil des Punjab. Daher wird heute der Indus mitgezählt, um auch im pakistanischen Punjab auf »fünf Flüsse« zu kommen. Sie sind neben der geographischen Lage des Punjab – dem Einfallstor von Zentralasien und Afghanistan nach Indien – ein wichtiger Grund, warum fremde Eroberer so oft ein Auge auf die Region warfen.

Der allergrößte Teil des Punjab ist flach wie ein Teller. Soweit nicht Wüste oder Halbwüste vorherrschen, ist er durch den Anbau von Weizen im Winter und Baumwolle im Sommer geprägt. Wegen der – mit Ausnahme der Höhenzüge und Vorgebirge nordöstlich von Rawalpindi und Islamabad – sehr geringen Niederschläge ist die künstliche Bewässerung für die Landwirtschaft der Provinz entscheidend. Bewässerungskanäle, die von den Flüssen ausgehen, gibt es im Punjab mindestens seit dem 14. Jahrhundert, verstärkt seit den Mogulkaisern. Unter der britischen Kolonialherrschaft wurde das Bewässerungssystem massiv ausgebaut und erhielt seine heutige Form. So konnten die Anbauflächen wesentlich erweitert werden, aber inzwischen zeigen sich auch die Nachteile und Risiken dieser Art von Landwirtschaft. Die Bewässerungswirtschaft trägt immer stärker zur Versalzung des Bodens bei, der dann nicht mehr landwirtschaftlich genutzt werden kann. Der Punjab produziert etwas mehr als zwei Drittel des Getreides Pakistans, auf kaum mehr als einem Viertel der Fläche. Weizen, Baumwolle und Reis sind die wichtigsten landwirtschaftlichen Erzeugnisse, aber auch andere Getreidesorten, Obst und Gemüse, Zuckerrohr, Geflügel spielen eine Rolle.

Im produzierenden Gewerbe verfügt der Punjab über eine starke Textil- und Bekleidungsindustrie, auch die Verarbeitung landwirtschaftlicher Güter, Nahrungs- und Genußmittel, Sportartikel, Maschinenbau, Düngemittel und Zement sind bedeutsam. Der Punjab ist zwar insgesamt ländlich geprägt, aber sein Norden bildet neben dem Großraum Karachi das industrielle Herz Pakistans. Vier der fünf größten Städte Pakistans liegen im Punjab: Lahore (6,3 Millionen Einwohner), Faisalabad (2,4 Millionen), Rawalpindi (1,7 Millionen), und Multan (1,5 Millionen), von denen außer Multan alle im nördlichen Punjab liegen. Insgesamt hat die Provinz rund

89 Millionen Einwohner, also etwas mehr als Deutschland, und stellt damit rund 55 Prozent der pakistanischen Gesamtbevölkerung.[201]

Innerhalb des Punjab besteht ein ausgeprägtes Nord-Süd-Gefälle: Der Norden dominiert wirtschaftlich und politisch, die Städte Lahore und Islamabad sind Sitze der Provinz- und Zentralregierung, Rawalpindi beherbergt das Hauptquartier der Armee. Und die Region zwischen den Städten Faisalabad, Sialkot und Lahore gehört zu den wirtschaftlich dynamischen Zentren des Landes.

Die Metropole Lahore nimmt im Punjab eine Sonderrolle ein: Die Stadt ist nicht allein ein wirtschaftliches Zentrum der Provinz, sondern auch das kulturelle Herz ganz Pakistans. Unter den Mogulkaisern wurde Lahore zu einer der bedeutendsten Städte des ganzen Subkontinents, zeitweise gar zur Hauptstadt des Reiches. Insbesondere unter den Kaisern Akbar, Jahangir und Shahjahan war Lahore die Stadt der Wissenschaft, der Religion und der Kunst. Die wichtigsten Baudenkmäler wie das Fort, die Badshahi-Moschee und der Shalimar-Garten stammen aus der Mogulzeit. Seit der Regierungszeit Aurangzebs ging die Bedeutung Lahores langsam zurück, wozu unter anderem die Verlagerung der Handelsrouten (u. a. wegen des wachsenden britischen Einflusses in Indien) und die Instabilität im Westen (Afghanistan) beitrugen.

Später spielte Lahore eine bedeutende Rolle im Prozeß der Gründung des Staates Pakistan. Hier wurde 1940 von der Muslimliga unter Führung Mohammed Ali Jinnahs die »Pakistan-Resolution« verabschiedet, in der zum ersten Mal ein eigener Staat für die Muslime Indiens verlangt wurde. Als Pakistan 1947 von Großbritannien unabhängig wurde, stürzte der ganze Punjab ins Chaos, weil er in einen indischen und einen pakistanischen Teil getrennt wurde. Das traf besonders Lahore: Sikhs und Hindus verließen fluchtartig die Stadt, muslimische Flüchtlinge von jenseits der neuen Grenze strömten hinein.

Nach der Staatsgründung wurde aus der »Stadt der Gärten« ein Ballungsraum, der unter den üblichen Problemen von Großstädten in der Dritten Welt leidet: einem schnellen Wachstum der Bevölkerung aufgrund der Landflucht, einer Überflutung durch zahllose Autos in einer Stadt, die nicht für Autos gebaut wurde, Umweltverschmutzung, Armut. Lahore ist ein wichtiges Wirtschaftszentrum und beherbergt rund ein Fünftel der pakistanischen Industrie.

Der südliche Punjab ist dagegen, von der Großstadt Multan abgesehen, rein landwirtschaftlich geprägt, wirtschaftlich weit im Rückstand, ärmer – was sich bereits an der dörflichen Bauweise erkennen läßt. So bestehen im Norden der Provinz die meisten Häuser auch auf dem Land aus Ziegeln und zunehmend Beton, während im Süden die traditionelle Lehmbauweise noch verbreitet ist. Der Südpunjab ist deutlich heißer und trockener als der Norden. In Lahore fällt etwa dreimal soviel Regen wie in Multan. Das ist keine Nebensache, denn Wasser ist wie in fast ganz Pakistan auch im Punjab eine Schlüsselressource.

Auch kulturell bestehen wichtige Unterschiede. Der Süden ist religiös konservativer und frommer. Im Süden wird im Gegensatz zum nördlichen Punjab auch nicht das eigentliche Punjabi gesprochen, sondern Siraiki (auch: Saraiki) – wobei in der Provinz zunehmend umstritten ist, ob es sich um einen Dialekt des Punjabi oder eine eigene Sprache handelt. In den letzten Jahren entspann sich gar eine Debatte, ob der siraikisprechende und vernachlässigte Süden sich nicht vom Punjab trennen und eine eigene Provinz bilden solle.

Sindh

Die Provinz Sindh im Südosten Pakistans besteht aus drei sehr unterschiedlichen geographischen Regionen: im Westen der Kithar-Gebirgszug, der die Grenze nach Belutschistan bildet und nur an einer Stelle – der Lakhi Range – ins Innere vordringt. Die Kithar-Berge sind an ihren höchsten Stellen, westlich der Stadt Larkana, knapp 2200 Meter hoch. Der Osten des Sindh wird von der Thar-Wüste dominiert, die im Nordosten in die Cholistan-Wüste des Punjab, im Osten in die indische Wüste von Rajastan übergeht. Dazwischen liegt die dritte, politisch und wirtschaftlich wichtigste Region, die Ebene des Indus, die von den Jahrtausenden eines sich immer wieder ändernden Flußverlaufes geprägt wurde.[202]

Der Sindh ist durch einen besonders krassen Gegensatz von Stadt und Land gekennzeichnet: Während die ländlichen Regionen nach wie vor das Gesicht der Provinz bestimmen und in vielen Gegenden sehr arm und schwach entwickelt sind, ist die Provinzhauptstadt Karachi mit mindestens 12 Millionen Einwohnern die größte und wirtschaftlich bedeutendste Stadt ganz Pakistans. Die zweitgrößte Stadt Hyderabad kommt auf 1,5 Millionen Einwohner, Sukkur und Larkana folgen mit über 400.000 bzw. 350.000 Einwohnern.[203] Die gesamte Provinz dürfte 2007 rund 37 Millionen Einwohner gehabt haben.[204]

Die ethnischen Verhältnisse des Sindh werden auf dem Land durch eine deutliche Mehrheit von Sindhi und Minderheiten von Belutschen und Punjabis einerseits und einer Mehrheit (bzw. starken Minderheitspositionen) von *Muhajir* in den Großstädten bestimmt, insbesondere in Karachi und Hyderabad. Dort leben auch zahlreiche andere nationale und ethnische Gruppen.

Nach der Unabhängigkeit von Großbritannien[205] 1947 beherbergte der Sindh für etwas mehr als ein Jahrzehnt mit Karachi die Hauptstadt des neuen Pakistans. Das Jahr 1955 wurde für den Sindh zu einem wichtigen Einschnitt: Die Provinzen des damaligen Westpakistans wurden zu einem einheitlichen Gebilde zusammengeschlossen, um einen Gegenpart zu dem bevölkerungsreichen Ostpakistan zu schaffen. Damit wurde die Provinz Sindh abgeschafft, und viele Sindhi fühlten ihre kulturelle Identität bedroht; der Sindhi-Nationalismus nahm seinen Anfang. 1970 wurden die alten Provinzen wiederhergestellt, Ostpakistan verließ als Bangladesch den pakistanischen Staatsverband, aber der Selbstbehauptungswille der kleineren Provinzen gegenüber dem Übergewicht des Punjab erlosch nie mehr. Unter der Militärdiktatur Zia ul-Haqs leistete in der ersten Hälfte der 1980er Jahre eine »Bewegung zur Wiederherstellung der Demokratie« Widerstand, der im Sindh besonders stark war. Hier verbanden sich der Kampf für die Demokratie mit dem Streben nach größerer Autonomie der Provinz – und dem Abscheu vor einem Diktator, der den Ministerpräsidenten Zulfikar Ali Bhutto hatte hinrichten lassen, einen Sindhi.

Seit der zweiten Hälfte der 1980er Jahre war die Politik des Sindh vom Aufstieg der MQM und deren Konflikt mit der PPP geprägt. Die MQM ist die Partei der Muhajir, also der ehemaligen Flüchtlinge aus Indien und ihrer Nachkommen. Obwohl sie im Durchschnitt wohlhabender und besser ausgebildet sind als die Sindhi, fühlen sich die Muhajir benachteiligt. Rechtsanwälte, Lehrer, Angestellte, Ladenbesitzer, Studenten – aus diesen Gruppen kommt das Führungspersonal der MQM.

Demgegenüber werden die meist auf dem Land lebenden Sindhi noch von Feudalinteressen kontrolliert. Die Landwirtschaft – und damit die Feudalherren – ist in Pakistan faktisch von Steuerzahlungen befreit, während Karachi mit seinen Steuern den Rest des Landes mitfinanziert. Der Konflikt entspringt damit einerseits aus einem Stadt-Land-Gegensatz. Er enthält aber auch eine »ethnische« Dimension, nämlich die Auseinandersetzung zwischen Muhajir und Sindhi und Paschtunen, und zugleich ist er ein Klassenkrieg, bei dem die aufstrebenden, städtischen Mittelschichten die Vorherrschaft der Feudalisten abschütteln wollen. Letztlich kämpfen die ländlichen Eliten des Sindh – die ethnische Sindhi

sind – gegen die aufstrebenden Mittelschichten der Großstädte, die Urdu sprechen und »ethnisch« eine Identität als
Muhajir entwickelt haben.

Die Megastadt Karachi

In einem Land mit einer so weit zurückreichenden Geschichte
ist Karachi eine junge Stadt. Erst 1795 wurde das damalige
Fischerdorf am Hafenausgang mit einem kleinen Fort aus
Lehm versehen. Großbritannien nahm den Ort 1839 ein und
annektierte ihn drei Jahre später, vor allem wegen seiner günstigen Lage. Karachi verfügte über einen vorzüglichen Natur-
hafen. Sehr schnell wurde eine Dampfschiffverbindung nach
Multan eingerichtet, Karachi durch eine Linie nach Multan an
das entstehende Eisenbahnsystem – nämlich die Linie vom
Punjab nach Delhi – angeschlossen (1878). Seit den 1850er
Jahren wurde der Hafen schrittweise ausgebaut. Mit der Öffnung des Suezkanals (1869) wuchs die Bedeutung des Hafens
von Karachi erneut. Gegen Ende des Jahrhunderts wurde der
Punjab zum Brotkorb Indiens und Karachi zum wichtigsten
Getreidehafen im gesamten britischen Empire. 1936 erhielt
der Sindh den Status einer Provinz – er war bis dahin von
Bombay verwaltet worden –, und Karachi fiel ganz selbstver-
ständlich die Rolle der Provinzhauptstadt zu.

Heute ist Karachi die Wirtschaftsmetropole Pakistans. Die
großen pakistanischen Firmen, Banken, Versicherungen oder
die nationale Fluglinie haben ihre Firmensitze hier, ebenso
wie die Ableger der multinationalen Unternehmen. Der Hafen ist weiterhin von überragender Bedeutung, er war bis zur
2007 erfolgten Eröffnung des neuen Hafens in Gwadar (Belutschistan) der einzige Tiefseehafen Pakistans. Aber Karachi ist
auch zum Industriezentrum herangewachsen: Ein großes
Stahlwerk, eine umfangreiche Textil- und Bekleidungsindustrie, Metallerzeugnisse, Nahrungs- und Genußmittel, Holz-

und Möbelindustrie, Chemie und Petrochemie, Fabriken der Leder- oder Gummiherstellung und für Elektroartikel prägen die Stadt.

Eine Studie der Asiatischen Entwicklungsbank (ADB) faßt die Bedeutung der Stadt so zusammen: »Die Stadt wickelt 95 Prozent des Außenhandels Pakistans ab und trägt 30 Prozent zu seiner verarbeitenden Industrie bei. Fast 90 Prozent der Banken, Versicherungen und multinationalen Konzerne haben ihren Hauptsitz in Karachi. Die wichtigste Börse des Landes befindet sich in Karachi und macht die Stadt zum finanziellen und kommerziellen Zentrum Pakistans. Karachi trägt 20 Prozent zum Bruttosozialprodukt und 45 Prozent des geschaffenen Mehrwertes des ganzen Landes bei, dort gibt es 40 Prozent der Arbeitsplätze der Großindustrie und 50 Prozent der Bankeinlagen. Karachi erbringt 25 Prozent der nationalen Steuereinnahmen und 40 Prozent der Einnahmen der Provinz.«[206]

Doch Wohlstand und wirtschaftlicher Erfolg sind nicht überall verbreitet, sondern nur in den Geschäfts- und Wohnvierteln der Mittelschicht und der Reichen. Dort, etwa im Stadtteil Clifton, sind Computershops, Modeboutiquen und natürlich medizinische Versorgung, Strom und Wasser Selbstverständlichkeiten. Aber in den Armenvierteln (*Kachi Abadis*), wo rund die Hälfte der Einwohner Karachis lebt, fehlt es an sauberem Trinkwasser, die Müllabfuhr funktioniert nicht, und die Gesundheitsversorgung ist mehr als mangelhaft. Karachi teilt die meisten der Probleme der riesigen Metropolen der Dritten Welt. Aber nicht die Größe der Stadt ist das Hauptproblem, sondern daß sie mit den Folgen ihres raschen Wachstums nicht zurechtkommt. Millionen von Menschen strömten in eine Metropole mit dem Zuschnitt und der Infrastruktur einer mittleren Provinzstadt. Das Straßennetz, das Transportwesen, die Energie- und Wasserversorgung, die Müllabfuhr, der Wohnungsbau, alles ist vom explosiven

Wachstum vollkommen überfordert. Während die Reichen und Prominenten sich in wenigen Edelstadtteilen eingeigelt haben, lebt ein großer Teil der Bevölkerung in Slums oder in schnell zusammengezimmerten Hütten auf besetztem Land.

Karachi ist heute eine multiethnische Stadt. Mehr als die Hälfte der Bevölkerung sind Muhajir. Die zweitgrößte Gruppe sind die Paschtunen, die aus der Nordwestprovinz stammen. Sie kamen vor allem aus wirtschaftlichen Gründen und arbeiten oft in der Industrie, als Bauarbeiter oder Lastwagenfahrer. Außerdem gibt es punjabische und belutschische Bevölkerungsgruppen sowie Sindhi, die in der Hauptstadt inzwischen nur noch eine kleine Minderheit darstellen. Schließlich leben schätzungsweise eine halbe Million Zuwanderer aus Bangladesch und vielleicht jeweils 200.000 aus Afghanistan und dem Iran in Karachi.

Die verschiedenen Migrationswellen haben aus Karachi eine Riesenstadt werden lassen. Bei der Unabhängigkeit Pakistans 1947 gab es hier rund 400.000 Einwohner. Heute kennt niemand ihre Zahl, auch der Gouverneur oder die Stadtverwaltung haben nur grobe Schätzungen. Die Volkszählung von 1998 nennt knapp 10 Millionen, aber es dürften deutlich mehr sein – Vermutungen reichen bis 12 oder 15 Millionen. Wie viele es auch genau sein mögen: In den nächsten 25 Jahren wird sich ihre Zahl voraussichtlich noch einmal verdoppeln.

Belutschistan

Belutschistan ist die unzugänglichste und am wenigsten erschlossene Provinz Pakistans. So groß wie Deutschland (knapp 350.000 Quadratkilometer), ist es die größte der vier Provinzen, aber mit seinen heute vielleicht 8 Millionen Einwohnern die mit Abstand am dünnsten besiedelte. Wohnen im Punjab mehr als 350 Menschen auf einem Quadratkilometer, so in Belutschistan weniger als 23. Die Provinzhauptstadt Quetta ist

mit geschätzten 735.000 Einwohnern (2007) die einzige Großstadt.

In Belutschistan ist es im Sommer fast überall heiß und
trocken, im Winter im Hochland und den Sulaiman- und Ki-
thar-Bergzügen (im Osten) und der Toba Kakar Range (im
Nordwesten) sehr kalt. An der Makran-Küste und im wüsten-
artigen Nordwesten ist es relativ flach, wie auch südöstlich von
Quetta, wo bei Sibi bereits die Tiefebene des Indus beginnt.

Landwirtschaft ist in den meisten Landesteilen wegen der
akuten Wasser- und Energieknappheit schwierig, auch die
fehlenden Verkehrsverbindungen stellen ein großes Hindernis
für die Vermarktung landwirtschaftlicher Produkte und jede
wirtschaftliche Tätigkeit dar. Weizen, Reis, Sorghum, Obst
und Schafzucht dominieren die Landwirtschaft. Die Industrie
ist extrem schwach, wirtschaftlich bedeutsam allerdings die
Förderung von Erdgas – vor allem um Sui –, die viel zur Versorgung des ganzen Landes beiträgt. In geringerem Maße und
auf technisch völlig antiquierte Weise wird auch Kohle gefördert. Allerdings verfügt die Provinz über potentiell bedeut-
same weitere Bodenschätze, die noch nicht erschlossen sind.

Ansonsten stellt der Schmuggel einen einträglichen Wirt-
schaftsfaktor dar. Der Grenzort Chaman, etwa 120 km nördlich der Hauptstadt Quetta, ist dabei eine wichtige Dreh-
scheibe beim illegalen Handel mit Afghanistan, während der
Schmuggel von afghanischem Opium oder Heroin in größeren Mengen teilweise mit Lastwagen auf einsamen Pisten jenseits der Grenzstationen abgewickelt wird. Allein 1999/2000
wurden in Belutschistan innerhalb von 14 Monaten über 25
Tonnen Drogen beschlagnahmt, davon 1,4 Tonnen Heroin
und 7,6 Tonnen Opium.

Wie ganz Pakistan ist auch Belutschistan ein ethnisches und
sprachliches Mosaik: Die beiden größten Bevölkerungsgruppen sind die Paschtunen, die vor allem in einem Gürtel entlang der afghanischen Grenze wohnen, und die Belutschen,

die sich spätestens im 14. Jahrhundert, aus dem iranischen Hochland kommend, hier niederließen. Da der paschtunische Anteil seit langem zunimmt und inzwischen 30 und 40 Prozent beträgt, kommt es gelegentlich zu Spannungen zwischen beiden Gruppen. Darüber hinaus leben in Belutschistan noch zahlreiche kleinere ethnische Gruppen, die oft aus dem Sindh stammen. Paschtu, Balochi, Brahui und Sindhi sind die wichtigsten Sprachen.

Ein großer Teil der Paschtunen und Belutschen lebt noch in Stammesverbänden, insbesondere in den unzugänglicheren Gegenden. Die Lage ähnelt in vielem der in den Stammesgebieten der Nordwestprovinz, wenn auch die Rolle der Stammesführer (*Sardar*) bei den Belutschen größer ist als bei den Paschtunen.[207] Religiöser Radikalismus spielt bei ihnen kaum eine Rolle. Sie sind überwiegend Sunniten der hanifitischen Richtung (also keine Deobandi, wie viele Paschtunen), bei ihnen stehen die Identitäten der Stammeszugehörigkeit und als Belutschen im Vordergrund, in den 1970er und 1980er Jahren dominierten linke und sozialistische Vorstellungen den politischen Diskurs. Bei den Belutschen und einem Teil der Paschtunen der Provinz herrscht ein säkularer Umgang mit dem Islam vor, außer bei der vor allem von Paschtunen getragenen Partei JUI, die den extrem konservativen Islam der Deobandi vertritt.

In den 1970er Jahren kam es in Belutschistan zu einem Aufstand gegen die pakistanische Zentralregierung, der viel mit der Unterentwicklung und Vernachlässigung der Provinz durch Islamabad zu tun hatte. Damals erhoben sich manche Stämme, linke Kräfte und ein Teil der feudalen Elite und leisteten der pakistanischen Armee bewaffneten Widerstand, der unter der Regierung Zulfikar Ali Bhuttos mit großer Brutalität niedergeschlagen wurde.[208] Seitdem ist das Autonomiestreben Belutschistans zeitweise geringer geworden: Die Bindungen zum Zentralstaat haben sich etwas verstärkt, und die Widersprüche innerhalb der belutschischen Gesellschaft – vor allem zwischen Paschtunen und Belutschen, aber auch zwischen Stadt und Land – sorgten dafür, daß es kaum eine gemeinsame Front gegen den Zentralstaat geben konnte. Diese Situation hat sich in den letzten Jahren (insbesondere seit 2004) wieder deutlich geändert: Seitdem gehen in großen Teilen der Provinz bewaffnete Aufständische gegen die Zentralregierung vor und fordern mehr Mitsprache, Autonomie und Demokratie sowie eine stärkere Kontrolle der wirtschaftlichen Ressourcen der eigenen Provinz.[209]

Die Nordwestprovinz

Das Gebiet der heutigen Nordwestprovinz (*North West Frontier Province*, NWFP) wurde im 19. Jahrhundert als Teil des Punjab verwaltet und erhielt 1901 den Status einer eigenen Provinz. Damals gliederte man sie in »Siedlungsgebiete« (*settled areas*) und Stammesgebiete (*agencies*).[210] In der NWFP leben schätzungsweise 21 Millionen Einwohner, sie ist mit 74.500 Quadratkilometer die kleinste der vier pakistanischen Provinzen. Zugleich ist sie aber landschaftlich besonders vielfältig. Das direkte Grenzgebiet zu Afghanistan wird vom schroffen Gebirgszug des Hindukusch geprägt, dessen Ausläufer dem gesamten Westen der Provinz sein Gesicht geben. Im Norden – um die Stadt Chitral – erreicht der Tirich Mir als höchster Berg eine Höhe von 7690 Metern, während weiter im Süden die Berge kaum höher als 2000 bis 2500 Meter werden.

Um die Stadt Dera Ismail Khan (üblicherweise verkürzt zu D.I. Khan) – und in der Nähe des Indus – ist es flacher, und im Zentrum der Provinz liegt die fruchtbare Ebene von Peshawar mit der gleichnamigen Provinzhauptstadt (schätzungsweise 1,3 Millionen Einwohner), die auch das politische und kulturelle Zentrum darstellt. Diese Gegend und das etwas nordöstlich liegende, liebliche – heute stark von Gewalt geplagte – Swat-Tal waren die Zentren des alten Gandhara, das vom Buddhismus und griechischen Kultureinflüssen geprägt war.

Hier konzentriert sich auch die Landwirtschaft, die insbesondere in der Peshawar-Ebene von intensiver Bewässerung lebt. Die wichtigsten Anbauprodukte sind Weizen und Mais, Zuckerrohr und Tabak, Produkte, die zum Teil auch in der Provinz weiterverarbeitet werden. Darüber hinaus werden in der Nordwestprovinz Textilien, Schuhe und Lederwaren, Möbel, Zement hergestellt, aber die Wirtschaft ist weiterhin vorwiegend agrarisch ausgerichtet.

Die NWFP ist die Provinz der Paschtunen, auch wenn insbesondere im Osten Hindko und im Norden u. a. Khowar, Shina und andere Sprachen gesprochen werden. Paschtunen leben beiderseits der pakistanisch-afghanischen Grenze. Es handelt sich um die vermutlich größte noch nach Stämmen gegliederte Gesellschaft der Welt mit schätzungsweise über 20 Millionen Mitgliedern. Selbstverständlich gibt es auch paschtunische Bankiers, Bürokraten oder Industrielle – ausgesprochen »moderne« Menschen mit Universitätsbildung und Internetanschluß –, doch auch sie haben oft eine gefühlsmäßige Bindung an ihren Stamm bewahrt. In den kleinen Dörfern an der afghanischen Grenze herrschen hingegen ein strenger Moral- und Ehrenkodex, eine extrem konservative Grundeinstellung und eine fast kompromißlose Verteidigung der eigenen Unabhängigkeit vor.

Bei manchen Europäern sind die Paschtunen zum Mythos geworden: Keine Großmacht der Welt hat es bisher geschafft, sie zu unterwerfen. Die Mogulkaiser stießen hier auf größeren Widerstand als anderswo, die britische Kolonialmacht konnte die Region nie vollständig kontrollieren und wurde von den afghanischen Paschtunen blutig aus Afghanistan herausgeworfen, und der Sowjetunion gelang es ebenfalls nicht, das 1979 besetzte Afghanistan dauerhaft zu kontrollieren. Dieser unbändige Widerstandswille der Paschtunen gegen jede Fremdherrschaft hat ihnen den Ruf eingetragen, vorzügliche Krieger zu sein. Auch die zahlreichen Stammesfehden untereinander haben den kriegerischen Ruf gefestigt: Es gibt schließlich gute Gründe dafür, daß im Grenzgebiet außerhalb der Städte (insbesondere in den Stammesgebieten) viele Häuser eher wie kleine Burgen aussehen, Mauer und Wachtürme inbegriffen.

Die britischen Versuche, die paschtunischen Siedlungsgebiete dauerhaft zu kontrollieren, endeten im 19. Jahrhundert mehrmals in beispiellosen Katastrophen, vor allem im ersten Anglo-Afghanischen Krieg (1839–1842), als fast die gesamte britisch-indische Armee massakriert wurde, nachdem sie ihre Besetzung Kabuls aufgeben mußte. 1893 wurde die unruhige und umstrittene Region schließlich geteilt: Die sogenannte Durand-Line (nach dem britischen Diplomaten Sir Mortimer Durand, der sie festlegte und den afghanischen König dazu bewegen konnte, ihr zuzustimmen) wurde zur Grenze zwischen Britisch-Indien und Afghanistan. Jedoch blieb die Stellung der Regierungen auf beiden Seiten der neuen Trennungslinie sehr schwach. Die verschiedenen paschtunischen Stämme bewahrten sich große Autonomie, vor allem auf der afghanischen Seite.

Die von vielen Paschtunen als künstlich empfundene Durand-Linie wurde später zur Grenze zwischen Pakistan und Afghanistan. Lange schwelte ein Konflikt zwischen beiden Ländern um die Grenze, die insbesondere von Afghanistan immer wieder in Frage gestellt wurde. Auch die Forderungen nach einem einheitlichen »Paschtunistan«, also einem Staat der Paschtunen, oder einem Anschluß der paschtunischen Siedlungsgebiete Pakistans an Afghanistan erwiesen sich als hartnäckig. Erst als die pakistanischen Paschtunen zunehmend in Pakistan Einfluß gewannen (vor allem in der Armee, aber z. T. auch in der Wirtschaft) und gleichzeitig das durch Kriege und Willkürherrschaft völlig ausgeblutete Afghanistan den pakistanischen Paschtunen nicht mehr als Vorbild oder möglicher Partner erschien, ließen die Autonomiebestrebungen in der Nordwestprovinz deutlich nach. Heute beschränken sie sich meist auf symbolische Forderungen – etwa nach einer Umbenennung der Provinz. In der politischen Realität ist der Nordwesten allerdings inzwischen zum Juniorpartner des Punjab bei der Kontrolle ganz Pakistans geworden.

Eine weitere Besonderheit der Nordwestprovinz, die sie wie die Bedeutung der Stämme mit Belutschistan teilt, liegt in der Aufnahme einer großen Zahl afghanischer (meist paschtunischer) Flüchtlinge. Zeitweise hielten sich über drei Millionen Flüchtlinge in Pakistan auf, davon die meisten im Nordwesten, sehr viele in und um Peshawar. Dort und im direkten pakistanisch-afghanischen Grenzgebiet wurden die Kriegsflüchtlinge zu einem bedeutenden Faktor. Einerseits waren sie ein fruchtbarer Rekrutierungsgrund der gegen die Sowjetunion und die afghanische Regierung kämpfenden Gruppen. Andererseits belasteten sie die Wirtschaft und Infrastruktur des Landes bis an den Rand einer Krise, stellten aber zugleich durch die internationale Hilfe eine beträchtliche Einnahmequelle dar. Damals existierte eine Kriegswirtschaft, die Waffenschmuggel und Drogenhandel einschloß und von großen Dollarbeträgen westlicher und arabischer Geheimdienste in Gang gehalten wurde. In den 1980er Jahren wurde ganz Pakistan wegen des Krieges im Nachbarland mit Waffen und Heroin überschwemmt.

Die Stammesgebiete

Die pakistanische Verfassung enthält die Bestimmung, daß die vom Parlament beschlossenen Gesetze in den Stammesgebieten (*Federally Administered Tribal Areas*, FATA) nicht gelten, außer wenn der Präsident dies explizit anordnet.[211] Dies jedoch kommt kaum jemals vor.

Die Stammesgebiete umfassen mehr als 27.000 Quadratkilometer (über 36 Prozent der NWFP) mit schätzungsweise
4 Millionen Menschen. Diese leben fast alle auf dem Land, der
Urbanisierungsgrad ist mit nur 2,7 Prozent extrem niedrig.[212]
Der Alphabetisierungsgrad liegt bei unter 18 Prozent und ist
damit nur halb so hoch wie im Provinzdurchschnitt. Die wirtschaftliche Situation wird von der FATA-Entwicklungsbehörde
lakonisch so zusammengefaßt: »Es gibt nur wenige Erwerbs-
möglichkeiten. Die lokale Ökonomie ist vor allem eine Weide-
wirtschaft, in einigen fruchtbaren Tälern wird Landwirtschaft
betrieben.«[213] Dies beschreibt die Lage angemessen – wenn
man vom blühenden Schmuggel von Drogen, Waffen und
Konsumgütern einmal absieht –, und die Lebensbedingungen
sind entsprechend schlecht, selbst für pakistanische Verhältnisse.[214] 60 Prozent der Bevölkerung lebt unter der offiziellen
Armutsgrenze.

Die Gebiete der FATA gliedern sich in sogenannte *Agencies*
(von Stämmen besiedelte Regionen), denen jeweils ein *Poli-
tical Agent* vorsteht. Es handelt sich um die Bajaur, Khyber,
Kurram, Mohmand, Orakzai, Nord- und Süd-Waziristan
Agencies. Dazu kommen einige »*Frontier Regions*« (FR), die zu
den Bezirken Bannu, Dera Ismail Khan, Kohat, Lakki Marwat,
Peshawar und Tank gehören. Diese werden von den *District
Coordination Officers* des jeweiligen Bezirks geführt.

In der FATA leben rund ein Dutzend Stämme und zahlreiche
Unterstämme und Clans. Sie regeln ihre Angelegenheiten weitgehend selbst, wobei den Stammesführern und dem traditionellen Moral- und Verhaltenskodex besondere Bedeutung zu-
kommt. Die Regierung verfügt hier nur über indirekte Einfluß-
möglichkeiten: Der *Political Agent* kann verhandeln, finanzielle
Unterstützung oder neue Infrastruktur anbieten oder vorent-
halten – aber er oder die Regierung können kaum etwas einfach
anordnen, ohne daß es zu (gewaltsamem) Widerstand käme.
Letztlich besteht das koloniale Herrschaftssystem indirekter

Machtausübung in veränderter Form fort: Die *Political Agents* werden vom Governeur der Provinz im Namen des Präsidenten (früher Generalgouverneur) ernannt, sie bedienen sich der *Maliks* (Stammesführer), die meist von ihnen abhängig sind, um die staatlichen Interessen indirekt auszuüben – was den Stämmen große Autonomie läßt, die *Maliks* aber gegenüber den von ihnen abhängigen Menschen stärkt und die Möglichkeit jeglicher demokratischen Partizipation ausschließt.[215] Bis 1996 wurden sogar die Abgeordneten der FATA im pakistanischen Parlament nicht gewählt, sondern von den *Maliks* bestimmt.

Der Norden

Im Norden Pakistans treffen drei der höchsten Gebirgszüge der Welt aufeinander: der Himalaja, der Karakorum und der Hindukusch. Allein fünf Berge sind über 8000 Meter hoch und mehr als sechzig über 7000 Meter. Dieser Hochgebirgscharakter verleiht der Region nicht allein eine spektakuläre landschaftliche Schönheit, sondern prägt auch ihre Wirtschaft und Kultur. Im Norden – wenn auch jenseits der Grenzen – entspringen die fünf Flüsse, die Pakistans Lebensadern bilden. Die Berge des Nordens haben in der Geschichte immer eine Barriere gegen fremde Eroberer gebildet, während die hier verlaufende, historische Seidenstraße – die China, Indien und den Mittelmeerraum verband – Händlern und Pilgern Zugang gewährte. Heute ist der größte Teil des bescheidenen Tourismus Pakistans auf den Norden konzentriert: Wanderer, Bergsteiger und Naturliebhaber werden von dieser außergewöhnlichen Region angezogen.

Trotz ihrer abgeschiedenen Lage und geringen ökonomischen Bedeutung ist der Norden strategisch höchst relevant: Hier treffen die Interessen Pakistans und Indiens (und Chinas) aufeinander, und um die Hochgebirgsregion Kaschmir haben beide Länder schon mehrere Kriege geführt.

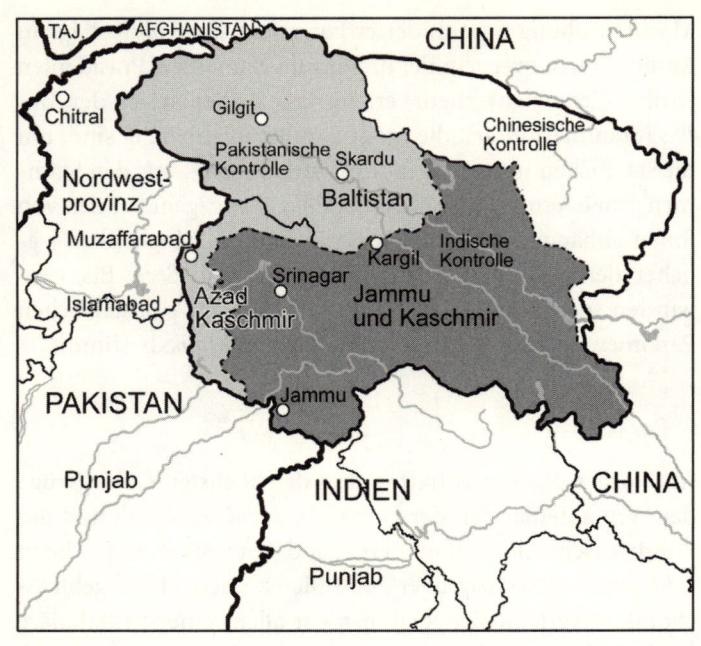

Der geographische Norden Pakistans besteht politisch-administrativ aus drei Teilen: dem nördlichen Teil der Nordwestprovinz um die Stadt Chitral, den Nördlichen Territorien sowie »Azad Kashmir«, dem »freien Kaschmir« – also dem pakistanisch kontrollierten Teil des früheren Fürstentums, das durch eine Waffenstillstandslinie zwischen Indien und Pakistan geteilt ist.

Azad Kashmir gilt offiziell nicht als Teil Pakistans, sondern als eigenständige politische Einheit und verfügt über einen eigenen Präsidenten, Ministerpräsidenten und ein Parlament, obwohl die Region praktisch gesehen alles andere als unabhängig ist. Der Grund für diese Konstruktion ist die Weigerung, die Teilung Kaschmirs in einen indischen und pakistanischen Teil zu akzeptieren – und damit die indische Kontrolle »seines« Teils Kaschmirs.

Die Nördlichen Territorien

Die Nördlichen Territorien waren in der Geschichte, auch aufgrund ihres zerklüfteten und oft unzugänglichen Charakters, politisch meist zersplittert: Der nördliche Gürtel der Region bestand in der Regel aus Kleinkönigreichen (etwa Gilgit und Skardu), während südlich davon (etwa Chilas) ebenso kleine, lokale »Republiken« vorherrschten. Die zahllosen Kleinstaaten der Region standen oft im Konflikt miteinander und lebten zum Teil von Überfällen auf ihre Nachbarn oder durchziehende Reisende, da die karge Landschaft kaum das Überleben sichern konnte. Landwirtschaft konnte nur unter großen Schwierigkeiten etabliert werden: Einmal fehlte es an Niederschlägen, die Flußtäler konnten nur selten genutzt werden, da im Laufe des Jahres der Wasserstand extrem schwankt. Auch an Dünger mangelte es: Es kam nur Dung in Frage – aber die Haltung von Schafen, Pferden oder Ziegen setzte den Anbau von Futtermitteln voraus. Ohne Viehzucht war deshalb kaum

Ackerbau, ohne diesen keine Viehzucht möglich. Beide mußten in einem diffizilen Gleichgewicht stehen, um jeweils funktionieren zu können.[216] Der Schlüssel lag in der Bewässerung – viele Reisende wird es erstaunen, daß Flüsse wie der Indus hier über lange Strecken durch eine Felswüste fließen, aber hoch oben am Berg fruchtbare Felder existieren, bewässert von kunstvoll angelegten Kanälen, die sich aus den ins Tal strömenden Gebirgsbächen speisen.

Die Wirtschaft des Nordens ist ausgesprochen schwach. Industrie gibt es praktisch nicht, nur der Tourismus bringt etwas Geld ein. Zu den wichtigsten Produkten gehören nach wie vor Aprikosen, die traditionell zu den Grundnahrungsmitteln gehören. Wer im Sommer durch den Norden fährt, wird in vielen Regionen beobachten können, wie Aprikosen auf Felsen oder ausgebreiteten Decken in der Sonne getrocknet werden, als Nahrungsreserve für den Winter.

Die Bevölkerung des Nordens war immer höchst heterogen. Sprache, Religion und ethnische Zugehörigkeit ergeben hier ein buntes Mosaik. In Teilen des hohen Nordens und der Nördlichen Territorien wird Wakhi gesprochen, in den Regionen von Nagar und Hunza überwiegend Burushaski. Um Gilgit (insbesondere nach Nordwesten, Westen, Süden und Südosten hin) herrscht Shina vor, während im größten Teil Baltistans vor allem das Balti dominiert, eine mit dem Tibetischen verwandte Sprache.[217]

Schon diese Skizze ist grob vereinfacht; in Wirklichkeit sind die Sprachregionen weniger klar abgegrenzt, und es gibt eine ganze Reihe weiterer, kleinerer Sprachen.[218] Auch besteht z. B. Shina aus zahlreichen, z. T. stark abweichenden Dialekten, von denen man einige durchaus als eigenständige Sprachen auffassen könnte. Oder: Allein in Hunza werden drei Sprachen gesprochen: im Norden Wakhi, in der Mitte Burushaski, im Süden Shina. Darüber hinaus stimmt die sogenannte »ethnische« Zugehörigkeit mit der sprachlichen häufig nicht überein. Schließlich ist auch die religiöse Vielfalt im Norden beträchtlich.[219]

Zwar ist die Bevölkerung hier fast ausschließlich muslimisch, wenn auch zahlreiche Reste vorislamischen Volksglaubens weiter bestehen. Doch der Glaube differenziert sich – wiederum auf komplexe Weise – in vier Konfessionen: In der nordwestlich gelegenen Region Ghizer sind 80 bis 90 Prozent der Bevölkerung Ismailiten. In der Region Gilgit ist die knappe Bevölkerungsmehrheit schiitisch, mit starken ismailitischen und sunnitischen Minderheiten. Der südlich davon gelegene Bezirk Diamar (um Chilas) ist schätzungsweise zu 90 Prozent sunnitisch, während Baltistan (um Skardu) fast ebenso stark schiitisch geprägt ist. Östlich davon hat sich eine Sonderform des schiitischen Islams etabliert, die Glaubensgemeinschaft der Nurbakhshi, die auf das 15. Jahrhundert zurückgeht. Zu politischen Konflikten, insbesondere zwischen Schiiten und Sunniten, kommt es vor allem in Gilgit, dem politischen Zentrum der Nördlichen Territorien.

Inzwischen hat im pakistanischen Norden ein einschneidender Wandlungsprozeß eingesetzt. Die Zeit der vollkommenen Abgeschiedenheit, der lokalen Einzelentwicklungen, der wirtschaftlichen Autarkie ist unwiederbringlich vorüber. Waren der Norden und seine einzelnen Regionen früher kaum mit dem Rest der Welt verbunden, auch kaum ins britisch-indische Kolonialreich oder in Pakistan integriert, sind nun neue Verbindungen zur Außenwelt entstanden – durch Sprache und Straßenbau: Schulwesen und elektronische Medien haben die Verbreitung der Nationalsprache Urdu massiv vorangetrieben. Und die Fertigstellung eines grundlegenden Straßennetzes hat Regionen erschlossen, die früher nur zu Fuß oder per Pferd und Esel zu erreichen waren. Jetzt können Weizen, Dünger, Brennstoffe, Gebrauchsgegenstände und Luxusgüter auf Lastwagen oder Jeeps herangeschafft werden – was die Integration in die pakistanische Gesellschaft weiter verstärkt. Das hat auch zu verstärkter Arbeitsmigration von Bewohnern des Nordens in die städtischen Zentren Pakistans geführt. Der Lebensstandard und das Bildungsniveau sind erkennbar gestiegen, auch weil sich der pakistanische Staat aus strategischen Gründen als recht großzügig erweist. Die Nachteile liegen aber ebenfalls auf der Hand, etwa ein gefährlicher Raubbau an der Natur (z. B. die radikale Abholzung der ohnehin beschränkten Wälder und der Abtransport des Holzes über den Karakorum-Highway) oder der Import politischer bzw. konfessioneller Spannungen.

Auch die Nördlichen Territorien werden nicht offiziell zum pakistanischen Staatsgebiet gerechnet. Sie waren – soweit nicht teilautonome Kleinfürstentümer – vor der Unabhängigkeit Pakistans vom (hinduistischen) Maharaja von Kaschmir kontrolliert worden, ohne völkerrechtlich eindeutig zu Kaschmir zu gehören.[220] Die Regierung in Islamabad – bemüht, die Kaschmir-Frage offenzuhalten – besteht darauf, daß die Region Teil des »umstrittenen Gebietes« des alten Fürstentums von Jammu und Kaschmir sei, das seit der Staatsgründung einen Zankapfel zwischen Indien und Pakistan darstellt. Im Unterschied zu Azad Kashmir verfügen die Nördlichen Territorien allerdings über kein Parlament und keine eigene Regionalregierung, sondern werden direkt von Islamabad aus verwaltet. Zwar wird ein »Legislativrat« für die Nördlichen Territorien (NALC) gewählt, dieser kann aber keine Gesetze verabschieden, sondern muß seine Beschlüsse der Regierung in Islamabad zur Genehmigung vorlegen, dem Ministerium für Kaschmirische Angelegenheiten und die Nördlichen Territorien, KANA. Dies ist alles andere als eine Formsache: »Von 1999 bis 2004 verabschiedete der Legislativrat achtzehn Resolutionen, die dem KANA vorgelegt wurden – aber keine einzige wurde umgesetzt.«[221]

Der zuständige Minister in Islamabad wird vom nationalen Parlament gewählt, nicht von der Bevölkerung der Nördlichen

Territorien, und der gewählte Legislativrat hat keinerlei Einfluß auf die Exekutive, kann nicht einmal den Haushalt mitbestimmen.[222] Das Nachrichtenmagazin *Newsline* stellte fest, der NALC »kann bestenfalls als eine Versammlung wohlmeinender Individuen beschrieben werden«.[223]

Das pakistanische Verfassungsgericht fällte bereits im Mai 1999 eine Entscheidung, nach der innerhalb von sechs Monaten den Bürgern der Nördlichen Territorien die grundlegenden Rechte der Verfassung zugestanden, sie zu vollwertigen Bürgern des Landes mit den gleichen Rechten gemacht, der verfassungsrechtliche Status der Region geklärt und der Region der Rechtsstatus einer Provinz zuerkannt werden mußten. Nichts von dem ist bis heute (Stand: Juni 2008) geschehen.

Kleinere »nationalistische« Parteien in den Nördlichen Territorien fordern inzwischen die Loslösung von Pakistan und die staatliche Unabhängigkeit – was sicherlich keine Aussicht auf Verwirklichung hat, aber die wachsende Unzufriedenheit demonstriert. Die tatsächliche Macht in den Nördlichen Territorien liegt – neben dem KANA – zumindest informell beim Militär, das wegen der hohen strategischen Bedeutung der Region im Streit um Kaschmir und angesichts möglicher militärischer Auseinandersetzungen mit Indien ein großes Interesse daran hat, dort freie Hand zu behalten.

Die Krise –
Militärherrschaft, Gewalt und Islam

Jedes Militär ist seiner Natur nach ein Instrument des Krieges und der Gewaltanwendung. Das gilt selbstverständlich auch für die pakistanischen Streitkräfte. Zugleich allerdings sind diese auch das wichtigste Machtzentrum der pakistanischen Innenpolitik. Das läßt sich schon an den langen Perioden ablesen, in denen das Militär selbst das Land regierte: von 1958–1971, 1977–1988 und 1999 bis 2008. Aber auch in den Zeiten autoritärer oder gewählter ziviler Regierungen stellte es fast immer (Ausnahme sind die ersten Jahre nach dem verlorenen Krieg von 1971) einen entscheidenden Machtfaktor im Hintergrund dar. Dabei darf allerdings das Offensichtliche nicht übersehen werden, daß nämlich das Militär zuerst einmal ein Instrument der Kriegführung ist – und daß Krieg natürlich auch das eigene Land verändert und prägt, sowohl in der gesellschaftlichen Realität als auch ideologisch. So werden Streitkräfte für ein Land um so bedeutender werden, je stärker es sich von außen bedroht fühlt, je häufiger oder länger Kriege drohen oder tatsächlich geführt werden. Dies hat viel mit der außenpolitischen Lage eines Landes zu tun.

In diesem Kapitel sollen drei miteinander verknüpfte Fragenkomplexe im Zentrum stehen: die politische Gewalt und die regionalen Gewaltkonflikte; der religiöse Radikalismus und Extremismus sowie das Verhältnis des Islams zu Säkularität, Demokratie und Gewalt sowie die Rolle des Militärs in der Innen- und Außenpolitik.

Das Militär in Pakistan: Mittel der Kriegführung und gesellschaftliches Machtzentrum

Das strategische Umfeld

Das militärstrategische Umfeld Pakistans ist prekär.[224] Seit der Gründung des Staates sah sich das Land zwei Hauptproblemen gegenüber: Im Nordwesten dem Nachbarland Afghanistan, das zuerst wegen seiner Nichtanerkennung der Grenze (der kolonialen Durand-Linie) und des Strebens vieler Paschtunen nach Zusammenleben in einem gemeinsamen Staat als Bedrohung wahrgenommen wurde. Später wurde Afghanistan wegen der sowjetischen Besetzung als feindlich betrachtet, um schließlich aufgrund seiner Instabilität zum Problem Pakistans zu werden, etwa durch das Übergreifen der Gewalt in den pakistanischen Nordwesten.

Das Kernproblem pakistanischer Außenpolitik und Strategie allerdings war und bleibt Indien. Bereits während der Staatsgründung kam es zu umfangreichen ethnischen Säuberungen und Massakern zwischen Muslimen und Hindus bzw. Sikhs, bald darauf zum ersten Krieg beider Staaten um Kaschmir. Seitdem ist der Konflikt mit Indien eine Konstante pakistanischer Außenpolitik und Militärstrategie. Allerdings stehen sich recht ungleiche Konkurrenten gegenüber: Pakistan hat etwa 165 Millionen Bürger, Indien mehr als 1,1 Milliarden, Indien ist flächenmäßig etwa viermal so groß wie Pakistan und das indische Bruttosozialprodukt rund zehnmal so groß wie das pakistanische. Entsprechend liegen auch die Militärausgaben in Pakistan weit unter den indischen: Sie betrugen 2006 rund 4,5 Mrd. US-Dollar, in Indien fast 24 Mrd. US-Dollar, also mehr als fünfmal soviel.[225] Die Überlegenheit Indiens hat sich in den letzten Jahrzehnten noch vergrößert; auch die Wachstumsraten des Verteidigungshaushalts liegen deutlich über den pakistanischen. In den ersten Jahrzehnten versuchte Pakistan noch beim Rüstungswettlauf mitzuhalten, was es aber ökonomisch überforderte: »Pakistans Politiker sahen sich nach der Staatsgründung einem akuten militärischen Ungleichgewicht gegenüber und räumten den Verteidigungsausgaben deshalb die höchste Priorität ein. Zwischen 1947 und 1959 wurden bis zu 73 Prozent aller Ausgaben der Regierung für die Verteidigung aufgewandt, im Durchschnitt 60 Prozent. In den 1960er Jahren sank die Zahl auf zwischen 46 und 61 Prozent, bei einem Durchschnitt von 48,7 Prozent. Seitdem sind die Verteidigungsausgaben weiter gesunken, bleiben aber hoch.«[226]

Indien hat zwar auch einen mächtigen nördlichen Nachbarn – China – und strebt eine regionale Vormachtrolle an. Aus pakistanischer Sicht ist dies allerdings wenig tröstlich: Bei einem Krieg stünde man Indiens Übermacht voraussichtlich ganz allein gegenüber. Gleichzeitig besteht sozusagen im eigenen Rücken ein Unruheherd, nämlich Afghanistan, das immer wieder mit Indien flirtet (zumindest erscheint dies in Islamabad so). Hinzu kommt, daß sich die wichtigsten pakistanischen Städte und Wirtschaftszentren in fast unmittelbarer Nähe zur indischen Grenze befinden (Karachi 170 km, Lahore 30 km, Islamabad 85 km) und damit im Kriegsfall sofort bedroht wären.

Pakistan hat aus dieser strategisch höchst schwierigen Lage folgende Schlüsse gezogen:

Erstens bemüht man sich um mächtige außenpolitische Bündnispartner, sowohl als Gegengewicht gegenüber Indien, aber auch zur Rüstungskooperation. Traditionell handelte es sich dabei vor allem um die USA (seit den Zeiten Ayub Khans) und die Volksrepublik China. Allerdings hat sich die Zusammenarbeit mit Washington aus Sicht Pakistans als wenig belastbar erwiesen, da man sich immer dann im Stich gelassen fühlte, wenn man die Hilfe eines starken Partners am dringendsten gebraucht hätte – etwa bei den Kriegen von 1965 und 1971. Auch nach dem Abzug der Sowjetunion aus Afghanistan 1989 sei man von Washington sofort fallengelassen und erst wieder nach dem 11. September 2001 interessant geworden.[227] Die Beziehungen zu China sind dagegen seit den 1960er Jahren ausgesprochen stabil, wenn auch – von politischen Freundlichkeiten abgesehen – auf wenige Bereiche konzentriert, etwa die Rüstungspolitik und ausgewählte Aspekte der Infrastrukturentwicklung (Karakorum-Highway zur chinesischen Grenze, in den letzten Jahren der Hafen Gwadar).

Zweitens bemühte sich Pakistan seit Anfang der 1970er Jahre – häufig durch den Militärgeheimdienst ISI – um Einfluß in Afghanistan, etwa durch die Unterstützung bewaffneter Gruppen. Begonnen wurde diese Politik unter Zulfikar Ali Bhutto, nach einigen Jahren der Abstinenz unter Zia ul-Haq Anfang der 1980er Jahre auf Bitten der CIA wiederaufgenommen, als man die islamistischen Parteien der Mujahedin im Kampf gegen die afghanische Regierung und die sowjetischen Besatzungstruppen massiv unterstützte. Ab 1994/95 – unter Benazir Bhutto – begann man die *Taliban* mit aufzubauen, nachdem sich die Mujahedin als nicht kontrollierbar erwiesen hatten. Der religiöse Extremismus der afghanischen Klienten wurde dabei mit gewisser Sympathie betrachtet (vor allem unter Zia ul-Haq), ansonsten für nebensächlich oder nützlich gehalten, ohne ihn selbst zu teilen.

Drittens war diese Politik bereits Ausdruck einer allgemeineren militärischen Strategie, aufgrund der klaren militärischen Unterlegenheit Pakistans nicht auf konventionelle Konfrontation zu setzen, sondern gezielt nichtstaatliche bewaffnete Gruppen (meist religiöse Extremisten) als außen- und militärpolitische Instrumente einzusetzen. So ließen sich bei Bedarf die Rolle Pakistans und seines Militärs bestreiten oder herunterspielen und das außenpolitische Risiko vermindern. Zum ersten Mal kamen solche substaatlichen Gruppen bereits im Krieg von 1948 gegen Indien zum Einsatz, als paschtunische Stammeskrieger in Kaschmir eindrangen. In Afghanistan wurde diese Praxis bald zum Normalzustand pakistanischer Interventionen, und Ende der 1980er Jahre wurde die Unterstützung pakistanischer jihadistischer Gruppen zum Druckmittel Pakistans gegen Indien.

Viertens bemühte sich Pakistan seit der Amtszeit Zulfikar Bhuttos um Atomwaffen, um das seit 1974 bestehende indische Atomwaffenmonopol zu brechen, was spätestens 1998 gelang.[228]

Umfang und Bewaffnung der Streitkräfte

Heute verfügt Pakistan über ein Heer von 550.000 Soldaten, eine Luftwaffe und Marine von 54.000 bzw. 24.000 Mann und paramilitärische Einheiten, die zusammen etwas mehr als 300.000 Kämpfer umfassen. Letztere unterstehen zum Teil dem Innenministerium, sind aber in einigen Fällen (bei der »Nördlichen leichten Infanterie«, *Northern Light Infantry*, 12.000 Mann) praktisch in die militärischen Strukturen integriert. Insgesamt verfügt Pakistan damit über etwa 920.000 Bewaffnete, die alle als Freiwillige dienen, da eine Wehrpflicht nicht besteht.[229]

Das pakistanische Heer verfügt über knapp 2500 Kampfpanzer, ein großer Teil davon allerdings immer noch veraltete sowjetische Modelle chinesischer Produktion. Dazu kommen etwa 4300 Artilleriegeschütze. Die Marine ist schwach und von geringer Bedeutung, sie dient im wesentlichen dem Küstenschutz und der Sicherung der Hafenstadt Karachi, während die Luftwaffe immerhin über 360 Kampfflugzeuge verfügt, die aus China (bzw. aus chinesisch-pakistanischer Koproduktion, z.B. das Kampfflugzeug JF-17), aus Frankreich und den USA stammen. Dazu gehören inzwischen moderne amerikanische F-16-Kampfflugzeuge, die auch mit Atomwaffen bestückt werden können.[230]

Die pakistanischen Streitkräfte verfügen über schätzungsweise 60 bis 80 Atomsprengköpfe mit jeweils 15 bis 20 kg hochangereichertem Uran.[231] Dieses wird im Forschungsreaktor von Kahuta in der Nähe von Islamabad (mit Unterstützung Kanadas, Chinas und Frankreichs errichtet) produziert, daneben wird seit 1998 in einem Schwerwasserreaktor in Khushab (im Punjab, 40 bis 50 Megawatt) auch Plutonium produziert. Dort befindet sich allerdings ein zweiter Reaktor im Bau, der deutlich mehr waffenfähiges Plutonium produzieren wird.[232] An Trägersystemen für Atomwaffen verfügt Pakistan über eine Serie von Raketensystemen mit unterschiedlicher Reichweite (90 bis ca. 1300 km) sowie außer den erwähnten F-16 (1600 km Reichweite) noch über französische Mirage III und V und chinesische A-5 Flugzeuge.[233]

Im Westen bestehen zum Teil Sorgen über die Sicherheit der pakistanischen Atomwaffen. Tatsächlich gab es in der Vergangenheit Lieferungen nuklearer Technologie an Länder wie Nordkorea, Libyen und Iran durch ein kriminelles Netzwerk um den führenden Atomwissenschaftler A.Q. Khan. Es bleibt weiter unklar, ob und in welchem Maße das Militär in diese Geschäfte verwickelt war – allerdings lässt sich schwer vorstellen, daß ein langjähriger internationaler Handel mit Atomtechnologie vom Militär und den Geheimdiensten nicht bemerkt worden sein soll.[234]

Die Sicherheit der Atomwaffen selbst scheint allerdings – auch nach Einschätzung der in solchen Fragen sensiblen US-Regierung – gewährleistet zu sein. Die *Washington Post* berichtete Ende 2007, daß die Experten der US-Regierung den Schutz der pakistanischen Atomwaffen für »gleichwertig dem der meisten westlichen Atommächte« halten.[235] Sie werden auf rund einem halben Dutzend Militäreinrichtungen gelagert, wobei die atomaren Teile der Sprengköpfe getrennt von ihren konventionellen Zündern und beides getrennt von den Trägersystemen (etwa Raketen) aufbewahrt werden. Darüber hinaus werden sie von einer besonderen Truppe aus etwa 10.000 Soldaten bewacht.[236]

In einer neuen Studie kam auch das *Henry L. Stimson Center* in Washington im April 2008 zu dem Ergebnis: »Die Kontrollen der verschiedenen Atomeinrichtungen in Pakistan sind ausreichend, um terroristische Angriffe abzuschrecken und zu verzögern. Jedes bösartige Täuschungsmanöver würde in einer frühen Phase entdeckt.«[237]

Bis vor einigen Jahren (insbesondere nach den pakistanischen Atomtests von 1998) hielten sich die USA bei der Lieferung moderner Rüstungsgüter an Pakistan zurück, seitdem das Land aber zum Frontstaat im »Krieg gegen den Terrorismus« wurde, avancierten sie zum wichtigsten Rüstungslieferanten. Im Finanzjahr 2001 lag die US-Hilfe für Pakistan bei bescheidenen 92 Mio. Dollar, davon ganze 88 Mio. an Nahrungsmittelhilfe, was traditionell auch eine Unterstützung für die US-Landwirtschaft darstellt. Nach dem Beginn des Afghanistankrieges entwickelte sich die US-Hilfe rasant: Insgesamt flossen 2002–2008 rund 10,6 Mrd. US-Dollar an Hilfezahlungen an Pakistan, davon rund 55 Prozent aus dem Verteidigungshaushalt.[238] Da auch aus dem US-Außenministerium beträchtliche Hilfsgelder zur Finanzierung militärischer Projekte gezahlt wurden, betrug die Militärhilfe sogar mehr als 70 Prozent der gesamten US-Zahlungen.

Wenn dies auch die Unterlegenheit gegenüber Indien nicht einmal annähernd ausgleichen konnte, so verfügt Pakistan doch über ein ausgesprochen starkes Militär, dessen Kapazitäten für die Selbstverteidigung sicher ausreichen, aber keine offensive oder aggressive Politik gestatten – eine Lektion, die das pakistanische Militär und die Politik erst lernen mussten.

Die Kriege

Krieg um Kaschmir, 1948. Das Fürstentum Kaschmir verfügte über eine muslimische Bevölkerungsmehrheit, wurde aber von einem hinduistischen Herrscher regiert. Dieser bemühte sich zunächst um staatliche Unabhängigkeit und wollte nach dem Ende des britischen Kolonialreiches weder Indien noch Pakistan beitreten. In der Gegend um Poonch kam es 1947 zu gewaltsamem Widerstand der muslimischen Bevölkerung gegen die Herrschaft des Maharajas, woraufhin im Oktober einige tausend paschtunische Stammeskrieger aus der Nordwestprovinz Pakistans in Kaschmir eindrangen, um an der Seite der Aufständischen gegen den Fürsten zu kämpfen und einen Beitritt Kaschmirs zu erzwingen. Die junge pakistanische Regierung scheint diesen Kämpfern nicht nur Sympathie entgegengebracht, sondern auch logistische Unterstützung gewährt zu haben. Der Maharaja von Kaschmir entschied sich angesichts der Bedrohung, doch den Beitritt zu Indien zu erklären – wobei nicht völlig geklärt ist, ob nicht indische Truppen nach Kaschmir geschickt wurden, *bevor* der Beitritt erfolgte.[239] Die Stammeskrieger, die sich inzwischen auch aufs Plündern verlegt und so einen guten Teil der Sympathie der Bevölkerung verloren hatten, wurden von den indischen Einheiten zurückgedrängt, bis ihnen schließlich das pakistanische Militär auf ihrer Seite in die Kämpfe eingriff. Aufgrund britischen und internationalen Drucks kam es zum Jahresende zu einem Waffenstillstand, der die faktische Kontrolle des umstrittenen Gebietes zwischen Indien und Pakistan teilte.[240]

Der Krieg von 1965. Im Frühjahr 1965 war es im Rann of Kutch – einem für beide Seiten an sich bedeutungslosen, aber umstrittenen Sumpfgebiet an der Küste – zu Kämpfen zwischen pakistanischen und indischen Einheiten gekommen. Dabei hatte sich das pakistanische Militär durchsetzen können, was sein Selbstvertrauen deutlich stärkte.[241] Da Indien 1962 bereits einen Grenzkrieg gegen China verloren hatte, nahm die pakistanische Führung trotz der zahlenmäßigen Unterlegenheit an, militärisch – noch – überlegen zu sein. Aufgrund der indischen Aufrüstung (mit US- und westlicher Hilfe) seit der Niederlage gegen China glaubte man schnell handeln zu müssen. Insbesondere Ayub Khans Außenminister, Zulfikar Ali Bhutto, drängte den Präsidenten, die vermeintliche indische Schwäche zu nutzen, um sich in Kaschmir durchzusetzen. Bhutto und die pakistanischen Geheimdienste nahmen an, daß die kaschmirische Bevölkerung kurz vor einem Aufstand stehe, unter anderem, weil es 1963 Unruhen unter Muslimen gegeben hatte, als aus einem Heiligtum in Kaschmir ein »Haar aus dem Bart des Propheten« gestohlen worden war.

Der pakistanische Generalstab hatte einen Plan ausgearbeitet, der aus zwei Elementen bestand: der Operation »Gibraltar«, die militante Freiwillige in den indischen Teil Kaschmirs einschleusen sollte, sowie der Operation »Grand Slam«, die ein Eingreifen des pakistanischen Militärs zur Unterstützung dieser nichtstaatlichen Gruppen vorsah, falls dies nötig werden sollte.

Im August 1965 begann die Infiltration der »Freiheitskämpfer«, deren Scheitern sich aber sehr schnell abzeichnete. Die kaschmirische Bevölkerung wurde von den Eindringlingen völlig überrascht und dachte nicht daran, einen Aufstand zu beginnen, so daß die bald massiv eingesetzten indischen Truppen – die auch über die Waffenstillstandslinie vordrangen, um die Nachschublinien abzuschneiden – schnell die Oberhand gewannen. Daraufhin stieß das pakistanische Militär selbst in den indischen Teil Kaschmirs vor, um das Blatt noch zu wenden, und konnte zu Beginn auch einige Erfolge verbuchen. Indien reagierte mit der Ausweitung des Krieges und griff Pakistan im Punjab und im Sindh an. Insbesondere die wichtigen Städte Lahore und Sialkot wurden bedroht.

Das Kriegsabenteuer in Kaschmir war damit gescheitert, auch wenn die pakistanischen Truppen die Front im Punjab halten konnten. General und Präsident Ayub Khan und Außenminister Zulfikar Ali Bhutto bemühten sich noch, China in den Krieg hineinzuziehen; als dies mißlang, kam es Ende September zum Waffenstillstand. Beide Seiten zogen sich auf die Vorkriegspositionen zurück. Zulfikar Bhutto trat etwas später aus der Regierung zurück und distanzierte sich von Ayub Khan, dem er Nachgiebigkeit gegenüber Indien vorwarf – ein unsinniger Vorwurf, da Bhutto selbst ihn zu dem militärischen Abenteuer überredet hatte, das nicht zu gewinnen war. Die Beinaheniederlage Pakistans schwächte Ayub Khan und leitete dessen späteren Machtverlust ein.

Der Krieg von 1971. Der indisch-pakistanische Krieg von 1971 bildete die letzte Phase des Unabhängigkeitskriegs von Bangladesch, des damaligen Ostpakistans. Im März 1971 hatte das pakistanische Militär mit einer brutalen Kampagne zur Unterdrückung der bengalischen Unabhängigkeitsbewegung begonnen, der einige hunderttausend Menschen zum Opfer fielen. Daraufhin bildeten sich in Ostpakistan Milizen, die gemeinsam mit desertierten bengalisch-pakistanischen Soldaten den Widerstand organisierten. Die bengalische Seite wurde aus Indien unterstützt, womit die pakistanische Armee nicht nur fast die gesamte ostpakistanische Bevölkerung, sondern auch den übermächtigen Nachbarn gegen sich hatte.[242] Als Pakistan im Dezember versuchte, durch Luftangriffe auf indisches Gebiet die Infrastruktur der indischen Unterstützung zu zerstören, erklärte Indien Pakistan den Krieg und marschierte mit starken Kräften (drei Armeecorps) in Ostpakistan ein, wodurch die pakistanischen Streitkräfte nach kurzer Zeit zur Kapitulation gezwungen waren.[243]

Neben diesen Kriegen kam es immer wieder zu ernsten Spannungszuständen und Krisen, in denen oft nur im letzten Moment der Ausbruch eines großen Krieges verhindert werden konnte. Vier solcher Beinahekriege sind erwähnenswert:

Die Brasstracks-Krise. Nachdem es bereits in der ersten Hälfte der 1980er Jahre Spannungszustände an der indisch-pakistanischen Grenze gegeben hatte, unternahm das indische Militär 1986/87 unter der Bezeichnung »Brasstracks« ein Großmanöver (mit bis zu einer viertel Million Soldaten und 1300 Panzern) in der Nähe der pakistanischen Grenze, etwa auf der Höhe des Südpunjab und des nördlichen Sindh. Sowohl der Ort (der Sindh befand sich in beträchtlicher innerer Unruhe), die Grenznähe als auch Art und Umfang des Manövers führten zu Befürchtungen Pakistans, daß Indien einen Angriff vorbereiten könnte. Daraufhin entsandte das pakistanische Militär zwei Armeecorps (die jeweils zwei Divisionen umfaßten) an die Grenze, allerdings nicht an die mögliche Invasionsfront, sondern weiter nördlich, von wo aus sie den indischen Punjab (der durch separatistischen Widerstand der Sikhs erschüttert wurde) oder das indische Kaschmir hätten angreifen können. Im Januar 1987 kam es zu einem kurzzeitigen Ausbruch von Kriegshysterie auf beiden Seiten der Grenze; bei Verhandlungen konnte die Krise im Februar allerdings entschärft werden, beide Seiten zogen ihre Truppen zurück.[244]

Die erweiterte Kaschmir-Krise von 1990. Das pakistanische Militär unternahm im Herbst 1989 seine bisher größten Militärmanöver (200.000 Soldaten), die in manchem an das Brasstracks-Manöver erinnerten. Währenddessen erlebte der indisch kontrollierte Teil Kaschmirs eine Welle der Gewalt – zu Jahresbeginn 1990 reagierte der neue indische Gouverneur auf die Aufstände, indem er das kaschmirische Parlament auflöste und eine Ausgangssperre verhängte. Indien argumentierte, die

Aufstände seien durch die organisierte Infiltration aus Pakistan ausgelöst worden, während Pakistan eine genuine Reaktion der Bevölkerung auf die indische Politik in Kaschmir zu sehen vorgab, die man nur politisch und moralisch unterstützt habe.

Die Krise eskalierte. Die pakistanische Ministerpräsidentin Benazir Bhutto drohte mit einem »tausendjährigen Krieg« zur Unterstützung der kaschmirischen Aufständischen. In Indien riet Ministerpräsident V. P. Singh seinen Landsleuten in einer Rede vor dem Parlament, auf einen Krieg »psychologisch vorbereitet« zu sein: »Ich warne diejenigen [die pakistanische Regierung; JH], die von tausend Jahren des Krieges sprechen und überlegen sollten, ob sie tausend Stunden des Krieges überstehen würden.«[245] Die kriegerischen Töne der Politiker wurden von einem Aufmarsch starker Kräfte auf beiden Seiten der Grenze begleitet. Erst im Juni entspannte sich die Situation.

Der Kleinkrieg von Kargil, 1999. Nachdem Pakistan im Mai 1998 als Antwort auf erneute indische Atomtests in Belutschistan seinen ersten Atomsprengkopf getestet hatte und daraufhin bereits international in starke Kritik geraten war, begannen die pakistanischen Streitkräfte im Winter 1998 eine schwierige Operation. Beide Seiten verfügen an der Waffenstillstandslinie in Kaschmir in großer Höhe über befestigte Stellungen, die allerdings im Winter meist geräumt werden. Die pakistanischen Truppen (*Northern Light Infantry*, NLI) und nichtstaatliche Kämpfer mit kaschmirischem und pakistanisch-jihadistischem Hintergrund (insgesamt bis zu 1500 Mann) überschritten im Spätherbst und Winter heimlich die Grenzlinie und besetzten die auf zahlreichen Bergen in 4800 bis 5300 m Höhe von den indischen Soldaten bis zum Frühjahr geräumten Positionen. Von dort aus konnte eine für den indischen Teil Kaschmirs wichtige Verbindungsstraße bedroht werden.[246]

Erst im Mai 1999 wurde das pakistanische Vordringen vom

indischen Militär entdeckt. Es kam zu heftigen Kämpfen unter Einsatz von Kampfflugzeugen und indischen Bodentruppen, die beträchtliche Verluste erlitten. Sogar die indische Marine wurde in Alarmbereitschaft versetzt, um die pakistanische Küste und Karachi abriegeln zu können. Erneut drohte eine Eskalation des geographisch begrenzten Konfliktes zu einem großen Krieg – diesmal allerdings verfügten beide Seiten nachgewiesenermaßen über Atomwaffen.

Im Juli zwang der internationale Druck (insbesondere durch die USA) den pakistanischen Ministerpräsidenten Nawaz Sharif, die Operation abzubrechen.[247] Dies führte zu einem massiven Mißtrauen zwischen der zivilen Regierung und der Militärführung, die sich gegenseitig getäuscht fühlten. Diese Verstimmung war eine wichtige Voraussetzung für den Putsch General Musharrafs gegen den Ministerpräsidenten, als dieser ihn im Herbst abzusetzen versuchte. Die Operation von Kargil stellte *taktisch* einen großen Erfolg des pakistanischen Militärs dar, *strategisch* war sie allerdings eine Katastrophe: So professionell die Operation auch ins Werk gesetzt worden war, so führte sie doch zur völligen Isolierung und Diskreditierung Pakistans in der internationalen Gemeinschaft, was angesichts der Sanktionen gegen das Land aufgrund seines Atomtests nicht durchzuhalten war.

Die Konfrontation von 2001/2002. **Nur wenig später kam es zu einer weiteren, potentiell noch gefährlicheren Konfrontation, die erneut in Kaschmir ihren Ausgangspunkt nahm. Anfang Oktober 2001 hatte ein Selbstmordattentat auf das Parlament von Jammu und Kaschmir 35 Menschen das Leben gekostet. Im Dezember unternahm ein Terrorkommando einen gewaltsamen Angriff auf das indische Parlament in Neu-Delhi, offensichtlich um die Abgeordneten als Geiseln zu nehmen. Bei einem Schußwechsel mit indischen Sicherheitskräften wurden zwölf Menschen getötet. Die indische Regierung warf Pa-**

187

kistan vor, diese Anschläge initiiert zu haben – tatsächlich waren die Terrorgruppen *Jaish-i-Muhammad* und *Lashkar-i-Taiba* dafür verantwortlich. Indien unterband sämtliche Verkehrsverbindungen nach Pakistan, verbot dem Nachbarland jede Nutzung des indischen Luftraums für Überflüge, mobilisierte seine Streitkräfte, ließ 800.000 Soldaten an der Grenze zu Pakistan aufmarschieren und drohte offen mit Krieg. Pakistan antwortete mit der Verlegung großer Truppenverbände an die indische Grenze.[248] Mindestens zweimal standen indische Angriffe kurz bevor (im Januar auf den pakistanischen Teil Kaschmirs, im Mai 2002 auf den südlichen Punjab), wurden aber im letzten Moment abgesagt, auch aufgrund des Drucks aus den USA. »Dies war die längste Krise in Südasien, da die indischen und pakistanischen Truppen sich an der Grenze fast ein Jahr gegenüberstanden. Diese direkte Konfrontation zweier der größten Armeen der Welt beinhaltete die klare Gefahr, durch Absicht, ein Unglück, Fehlwahrnehmungen, Fehlkalkulation oder die Irrationalität der Führung zu einem Krieg zu führen.«[249]

Die Krise endete zwischen Juni und Oktober 2002, nachdem Präsident Musharraf auf Drängen Washingtons mehrfach ein Einschreiten gegen die jihadistischen Gruppen (insbesondere *Jaish-i-Muhammad* und *Lashkar-i-Taiba*, die bereits im Januar verboten worden waren) zusagte und schließlich im Mai und Juni zugestand, daß Pakistan den Export von Terrorismus nicht mehr gestatten und die Infiltration von Terroristen »sichtbar und dauerhaft« enden würde. Bis zu diesem Zeitpunkt hatte die pakistanische Regierung den Terrorismusbegriff nie auf die Gewalt in Kaschmir angewandt und regelmäßig abgestritten, mit einer möglichen Infiltrierung von Kämpfern etwas zu tun zu haben. Seitdem scheint die Gewalt in Kaschmir zurückgegangen zu sein, auch wenn das Verbot der terroristischen Gruppen in Pakistan nicht immer konsequent durchgehalten wurde und manche der Organisationen unter anderem Namen, Veränderung ihrer Arbeitsweise und stärker politischen und sozialpolitischen Aktivitäten weiterbestanden.

Nach 2003 verbesserten sich die pakistanisch-indischen Beziehungen spürbar, und heute sind sie so entspannt wie kaum jemals zuvor.

Das pakistanische Heer als gesellschaftliche Institution

Das Militär in Pakistan hat sich bruchlos aus der britischen Kolonialarmee entwickelt (in den ersten Jahren der Unabhängigkeit waren sogar der Oberkommandierende und die höchsten Offiziere weiter britische Soldaten), deren Traditionen sie bis heute pflegt. So gab es nie eine Wehrpflichtigenarmee, die die gesamte Bevölkerung repräsentiert hätte; vor allem das Offizierscorps konservierte weitgehend die Eigenschaften und Mentalitäten einer schmalen gesellschaftlichen Elite. Es legt berufsbedingt hohen Wert auf Organisation, Kompetenz und geregelte Verfahren und Abläufe, verfügt über einen hohen Ausbildungsstand und ausgeprägten Corpsgeist – alles Eigenschaften, die in Pakistan alles andere als selbstverständlich sind und das Militär vielen als vorbildlich erscheinen lassen – gerade auch den Offizieren selbst. Das Militär ist zwar kein Fremdkörper in der pakistanischen Gesellschaft geblieben, aber doch ein Staat im Staate.

Wer aus einer pakistanischen Stadt mit all ihrem Chaos, Durcheinander, der Armut, Buntheit, Lebendigkeit und ihrem Schmutz auf einen Militärstützpunkt oder ein Kasernengelände kommt, findet sich unvermittelt in einer anderen Welt: Es herrscht gepflegte Ruhe, die Grünanlagen haben oft Parkcharakter und sind gewässert und gepflegt, der Wagenpark ist modern und blitzsauber, die Gebäude und Einrichtungen sind gut in Schuß, die Dienerschaft ist zahlreich und beflissen. Insgesamt wirken die militärischen Bezirke wie Inseln des Wohlstandes, der Ruhe und Ordnung in einer armen und chaotischen Umgebung. Die militärischen Inseln reflektieren eine Weltsicht, eine Wertestruktur, die im Kleinen beispielhaft vorgeführt und vorgelebt wird. Diese Mentalität ist von Effizienz, Professionalität und Elitebewußtsein wie auch dem Anspruch auf eine Führungsrolle geprägt. Die institutionellen Stärken der Streitkräfte sind im Vergleich zu anderen gesellschaftlichen Gruppen beträchtlich: »Das Militär in Pakistan stellt eine höchst geschlossene, disziplinierte und aufgabenorientierte Organisation dar. Es verfügt über den größten Bestand an ausgebildetem Personal und besitzt Technologie und Kompetenz, die auch für die sozioökonomische Modernisierung der Gesellschaft bedeutsam sind.«[250]

Eine der Erbschaften der Kolonialzeit bestand in einer höchst einseitigen ethnischen Zusammensetzung des Militärs, bei der die Punjabis und in zweiter Linie die Paschtunen massiv überrepräsentiert waren. Daran änderte sich bis zum Beginn des neuen Jahrhunderts kaum etwas. Der Anteil der Punjabis war seit den 1980er Jahren zwar leicht gesunken, von schätzungsweise 80 Prozent auf immer noch 71 Prozent im Jahr 2001 (wobei diese Zahl auch Soldaten aus dem Norden beinhaltete), war aber immer noch deutlich höher als ihr Bevölkerungsanteil. Darüber hinaus muß berücksichtigt werden, daß die Soldaten nicht aus allen Bezirken des Punjab stammten, sondern in ihrer großen Mehrheit nur aus drei Bezirken im Norden der Provinz, während der Südpunjab stark unterrepräsentiert war.

Erst unter General und Präsident Musharraf begann sich das Bild zu ändern; er leitete ein gezieltes Programm ein, um die ethnische Zusammensetzung des Militärs der der Bevölkerung anzugleichen. 2007 wurden offizielle Zahlen des Oberkommandos bekannt, die sich auf die Jahre 2001 und 2007 bezogen.[251] Danach war der Anteil der Punjabis bis 2007 auf 57 Prozent gesunken, der der Sindhi leicht angestiegen, während ethnische Minderheiten, die 2001 gar nicht vertreten waren, nun rund 13 Prozent ausmachten. Die Rolle des pakistanischen Militärs in der Gesellschaft ist in den letzten Jahren zunehmend umstritten. Während Kritiker wie die Wissenschaftlerin Ayesha Siddiqa dem Militär vorwerfen, durch seine wirtschaftlichen Aktivitäten ein »räuberisches« Verhalten an den Tag zu legen, das zugleich eine »Ursache und eine Folge eines feudalen Autoritarismus und eines undemokratischen politischen Systems« sei,[252] betont das Militär, auch in der Gesellschaft eine positive Rolle zu spielen. Unbestritten ist, daß die Waffengattungen einerseits über ein eigenes sozialpolitisches Netz zur Versorgung und sozialen Absicherung der (ehemaligen) Soldaten und ihrer Familien verfügen, etwa die *Fauji Foundation* (Heer), *Bahria Foundation* (Marine), *Shaheen Foundation* (Luftwaffe) sowie den *Army Welfare Trust*, AWT (Heer). Daneben besitzen das Militär und seine Stiftungen Wirtschaftsunternehmen, etwa in den Bereichen Landwirtschaft und Nahrungsmittelindustrie, Handel, Zement und Bauwirtschaft, Düngemittel, Sicherheitsdienste, Erziehung, Banken und Wertpapierhandel, Luftfahrt, Tankstellen etc. Insgesamt haben die Stiftungen rund 31.000 Beschäftigte. Der Wert der *Fauji Foundation* und des *Army Welfare Trust* liegt gegenwärtig bei 125 bzw. 108 Mrd. Rupien (insgesamt 2,4 Mrd. Euro).[253]

Das Militär betont, durch die Arbeit der Stiftungen etwa in den Bereichen Gesundheitsversorgung, Bildung und Rentenzahlung würde auch die Staatskasse entlastet, die zusätzlich durch Steuer- und Gebührenzahlungen profitiere. Das Militär gibt für das Finanzjahr 2005/2006 Zahlungen an die Staatskasse allein durch die *Fauji Foundation* in Höhe von 33 Mrd. Rupien (340 Mill. Euro) an. In einem Jahr seien 2,5 Millionen Patienten ambulant und 400.000 stationär behandelt worden.[254]

Daneben betreibt das Militär einige Unternehmen, die strategisch wichtige Dienstleistungen erbringen sollen und inzwischen zum Teil kommerziell arbeiten: die *Special Communication Organization* (SCO, Organisation für besondere Kommunikationsaufgaben), die insbesondere in den strategisch wichtigen Nördlichen Territorien und dem pakistanischen Teil Kaschmirs für die Telekommunikation zuständig ist (früher als Monopolbetrieb, inzwischen verfügen auch private Unternehmen über erste Lizenzen); die *Frontier Works Organization* (FWO, Organisation für Arbeiten in den Grenzregionen), die gegründet wurde, um durch den Karakorum und Himalaja den strategisch wichtigen Karakorum-Highway zur chinesischen Grenze zu bauen. Heute ist die FWO nicht nur im Straßenbau tätig, sondern auch beim Bau von Staudämmen und Anlagen zur Energieerzeugung, Eisenbahnlinien, Kanälen und ähnlichem. Daneben gibt es die *National Logistics Corporation* (NLC, Nationale Logistikgesellschaft), die im Transportwesen tätig ist und über eine umfangreiche Flotte von Lastwagen verfügt.[255]

Zusätzlich treibt das Militär in den Stammesgebieten des Nordwestens, in Belutschistan und im Sindh zum Teil umfangreiche Entwicklungs- und Infrastrukturprojekte voran und leistet bei Naturkatastrophen humanitäre Hilfe, etwa bei den Überschwemmungen in Belutschistan und im Sindh 2007 oder dem schweren Erdbeben im Himalaja 2005 – wobei es allerdings aufgrund von Verzögerungen und mangelnder Effizienz häufig kritisiert wurde.

Es ist offensichtlich, daß das pakistanische Militär und die mit ihm verbundenen Organisationen nicht allein militärische Funktionen erfüllen, sondern in der Gesellschaft eine große Rolle spielen. Präsident Musharraf ist sich der Kritik an den wirtschaftlichen Aktivitäten seiner Streitkräfte bewußt. Bei der Einweihung einer Meerwasserentsalzungsanlage in Karachi fragte er 2004 rhetorisch: »Warum sind manche neidisch, wenn pensionierte Offiziere oder die mit ihnen zusammenarbeitenden Zivilisten erfolgreich zur Wirtschaft Pakistans beitragen und dabei gut verdienen?«[256]

Man muß Siddiqa nicht in allen Fragen folgen, wenn sie in ihrem materialreichen Buch den ökonomisch-militärischen Komplex ins Zentrum der Aufmerksamkeit rückt und für viele Übel der pakistanischen Gesellschaft verantwortlich macht. Gelegentlich schießt sie dabei deutlich über das Ziel hinaus, wenn sie z. B. das autoritäre System Pakistans zum »totalitären« erklärt oder meint, das Militär »beherrsche« die pakistanische Ökonomie.[257] Trotz solcher Unschärfen weist sie auf zahlreiche wichtige Punkte hin. So spricht einiges dafür, daß der wirtschaftliche Erfolg der NLC auf Kosten des staatlichen Eisenbahnsystems erreicht wurde, anstatt die Eisenbahn zu sanieren, was dringend nötig gewesen wäre.

Die wichtigste These Siddiqas allerdings muß relativiert werden: Die dominierende Rolle des Militärs in der pakistanischen Politik und Gesellschaft sei vor allem ein Ausfluß ihres ökonomischen Eigeninteresses und der Sicherung ihrer »finanziellen Autonomie«.[258] Allerdings erreicht das Militär seine »finanzielle Autonomie« weniger durch die wirtschaftliche Betätigung, sondern bereits über seine Fähigkeit, der zivilen Politik weitgehend den Militärhaushalt zu diktieren. Und dabei zeigt sich interessanterweise, daß der Anteil des Verteidigungshaushalts am Bruttosozialprodukt in den letzten zwanzig Jahren deutlich rückläufig war und von rund 7 auf rund 3 Prozent sank. Dieser Trend setzte sich selbst unter der Herrschaft General Musharrafs fort, als der Anteil der Verteidigungsausgaben am BSP von 4 auf 3 Prozent zurückging.[259] Politisch wäre es nach dem Militärputsch von 1999 problemlos möglich gewesen, den Anteil deutlich höher zu halten – was zumindest darauf hindeutet, daß die Frage der Schaffung zusätzlicher Ressourcen für das Militär nicht im Zentrum seiner Anstrengungen stand.

Trotzdem hat Siddiqa recht, wenn sie auf die Bedeutung der

wirtschaftlichen Unternehmungen des Militärs hinweist, allerdings stärker in politischer denn ökonomischer Hinsicht. Das Geflecht an militärisch kontrollierten Stiftungen und Wirtschaftsunternehmen dient vor allem folgenden Zwecken: der Versorgung der Soldaten und ihrer Familien – insbesondere der Offiziere – mit überdurchschnittlichen sozialen Dienstleistungen, wie Erziehungseinrichtungen und einem funktionierenden Gesundheitswesen; der Schaffung profitabler Berufs- und Einkommensmöglichkeiten für – vor allem höhere – Offiziere nach ihrem Ausscheiden aus dem aktiven Dienst; der Privilegierung der Soldaten und erneut vor allem der Offiziere durch kostenloses oder höchst preisgünstiges Land für Wohnungsbau oder zu anderen Zwecken bzw. der Bereitstellung günstiger und komfortabler Häuser und Wohnungen.

Auf diese Weise führen die wirtschaftlichen Projekte des Militärs zu stärkerer Identifizierung mit den militärischen Institutionen und wirtschaftlichen Anreizen für den institutionellen Zusammenhalt, und zugleich wird damit ein Elitebewußtsein geschaffen und bestärkt.

All dies bedeutet nicht die Beherrschung der gesamten pakistanischen Ökonomie durch das Militär, aber doch einen beträchtlichen gesellschaftlichen Einfluß, wirtschaftliche Macht in manchen Branchen und Regionen, eine gewisse wirtschaftliche, soziale und mentale Absonderung der militärischen Kader von den Unsicherheiten des üblichen sozialen Lebens.

Das alles führt dazu, daß sich manche Offiziere als Herren über das eigene Land aufspielen – was zu dem Bonmot führte, daß viele Länder eine Armee haben, die pakistanische Armee aber ein Land. Zur Illustration mag hier ein Beispiel ausreichen. Im Sommer 2004 konnte der Autor selbst die folgende Szene beobachten: Am idyllischen Satpara-See (etwas südlich von Skardu im Himalaja) wurde plötzlich durch bewaffnete

Soldaten das gesamte Tal abgesperrt. Anwohner und Durchreisende wurden daran gehindert, zum See zu fahren oder diesen zu passieren, so daß sie auch nicht mehr das eigene, dahinter liegende Dorf erreichen konnten. Zwei Stunden später schwebte ein militärischer Hubschrauber aus Rawalpindi (dem Hauptquartier des Heeres) ein, dem ein General, seine Frau und Kinder nebst weiteren Soldaten entstiegen, um sich am Ufer im einzigen Restaurant auf der Terrasse niederzulassen. Dort feierte die Familie des Generals seinen Geburtstag bei Tee und Kuchen, die Kinder unternahmen eine Bootsfahrt. Nach zwei oder drei Stunden bestieg die Familie den Hubschrauber und flog zurück nach Rawalpindi, kurz darauf wurde die militärische Blockade des Tals aufgehoben, und die Dorfbewohner und Durchreisenden konnten ihre Fahrt fortsetzen.

Bilanz. Zusammengenommen läßt sich feststellen, daß die militärische Rolle der pakistanischen Streitkräfte aus drei Elementen besteht: der konventionellen und inzwischen auch nuklearen Abschreckung des militärisch weit überlegenen indischen Nachbarn; der Führung insbesondere lokal oder regional begrenzter, kleinerer Kriege oder Gewaltkonflikte (Kargil) – zumindest seit nach der Niederlage gegen Indien und dem Verlust Ostpakistans 1971 die Option eines erfolgreichen Großkrieges nicht mehr bestand – und der heimlichen Förderung und logistischen Unterstützung nichtstaatlicher, jihadistischer Gruppen. Letzteres erfolgte nicht aus ideologischen Gründen, etwa eigener extremistischer religiöser Tendenz, sondern primär pragmatisch: Aufgrund der eigenen militärischen Unterlegenheit ging es darum, der indischen Übermacht durch nichtstaatliche Gruppen Schläge zu versetzen, ohne selbst direkt verantwortlich gemacht zu werden. Die Bilanz dieser drei Funktionen ist widersprüchlich: In einigen Fällen kann man von erfolgreicher Abschreckung ausgehen, wenn auch bezweifelt werden darf, ob Indien an einer Eroberung Pakistans überhaupt Interesse hätte, wenn sie möglich wäre. Darüber hinaus läßt sich einwenden, daß ein großer Teil der Spannungen zwischen beiden Ländern erst durch die militärischen und paramilitärischen Aktivitäten der pakistanischen Streitkräfte entstanden oder zumindest verewigt worden ist. Friedenspolitisch wäre ein Kompromiß und Interessensausgleich mit Indien zu Kaschmir sicher vielversprechender, billiger und risikoloser als der Aufbau und Unterhalt eines beträchtlichen Militärapparates zur Abschreckung eines übermächtigen Gegners.

Die zweite und dritte Funktion des Militärs, nämlich die Durchführung kleinerer Kampfoperationen (z. B. Rann of Kutch, Kargil, Einsatz nichtstaatlicher Gruppen etc.) hat nicht selten die militärischen und paramilitärischen Fähigkeiten der pakistanischen Streitkräfte belegt, dem Land allerdings insgesamt mehr geschadet als genutzt. Kleine und regional begrenzte »Siege« über Indien konnten die strategische Gesamtlage nie beeinflussen und haben dem Militär und der Politik immer wieder eine eigene Stärke vorgegaukelt, die tatsächlich insgesamt nicht vorhanden war – und so große Risiken oder gar Niederlagen provoziert. Und die traditionellen Versuche, über nichtstaatliche und jihadistische Gruppen Einfluß in Afghanistan und Kaschmir zu gewinnen, erbrachten ähnlich zweifelhafte Ergebnisse. Sie waren oft dabei erfolgreich, einem Gegner zu schaden, haben Pakistan aber selten langfristig genutzt, meist sogar geschwächt. Dies mußte man vor allem in Afghanistan lernen, als sich sowohl bei den zuerst unterstützten Mujahedin und später den Taliban zeigte, daß solche Gruppen nicht wirklich dauerhaft zu kontrollieren sind und diese sich schließlich gegen ihre früheren Förderer wenden konnten – eine schmerzliche Erfahrung, die auch die US-Regierung machen mußte. Die skrupellose Instrumentalisierung religiöser Extremisten schlug, wie sich zeigen würde, schließlich selbst auf Pakistan zurück und rief dort Gewalt und Destabilisierung hervor. Das pakistanische Militär hat in diesem Sinne eine oft technisch und taktisch kompetente und kurzfristig wirksame Politik betrieben, die dem eigenen Land allerdings langfristig strategisch schwer geschadet hat und seinen Interessen widersprach.

Militär als politischer Machtfaktor

Verfassungsrechtlich sind die gewählten, zivilen Regierungsinstanzen dem Militär übergeordnet. Artikel 243 (1) der Verfassung formuliert dies deutlich genug: »Die Bundesregierung hat die Kontrolle und das Kommando über die Streitkräfte.«

Auch wenn diese Bestimmung 2002 von General Musharraf so modifiziert wurde, daß dieses Oberkommando beim Präsidenten (nicht mehr dem Ministerpräsidenten) liegt,[260] änderte dies an der zivilen Kontrolle der Streitkräfte prinzipiell nichts – solange der Präsident Zivilist und nicht selbst General war. Darüber hinaus müssen alle Mitglieder der Streitkräfte einen von der Verfassung festgelegten Eid leisten, in dem sie schwören, diese zu schützen und sich jeder politischen Betätigung zu enthalten.

Die Realität weicht allerdings von diesen verfassungsrechtlichen Festlegungen deutlich ab. Zwar ernennt der Präsident den Vorsitzenden des Generalstabs und die Chefs der drei Waffengattungen. Das ist allerdings keine Garantie, die Kontrolle über die Streitkräfte zu behalten, wie u. a. Zulfikar Ali Bhutto und Nawaz Sharif schmerzhaft erfahren mußten, als sie von selbst ausgewählten und ernannten Generälen gestürzt wurden. Sobald die Spitzenmilitärs ernannt sind, neigen sie dazu, eine persönliche und die institutionelle Autonomie der Streitkräfte anzustreben. In normalen Zeiten – und wenn die Regierungen sich aus militärischen Angelegenheiten weitgehend heraushalten – werden sich die Generäle im wesentlichen im Rahmen der Verfassung bewegen, die sie ja selbst während der Perioden ihrer direkten Herrschaft passend zurechtgebogen haben. Wenn allerdings der Kernbereich der institutionellen Interessen des Militärs berührt wird, kann man sich auf eine Zurückhaltung des Militärs und dessen Unterordnung unter eine zivile Regierung nicht verlassen.

In Zeiten ziviler Regierungen agiert das Militär oft hinter den Kulissen und setzt den Zivilisten mal behutsam, gelegentlich rabiat Grenzen in bestimmten Politikbereichen. So waren die Atompolitik und früher die Afghanistanpolitik typische Politikfelder, die vom Militär bestimmt wurden. Auch die Kernbereiche der Militär- und Sicherheitspolitik, etwa die Rüstungsprogramme oder die Rüstungsimporte, bleiben oft in der alleinigen Zuständigkeit der Spitzengeneräle. In einer ganzen Reihe von Fällen haben militärische Stellen – insbesondere der Militärgeheimdienst – durch Druck oder finanzielle Zahlungen aus schwarzen Kassen Parteien geschwächt oder aufbauen geholfen oder Bündnisse zwischen ihnen zustande zu bringen oder zu sprengen versucht.

In innenpolitischen Konflikt- oder Krisensituationen haben die pakistanischen Streitkräfte bereits viermal die Macht an sich gerissen und noch häufiger Regierungen gestürzt. Dabei berufen sie sich in der Regel auf ein Versagen der zivilen Politiker, auf innenpolitische Instabilität oder innere oder äußere Bedrohungen, die sie zum Handeln »zwingen« würden.

Die Gemeinsamkeiten der bisherigen Militärregime[261] bestanden – mit der Ausnahme der kurzen Amtszeit Yahya Khans – in den Versuchen, die zivilen Parteien aus der Politik zu drängen und den Regimen eine politische Basis an den Parteien vorbei zu schaffen. Nach dem Scheitern solcher Versuche in allen Fällen bemühten sich die Militärregime jeweils, durch die Schaffung regimenaher Parteien und die Manipulation des Parteiensystems die Kontrolle zu behalten. Die Regierungsstile der Regime unterschieden sich graduell dadurch, in welchem Maße das Militär sich der zivilen staatlichen Bürokratien zur Herrschaft bediente und in welchem es die Macht selbst und direkt ausübte. In der Regel stützten sich auch die Militärherrscher auf die zivilen Verwaltungsstrukturen, setzten aber je nach Bedarf militärisches Personal oder Offiziere im Ruhestand ein, um zivile Verwaltungsaufgaben zu übernehmen oder zu kontrollieren. So wurden zivile staatliche Strukturen und Institutionen teilweise »militarisiert«. Am geringsten war dies unter Ayub Khan der Fall, der sich sehr stark auf die zivile Bürokratie stützte, am stärksten unter Zia ul-Haq, dessen Regime zugleich mit Abstand das repressivste war. Insgesamt waren die Zeiten der Militärregime durchaus Mischformen ziviler und militärischer Machtausübung, bei denen die letzte Autorität bei den Militärherrschern, die tägliche Regierungsarbeit aber bei den zivilen Behörden lag.

Eine weitere Gemeinsamkeit der Militärregime bestand darin, daß diese in allen Fällen auf der Basis der geregelten militärischen Befehlsstrukturen zustande kamen. In Pakistan gab es keinen einzigen Fall, in dem etwa mittlere oder niedrige Dienstränge geputscht und sich an ihren Vorgesetzten vorbei an die Macht gebracht hätten. In Pakistan erfolgten Militärputsche immer in ausgesprochen geordneter Form, nämlich durch die Machtübernahme des jeweiligen Oberkommandierenden des Heeres, in der Regel nach kollektiven Entscheidungsprozessen der kleinen Gruppe der neun Corps-Kommandanten, von denen der aus Rawalpindi aus praktischen Gründen (Zuständigkeit auch für die Hauptstadt) eine herausgehobene Rolle spielte. Insofern waren die Militärputsche *institutionelle* Machtergreifungen des Militärs, nicht die Unternehmungen einzelner Generäle oder Obristen – wenn auch die jeweiligen Diktatoren nach dem Putsch aufgrund ihrer herausgehobenen Position eine Sonderrolle einnahmen. Die seltenen Putschversuche durch Offiziere außerhalb der Befehlskette scheiterten jeweils kläglich.[262] Der geordnete und bürokratisch geregelte Charakter aller bisherigen Staatsstreiche und die zu Beginn oft vorhandene stille oder offene Unterstützung durch wesentliche Teile der Bevölkerung waren auch der Grund dafür, daß die bisherigen Machtergreifungen des Militärs alle weitgehend unblutig abliefen.

Angesichts dessen stellt sich die Frage, ob das Militär auch als politischer Akteur seine institutionelle Einheit bewahren konnte oder sich unterschiedliche Fraktionen bildeten. Dies ist vor allem vor dem Hintergrund der Spekulationen über religiöse Einflüsse im Militär bedeutsam. Als unter Zia ul-Haq im »amerikanischen *Jihad*« extremistische Gruppen in enger Zusammenarbeit mit dem Militärgeheimdienst ISI in Afghanistan gegen die afghanische Regierung und die Sowjetunion kämpften, zum Teil in Pakistan selbst gegen die Schiiten mobilisiert und etwas später zum Instrument der pakistanischen Kaschmirpolitik wurden, kam es zu engen personellen und politischen Verbindungen zwischen dem Militär und den Jihadisten. Im Zuge dieser Operationen und in Verbindung mit der Islamisierungspolitik Zia ul-Haqs näherten sich auch eine Reihe von Offizieren den religiösen Extremisten an, insbesondere im ISI – der damalige ISI-Chef, Generalleutnant Hamid Gul, darf hier als Beispiel gelten.[263] Seitdem wird immer wieder spekuliert, ob das pakistanische Militär von radikalen Islamisten durchsetzt oder unterwandert sei.[264] Nun sind solche Spekulationen schwer überprüfbar, da wir kaum über zuverlässige Informationen über interne Strömungen und Richtungen im Militär verfügen. Mit aller Vorsicht lassen sich aber folgende Einschätzungen vertreten, die zum Teil auf persönlichen Gesprächen mit Soldaten und ehemaligen Offizieren beruhen.

Die Frage religiösen Extremismus und religiöser Fraktionierung stellt sich mit hoher Wahrscheinlichkeit nur für das Heer. Sowohl die Luftwaffe als auch die Marine, die politisch ohnehin von nachgeordneter Bedeutung sind, können als insgesamt säkulare Waffengattungen gelten. Ihre Soldaten und

Offiziere mögen durchaus gläubige Muslime sein, aber es gibt keine Hinweise auf religiösen Radikalismus oder Extremismus. Dies ist auch wenig erstaunlich, weil beide aufgrund des dort vorhandenen technologischen Niveaus der Waffensysteme einen geringeren Bedarf an Heroismus haben und kaum mit den jihadistischen Kampagnen in Berührung kamen.

Im Heer stellt sich beides etwas anders dar. Hier darf man annehmen, daß die Mannschaftsgrade sich ideologisch kaum von der durchschnittlichen Bevölkerung im Punjab und in Teilen der Nordwestprovinz unterscheiden, aus denen sie überwiegend stammen. Zum Teil kann man auch den Eindruck gewinnen, daß die Soldaten gegenüber Dritten lieber als »Krieger« denn als Arbeitnehmer erscheinen möchten und deshalb die eher profanen Gründe ihrer Berufswahl (Gehalt, soziale Absicherung, Prestige) hinter nationalen (antiindischen) oder religiösen Formeln verbergen.

Bei den höheren und insbesondere höchsten Offiziersgraden deutet einiges darauf hin, daß sich zwar unterschiedliche Sichtweisen von Religion feststellen lassen und persönliche Frömmigkeit keine Seltenheit ist. Es scheint ein gewisser Pluralismus in ideologischen Dingen zu herrschen, aber eine – insbesondere organisierte – Fraktionierung ist nicht erkennbar. Nationale, religiöse, säkulare und andere Ideologieelemente stehen sich oft nicht unvermittelt gegenüber, sondern treten vermischt auf. Die vorherrschende Mentalität scheint im Streben nach Professionalität, nach der Respektierung der Befehlsstruktur und der Sicherung der institutionellen Integrität zu bestehen. Ideologische Differenzierungen, soweit sie von außen erkennbar sind, bewegen sich innerhalb dieses Bezugsrahmens. »Obwohl das Militär undurchsichtig bleibt, gibt es keine Belege für eine tiefgreifende Infiltrierung oder gar Kontrolle durch die Islamisten. Es scheint, daß das Heer die Gesellschaft reflektiert. Obwohl es in ihm zweifellos auch Islamisten gibt, besteht kein Grund zu der Annahme, daß ihre Zahl höher sei als in der pakistanischen Gesellschaft.«[265]

Am anfälligsten für extremistische religiöse Einflüsse dürfte, zumindest in der Vergangenheit, das ISI gewesen sein. Allerdings wäre es verfehlt, dieses oder seine rund 9000 Mitarbeiter für dauerhaft islamistisch geprägt zu halten. Auch wird die Eigenständigkeit des ISI häufig deutlich überschätzt. Für eine unabhängige Politik des ISI gab es Ende der 1980er und Anfang der 1990er Jahre sicher Ansätze,[266] aber spätestens seit den 1990er Jahren ist der Militärgeheimdienst vor allem ein Instrument der militärischen Führung. Dafür gibt es mehrere Gründe.

Einerseits werden Soldaten und Offiziere der drei Waffengattungen (überwiegend des Heeres) für jeweils zwei bis drei Jahre zum ISI abgeordnet; die personelle Fluktuation erschwert eine organisatorische Verfestigung ideologischer Präferenzen. Manche Autoren sprechen gar davon, daß das ISI nur über eine »relativ schwache *corporate culture*« verfüge.[267] Zweitens hat es bereits in den 1990er Jahren und erneut nach dem 11. September 2001 Säuberungswellen gegeben, durch die islamistische Offiziere ausgesondert wurden.[268] So wurden bereits 1993 rund 1100 ISI-Mitarbeiter entweder zu ihren eigentlichen militärischen Einheiten zurückversetzt oder in den Ruhestand geschickt.[269] Auch der Anteil der Paschtunen wurde offenbar zurückgedrängt, als der Fokus sich von Afghanistan auf Kaschmir verschob. Dies bedeutet nicht, daß es im ISI heute keine islamistischen Kräfte mehr gäbe, aber Belege für eine starke Präsenz liegen nicht vor. Auch die zunehmenden Verluste des Militärs im Kampf gegen jihadistische Gruppen oder bei Anschlägen (bis Ende 2007 schätzungsweise 1400 tote Soldaten) – die inzwischen auch gegen ISI-Personal erfolgen – dürften die Sympathie der Truppe für die Politik und Ideologie religiöser Extremisten weiter dämpfen.

Ein Grund, daß noch heute immer wieder über eine islamistische Fraktion im ISI spekuliert wird, liegt in den Hinweisen für eine Unterstützung der Taliban und anderer Aufständischer in Afghanistan aus Pakistan. Eine solche Unterstützung ist kaum von der Hand zu weisen, dürfte aber vor allem durch religiöse Gruppierungen aus der Nordwestprovinz erfolgen, möglicherweise mit Unterstützung durch ISI-Mitarbeiter im Ruhestand, die auf eigene Faust handeln. Nachdem die pakistanischen Regierungen und das ISI seit Anfang der 1980er Jahre jihadistische Gruppen in Afghanistan unterstützten, ist nicht auszuschließen, daß ehemalige Agenten und Militärs den Schwenk ihrer Regierung nicht mitvollzogen haben.

Ein Indiz für die institutionelle Geschlossenheit und Disziplin der Truppe besteht auch in der Tatsache, daß zahlreiche Offiziere nach ihrem Ausscheiden aus dem aktiven Dienst sehr deutlich erkennen lassen, daß sie persönlich grundsätzlich andere Auffassungen vertreten als das militärische Oberkommando – daß sie dies aber nicht daran hinderte, im Rahmen ihres Dienstes loyal zu den militärischen Institutionen zu stehen. Ein bemerkenswertes Beispiel waren öffentliche Erklärungen und sogar Pressekonferenzen der Vereinigung ehemaliger Offiziere, in denen sie den Präsidenten General a.D. Musharraf scharf kritisierten. Ende Januar 2008 erklärten Hunderte von Exoffizieren einmütig, Präsident Musharraf solle zurücktreten und die Macht an den von ihm abgesetzten Obersten Verfassungsrichter Iftikhar Chaudhry übergeben. Der ehemalige Oberkommandierende der Luftwaffe, Marschall Asghar Khan, betonte im Namen der Versammlung, daß Iftikhar Chaudhry weiterhin der Oberste Richter sei. Er sagte, daß er noch keinen Exoffizier getroffen habe, der nicht mit der Forderung nach dem Rücktritt Musharrafs übereingestimmt hätte. Eine Fortsetzung der Amtsführung des Präsidenten würde dem Land schaden, und es sei Sache der Parteien zu entscheiden, ob Musharraf wegen Mißachtung der Verfassung vor Gericht gestellt werden solle. Der ehemalige Chef des Heeres, General a. D. Mirza Aslam Beg, äußerte, daß das Ansehen des Heeres als Institution wiederhergestellt werden müsse und dazu die Entfernung Musharrafs von der Macht entscheidend sei. Ein ehemaliger Admiral vertrat die Meinung, daß freie Wahlen unter Präsident Musharraf unmöglich seien.[270] Der Exgeneral und frühere Chef des ISI (und Exbotschafter in Deutschland) Asad Durrani erklärte wenige Tage später auf einer weiteren Veranstaltung der Vereinigung ehemaliger Offiziere, daß er General a. D. Musharraf nicht länger als Präsidenten betrachte, seitdem er Anfang November 2007 den Notstand verhängt hatte. »Wir müssen uns in die erste Reihe stellen und gemeinsam mit der Bewegung der Rechtsanwälte dafür arbeiten, ihn loszuwerden.«[271]

Die Schärfe und Kompromißlosigkeit der Kritik waren bemerkenswert, ebenso wie die Tatsache, daß sie geschlossen von einer großen Gruppe hochrangiger Exoffiziere vorgetragen wurde, die in vielen Fragen völlig unterschiedlicher Auffassung waren: Säkulare Personen und islamistische Hardliner (wie General a. D. Hamid Gul) standen hier Seite an Seite. Daraus läßt sich dreierlei schließen: Erstens, daß auch zahlreiche aktive Offiziere privat durchaus andere Auffassungen vertreten dürften als das von ihnen gestützte Militärregime; zweitens, daß es schwer vorstellbar ist, daß das Offizierscorps in politischen Fragen selbst homogen wäre; und drittens, daß weder eine Ablehnung politischer Ziele oder Praktiken des Oberkommandos noch der Pluralismus des Offizierscorps unbedingt dazu führen, daß die institutionelle Integrität der Streitkräfte gefährdet wird.

Vor dem Hintergrund der massiven Kritik, die von exponierten ehemaligen ISI-Offizieren geteilt wurde, erscheint die Geschlossenheit der Streitkräfte bei der Unterstützung der Herrschaft Musharrafs als Zeichen bemerkenswerter institutioneller Disziplin.

Vieles spricht dafür, daß im pakistanischen Militär bei allem internen Pluralismus die Integrität der Institution an erster Stelle steht. Nur deshalb konnte es gelingen, daß die Streitkräfte sowohl eine islamistisch geprägte Militärdiktatur als auch eine säkulare an der Seite der USA im Kampf gegen jihadistische Gruppen ertrugen, ohne durch innere Spannungen in eine Krise zu geraten. »Die Offiziere des pakistanischen Heeres sind von professionellen militärischen Normen geprägt, nicht von religiösen. Sie möchten das Heer von konfessionellen Streitigkeiten freihalten (insbesondere sunnitisch-schiitischen) und sehen das Heer nicht als Mittel der religiösen Missionierung. Vor allem bestehen starke Anreize innerhalb des Systems der Kommandostrukturen zu agieren, da Abweichler und Einzelgänger kaum durch Beförderungen oder großzügige Regierungsposten nach ihrer Pensionierung belohnt werden.«[272]

Die eigene politische Dominanz wurde von den Streitkräften stets offensiv damit gerechtfertigt, daß sie im Interesse des Landes sei, insbesondere der Effizienz der staatlichen Institutionen zugute komme und erforderlich sei, um eine korrupte und selbstsüchtige Politikerklasse unter Kontrolle zu halten. Tatsächlich fehlt es dem Parteiensystem an jeglicher innerparteilicher Demokratie. Die Parteien sind um Führerfiguren, wichtige Familien oder gar Dynastien gruppiert. Die meisten, insbesondere die großen Parteien stellen bei aller Überzentralisierung zugleich lose Föderationen halbautonomer Einflußnetzwerke dar. Sie sind weitgehend ideologiefrei (von den religiösen Parteien abgesehen) und ohne Programmatik. Die Konkurrenz unterschiedlicher Cliquen steht im Vordergrund, persönliche Vorteile sind oft wichtiger als inhaltliche Fragen. Aus diesen Gründen ist das Parteiensystem instabil. Wichtige Persönlichkeiten mit ihren jeweiligen Netzwerken können zu einer konkurrierenden Partei überlaufen, wenn sie mit Posten, Einfluß oder Geld motiviert werden. Die Wähler unterstützen oft eine Partei, weil sie von einer anderen enttäuscht sind, um sich bei den nächsten Wahlen erneut enttäuscht von dieser abzuwenden. So kam es in den zwölf Jahren von 1988 bis 1999 (von Zia ul-Haq bis Musharraf) zu zwölf Regierungen und Übergangsregierungen,[273] ein stabiles politisches System konnte sich nicht herausbilden.[274]

In dieser fragilen Situation der Parteienpolitik, die mit einer stabilen, aber oft leistungsschwachen Bürokratie verbunden war, gewinnt das Militär sein politisches Gewicht. Es stellt ein Gegenmodell zu diesem unerfreulichen Treiben dar. Deshalb wurden die meisten Militärputsche in Pakistan auch zumindest am Anfang mit Beifall aus der Bevölkerung bedacht.

Die Militärregime bewirkten allerdings nie die von ihnen versprochene Lösung der offensichtlichen Probleme, sondern wichen ihnen zuerst aus, indem sie die Parteien ganz aus der Politik verdrängen wollten und sie weiter schwächten und fragmentierten, um danach selbst diskreditiert zu werden und den Problemen weitere hinzuzufügen. So bildete etwa die Herrschaft Zia ul-Haqs die Wiege der gewalttätigen extremistischen Politik jihadistischer und konfessioneller Gruppen, unter denen Pakistan bis heute leidet. Die militärischen Diktaturen oder militärisch-bürokratischen autoritären Systeme lösten das Problem des schwachen und inkompetenten Parteiensystems nicht, sondern zögerten eine Lösung hinaus. Sie trugen durch ihre ständige Manipulierung des Rechtssystems und der Verfassung auch dazu bei, einen zynischen Umgang mit dem Recht und der Verfassung in der Gesellschaft und Politik um sich greifen zu lassen. Die militärischen Institutionen ließen Rechtsbeugung zur Regel werden und demonstrierten der Gesellschaft, daß das Recht eine nützliche Waffe gegen politische Gegner sein kann. Das Militär gestattete dem Parteiensystem nicht nur keine Reifung und Fortentwicklung, sondern nach einer Reihe von Jahren an der Macht wurde das Militär in gewissem Sinne – und in den Augen der Bevölkerung – selbst zu einer Art Partei. Diese erhoffte sich vom Militär nun nicht mehr die Lösung ihrer Probleme, sondern machte sie für die Probleme der Gesellschaft verantwortlich.

So verlor eine der wichtigsten staatlichen Institutionen zum Teil ihren staatlichen Charakter und wurde zu einer Art Interessengruppe, nachdem sie zuvor die Legitimität des Staates selbst beschädigt hatte. Diese Entwicklung stellt in der Regel den Startpunkt dar, an dem sich auch zahlreiche Offiziere die Frage stellen, ob ein weiteres Verbleiben an der Macht dem Militär als Institution nicht mehr schadet als nutzt.[275] Man beginnt sich um die militärische Professionalität zu sorgen, die durch die Einbindung in das Regierungshandeln leide, und beklagt, daß das Ansehen der Armee in der Bevölkerung sinke. Auf diese Art wird der Widerstand im Militär gegen eine Rückkehr zur Demokratie schwächer und eine Machtübergabe durch Wahlen an die zuvor bekämpften Parteien wahrscheinlicher. Typisch dafür war die im Februar 2008 erfolgte Entscheidung des Oberkommandierenden des Heeres, General Ashfaq Parvez Kayani, aus 23 Ministerien und Behörden dorthin entsandte Offiziere abzuziehen, so aus der *National Highway Authority* (zuständig für den Bau und Unterhalt der Fernstraßen), dem Erziehungsministerium oder der Behörde für die Wasser- und Stromversorgung.[276] Damit wurde eine Praxis General Musharrafs rückgängig gemacht. Kurz zuvor hatte General Kayani seine Offiziere davor gewarnt, Kontakte zu Politikern zu unterhalten.

Rizvi nennt vier Möglichkeiten des Militärs, sich von der direkten Herrschaft zurückzuziehen: das Ausscheiden der Spitzengeneräle aus dem aktiven Dienst und ihre weitere Machtausübung als Zivilisten; die Machtübergabe an sorgfältig ausgewählte Zivilisten, die als Fassade einer weiter bestehenden militärischen Herrschaft dienen; ein Rückzug in die Kasernen bei scharfer Beobachtung und Kontrolle der ins Amt kommenden zivilen Regierung und schließlich die Durchsetzung einer dauerhaften verfassungsrechtlichen Regelung, die dem Militär einen gewissen Einfluß oder die Aufsicht über die zivile Politik sichert.[277]

Da allerdings in der Zeit der militärischen Machtausübung die bekannten Probleme des Parteiensystems nicht behoben wurden – und unter den Bedingungen eines Militärregimes auch nicht behoben werden konnten –, besteht die Gefahr, daß der Zyklus des Wechsels von ziviler und militärischer Macht von vorn beginnt.

Gewalt, Bürgerkriege und Terrorismus

Die pakistanische Gesellschaft leidet in den letzten Jahren an massiver politischer Gewalt, vor allem terroristischen Anschlägen und regionalen Bürgerkriegssituationen. Die blutige Erstürmung der »Roten Moschee« in Islamabad, eine Reihe sich daran anschließender Bombenattentate und der Mordanschlag auf die ehemalige Ministerpräsidentin Benazir Bhutto (alle in der zweiten Jahreshälfte 2007) ließen dies verstärkt ins Bewußtsein der europäischen Öffentlichkeit dringen.

Nehmen wir die Berichterstattung der führenden Tageszeitung *Dawn* für einen einzigen, besonders blutigen Tag aus dem Herbst 2007, so ergibt sich ein ebenso illustratives wie dramatisches Bild. In der Zeitung fanden sich am 25. November 2007 folgende Schlagzeilen:

- »18 Tote bei Selbstmordattentaten in Rawalpindi
- Dörfer in Mirali unter Beschuß: drei Tote
- Weitere Zusammenstöße in der *Kurram Agency*
- Explosion unterbricht Zugverbindung bei Quetta
- Rakete trifft Haus eines Ministers
- Bombenanschläge in Swabi und Mardan
- Artilleriebeschuß im Swat-Tal führt zu Panik

- Drohungen führen zur Schließung von 60 Geschäften
- Zwei Bomben entschärft
- Sicherheitssituation nicht schlecht, so der Minister: dieses Jahr 1000 Tote
- Fünf Personen mit 175 Kilo Heroin festgenommen
- Hyderabad: der Mord an Balach verurteilt
- Mirpurkhas: Journalist erschossen
- Shikarpur: zwei Tote bei Zusammenstößen
- Kohat: Taliban geben Geiseln doch nicht frei«[278]

Bereits diese Momentaufnahme ergibt ein Bild sehr unterschiedlicher Gewaltformen in den verschiedenen Landesteilen, die sich insgesamt zu einer Krise summieren. Zunächst punktuelle Anschläge in Belutschistan haben sich seit 2003 zu einem Aufstand ausgeweitet, der inzwischen den größten Teil der Provinz umfaßt und vom Militär mit harter Hand bekämpft wird. In der Nordwestprovinz herrscht in manchen Regionen offener Krieg – so in Teilen der Stammesgebiete –, dazu kommen Bombenanschläge und Selbstmordterrorismus. Mitglieder der Provinzregierung und hohe religiöse Führer weigern sich schon manchmal, selbst europäische Besucher zu empfangen, da sie sich vor Anschlägen fürchten – in einer so gastfreundlichen Region eine ausgesprochen ungewohnte Erfahrung.[279]

Bezeichnend für den Ernst der Lage war auch die Äußerung des Informationsministers der Nordwestprovinz, Syed Imtiaz Hussain Gilani, der im Herbst 2007 von 1000 Opfern des Terrorismus im letzten Jahr berichtete und verharmlosend meinte, die Sicherheitslage in seiner Provinz sei doch »insgesamt gar nicht schlecht« gewesen.[280]

Tatsächlich aber ist sie vor allem in der Nordwestprovinz dramatisch.

Während der Vorbereitung zur Parlamentswahl vom Februar 2008 wurden nur sechs von 24 Bezirken der Nordwestprovinz

bezüglich ihrer Sicherheit von den Behörden als »normal« ein-
gestuft, neun galten als »heikel« (sensitive), vier als »sehr heikel« und fünf als »besonders heikel« (most sensitive).[281] Dabei
wurden die besonders unsicheren Stammesgebiete (über ein
Drittel der Provinzfläche) nicht einmal erwähnt.

Die Welle der Gewalt begann sich seit dem Sommer 2007 auch
auf die Schlüsselprovinz Punjab auszuweiten, die bis dahin
insgesamt relativ friedlich war.

In westlichen Ländern herrscht häufig die Wahrnehmung
vor, in Pakistan sei ein Kampf zwischen »radikal islamistischen« Gruppen und »säkularen« Kräften im Gange.[282] Islamische Parteien und religiöse Kräfte werden mit der Gewalt
identifiziert, während die säkularen Akteure reflexartig als
»gemäßigt« und »demokratisch« gelten. Tatsächlich aber ist
höchst fraglich, ob das Problem der Säkularität oder religiösen
Orientierung die grundlegende Konfliktlinie in Pakistan beschreibt. Denn wir haben es mit ganz unterschiedlichen Konfliktlinien und Gewaltherden zu tun, die einzeln analysiert
werden müssen – und die Verbindung des religiösen Radikalismus zur politischen Gewalt ist weit komplizierter, als dies
aus der Ferne erscheinen mag.

Konfessionelle Konflikte

Seit Mitte der 1980er und verstärkt in den 1990er Jahren kam
es in verschiedenen Landesteilen (schwerpunktmäßig im Punjab) zu konfessioneller Gewalt, vor allem zu Attentaten und
Massakern durch sunnitische und schiitische Extremisten-
gruppen. In den fünfzehn Jahren von 1987 bis 2002 starben
dabei etwas mehr als 1000 Menschen, davon schätzungsweise
60 Prozent Schiiten.[283] Die Wurzeln dieser Konflikte reichen in
die Zeit der Diktatur General Zia ul-Haqs zurück, als dessen
Regime nach der islamischen Revolution im Iran besorgt

war, daß schiitischer Radikalismus auf Pakistan übergreifen könnte, und selbst eine explizit sunnitische Islamisierung betrieb. In diesem Zusammenhang förderte die Diktatur sunnitische Extremisten, die zum Teil gewaltsam gegen Schiiten vorgingen, was zu Gegengewalt schiitischer Extremisten führte. Der Ausgangspunkt dieses Konflikts lag in bestimmten Regionen des Punjab (vor allem dem Bezirk Jhang), wo die feudalen Großgrundbesitzer meist schiitisch, die abhängige Landbevölkerung sunnitisch waren und deshalb auch soziale Konflikte die Form konfessioneller Auseinandersetzungen annahmen. Von dort weitete sich die Gewalt auf andere Regionen aus. Extremistische Gruppen machten sich dabei zunutze, daß vor allem sunnitische Deobandis das Schiitentum nicht allein für falsch und verwerflich, sondern für eine besonders unangenehme Form der Ketzerei halten.

Der Grundkonflikt bleibt latent vorhanden, auch wenn er nur punktuell zu Gewalt führt, kann allerdings aufgrund lokaler Konflikte immer wieder instrumentalisiert werden, um größere Zuspitzungen herbeizuführen, wie etwa 2005 in Gilgit oder bei Anschlägen im Punjab, in Karachi oder der Nordwestprovinz. Der Höhepunkt der Welle dieser konfessionellen Gewalt zwischen sunnitischen und schiitischen Extremisten wurde Mitte der 1990er Jahre erreicht, um danach wesentlich abzunehmen. In letzter Zeit allerdings stieg in der Folge der insgesamt verschärften politischen Spannungen auch die konfessionelle Gewalt erneut dramatisch: 2006 waren bereits 201 Menschen bei interkonfessionellen Zusammenstößen oder Anschlägen getötet und 349 verletzt worden, 2007 kamen bei 341 Vorfällen 441 Menschen zu Tode (davon allein mehr als 300 in der Kurram Agency in den Stammesgebieten der Nordwestprovinz) und 630 wurden verletzt.[284] Punktuell kam es auch zu terroristischer Gewalt zwischen sunnitischen Gruppen (Deobandi versus Barelvi). Der blutigste Vorfall war ein Bombenanschlag mit 57 Toten im April 2006 in Karachi.[285]

Auch in Karachi und anderen Großstädten des Sindh reichen die Ursprünge der Gewalt in die Zeit Zia ul-Haqs zurück. In der Schlußphase seiner islamistischen Diktatur war die eindeutig säkulare MQM der Muhajir von der Regierung gefördert worden, um den Sindhi-Nationalismus und die PPP zu schwächen. Die Muhajir, die ehemaligen Flüchtlinge aus Indien und ihrer Nachkommen, hatten sich nach der Staatsgründung vor allem als »Pakistaner« betrachtet, sich also als außerhalb der ethnischen und konfessionellen Strukturen des Landes verortet, und standen zunächst zum großen Teil der islamistischen *Jamaat-i-Islami* nahe. Seit 1978 – in diesem Jahr wurde unter der Führung von Altaf Hussain die *All Pakistan Muhajir Students Organization* (APMSO) gegründet, also eine Studentenvereinigung speziell für die Muhajir – bildete sich zunehmend eine eigene »ethnische« Identität der Muhajir heraus, die aus dem wachsenden Gefühl einer Benachteiligung entsprang, insbesondere im Bildungswesen und öffentlichen Dienst des Sindh. 1984 entstand aus dieser Studentenorganisation die *Muhajir Qaumi Movement* (MQM, 1997 umbenannt in *Muttahida Qaumi Movement*), eine Partei, die die Interessen der Muhajir gegen die Sindhi, z. T. Paschtunen und den Staat vertrat. Bis Anfang der 1990er Jahre errang sie eine dominierende Position in den Großstädten des Sindh, vor allem in Karachi und Hyderabad. Dieser Aufstieg richtete sich auch gegen die starke Stellung der – ebenfalls säkularen – PPP, die im ländlichen Sindh sehr stark war und bleibt. Da das sich islamistisch gebende Regime Zia ul-Haqs die PPP als größte Bedrohung ihrer Macht wahrnahm, unterstützte es (durch den Militärgeheimdienst ISI) in diskreter Weise den Aufstieg der MQM, trotz aller ideologischen Unterschiede.

Durch den Widerspruch zwischen Muhajir und Sindhi wurde der Sindh politisch gespalten. Diese Spaltung existiert bis heute, wenn die MQM sich auch schnell aus der Rolle eines taktischen Instruments der Zentralregierung löste. Die Partei schwankte lange zwischen Bündnissen mit anderen Parteien auf staatlicher und Provinzebene und einer Politik der Gewalt und Einschüchterung. Sie trat eine Zeitlang für die Teilung des Sindh ein: Aus dem Großraum Karachi – wo sie über die Mehrheit verfügt – sollte eine eigene Provinz werden.

In den 1980er und 1990er Jahren kam es in Karachi zu schweren politischen Konflikten. Auf dem Höhepunkt dieser Welle der Gewalt wurden in nur einem Jahr, 1995, rund 2000 Menschen aus politischen Gründen ermordet. Massaker waren für einige Jahre fast an der Tagesordnung. Die MQM bemühte sich mit allen Mitteln, ihre Kontrolle Karachis zu festigen. Ayaz Amir erinnert daran, daß der allmächtige MQM-Vorsitzende seine Anhänger damals aufforderte, ihre Fernsehgeräte zu verkaufen und dafür Waffen anzuschaffen. Taktiken, die ihre Gegner in Angst versetzen sollten, wurden zu einem wichtigen Markenzeichen der MQM.[286] Manche Kritiker – so der prominente säkulare Oppositionspolitiker Imran Khan – bezeichnen die MQM wegen ihrer internen Organisationsform und ihrer Praktiken bis heute als »faschistisch«.

Unter den gewählten Regierungen Bhutto und Nawaz Sharif kam es zu einem zunehmend brutalen Eingreifen der Sicherheitskräfte. Von 1992 bis 1994 wurde in Karachi das Militär gegen die MQM eingesetzt, was allerdings wenig zur Beruhigung der Situation beitrug. Danach übertrug man die Verantwortung an die *Ranger* und Polizei, die Mitte der 1990er Jahre unter Leitung des zivilen Geheimdienstes, des *Intelligence Bureaus* (IB), mit großer Brutalität vorgingen und für zahlreiche Fälle »außergesetzlicher Tötungen« von MQM-Aktivisten und Verdächtigen verantwortlich waren.

Als Teil dieser Auseinandersetzungen unterstützte der Geheimdienst auch die Spaltung der MQM, was zu massiver Gewalt beider Fraktionen gegeneinander führte und die weiter von Altaf Hussain geführte Hauptgruppe schwächte. Die Politik der harten Repression vermochte das Gewaltniveau in Karachi zwar deutlich zu senken, die politische Dominanz der MQM in den Großstädten des Sindh blieb allerdings erhalten. So gewann die MQM bei den Parlamentswahlen von 2008 in Karachi 17 von 20 Parlamentssitzen.[287]

Inzwischen bemüht sich die MQM um ein gemäßigtes und gewaltfreies Image; »Pragmatismus« und »Realismus« sind Schlüsselbegriffe des Programms. Auch von einer eigenen Provinz ist kaum noch die Rede, im Wahlprogramm für die Parlamentswahlen 2008 fehlte die Forderung, statt dessen wird nun mehr Autonomie für alle Provinzen gefordert. Die MQM versucht seit einigen Jahren, ihren Charakter als ethnische Bewegung der Muhajir zu überwinden, bleibt damit aber bisher außerhalb der großen Städte des Sindh wenig erfolgreich. Dazu trägt auch bei, daß die Partei ihr neues, friedliches Image nicht immer durchhalten kann: So spricht vieles dafür, daß die Gewaltexzesse in Karachi vom Mai 2007 (ca. 40 Tote) mit von ihr organisiert wurden.

Für ganz Pakistan ist die Lösung des Konfliktes zwischen Sindhi und Muhajir von hoher Bedeutung; um so mehr, da Karachi mit Abstand die wirtschaftlich wichtigste Stadt des Landes ist. Nach dem Mord an Oppositionsführerin Benazir Bhutto beklagte die örtliche Industrie- und Handelskammer, daß der Wirtschaft durch die darauf folgenden Plünderungen, Brandstiftungen und andere Gewaltakte ein Verlust von 80 Milliarden Rupien (über 880 Mill. Euro) entstanden sei.[288] Seit den Wahlen von 2008 haben sich die Beziehungen zwischen PPP und MQM deutlich verbessert, bis hin zu einer gemeinsamen Regierungsbildung im Sindh. Damit erscheint die scharfe Konfrontation der 1990er Jahre überwunden – obwohl der Grundkonflikt zwischen Stadt und Land, Mittelschichten und Feudalinteressen im Sindh weiter besteht.

Aufstand in Belutschistan

Belutschistan hatte bereits in den 1970er Jahren (in der Regierungszeit Zulfikar Ali Bhuttos) einen Aufstand gegen die Zentralregierung erlebt, den die Regierung mit großer Härte durch die Armee niederzuschlagen suchte.

1973 erhielt Pakistan eine demokratische, »föderale« Verfassung, die zwar eine starke Zentralregierung vorsah, den Provinzen allerdings wichtige Rechte einräumte. Zulfikar Bhutto mißachtete jedoch den von ihm selbst wesentlich mitgeprägten föderalen Charakter der Verfassung, entließ die belutschische Provinzregierung und verbot sogar die in Belutschistan und der Nordwestprovinz starke säkulare *National Awami Party* (Nationale Volkspartei), die gemeinsam mit der konservativ-religiösen JUI die Regierung gestellt hatte. Daraufhin kam es zu einem Aufstand, in dem die *Balochistan People's Liberation Front* (BPLF; Volksbefreiungsfront von Belutschistan), die *Balochistan National Army* (BNA; Nationalarmee Belutschistans) und die *Baloch Students Organization* (BSO; Belutschische Studentenorganisation) den Widerstand unter säkularen und sozialistischen Vorzeichen organisierten. Auch nach vier Jahren harter Repression und Tausenden von Toten konnte das Militär den Konflikt nicht gewaltsam für sich entscheiden – erst nach dem Sturz Zulfikar Ali Bhuttos beendete ausgerechnet General Zia ul-Haq den Aufstand im Rahmen einer Verhandlungslösung.

Zu Beginn der 2000er Jahre begann ein neuer Aufstand. Seitdem wiederholt sich hier die Geschichte unter etwas anderen Vorzeichen: Wieder kämpft das Militär dort mit großer Härte gegen Aufständische. Inzwischen muss man von einem regelrechten Bürgerkrieg sprechen, der seit 2007 fast die ganze Provinz erfaßt hat. Nach Zahlen der Polizei nahmen seitdem die terroristischen Anschläge drastisch zu: von fünf auf 415 im Vergleich der Jahre 2002 und 2006.[289]

Wie im Karachi der 1990er Jahre spielt Religion bei dieser Welle der Gewalt keine Rolle; entscheidend ist vielmehr die Mißachtung und Benachteiligung der Provinz durch die autoritäre Zentralregierung. Von zentraler Bedeutung ist der Umgang mit manchen Großprojekten in der Provinz. Im Zentrum des Streits steht vor allem der Bau des Tiefseehafens in Gwadar. Obwohl Gwadar in Belutschistan liegt, haben weder die Provinzregierung noch die lokale Bevölkerung die geringsten Mitsprachemöglichkeiten. Die Menschen von Gwadar und Umgebung wurden gegen ihren Willen umgesiedelt, können wegen des Hafens und des damit verbundenen Sperrgebietes nicht mehr fischen (der dort wichtigste Erwerbszweig), verloren ihr Land und erhielten kaum Arbeitsplätze.[290]

Ähnlich verhält es sich mit den Gasvorkommen Belutschistans. Die Provinz soll über 19 Billionen Kubikfuß an Erdgasvorkommen und 6 Billionen Barrel Erdöl verfügen.[291] Das Gas trägt seit den 1950er Jahren zur Energieversorgung Pakistans bei, kommt der Provinz selbst allerdings kaum zugute. Auch die Verkaufspreise für Erdgas betragen für Belutschistan nur einen Bruchteil dessen, was der Sindh und vor allem der Punjab für ihr Gas erhalten, was verständlicherweise als schwere Benachteiligung empfunden wird.[292]

Als weiterer Konfliktpunkt trat hinzu, daß die Armee in Belutschistan begann, ohne Rücksprache mit der Provinzregierung oder der Bevölkerung neue Kasernen anzulegen, die erkennbar auf die Kontrolle der Bevölkerung in sensiblen Regionen zielen, etwa in Gwadar, Dera Bugti oder Kohlu, wo traditionell regierungskritische Stämme siedeln, die bereits früher für die Autonomie und Rechte ihrer Provinz gekämpft hatten.

Der betagte belutschische Nationalistenführer Sardar Ataullah Mengal (1979 bis 2004 im Exil) erläuterte in einem Interview die Hintergründe des Konflikts so: »Schauen Sie sich diese sogenannten Mega-Projekte an und wie sie umgesetzt werden. Zuerst wird Land aufgrund manipulierter Kataster an ein paar Personen übertragen. Die Immobilien-Mafia verkauft das Land dann an Investoren aus Karachi, weshalb auch alle Büros und Investoren dieser Megaprojekte in Karachi sind. Dann finden wir heraus, daß auch die Arbeitskräfte aller dieser Projekte aus Karachi kommen. Darüber hinaus gehen alle Steuern im Zusammenhang mit den Projekten an die Bundesregierung, in der wir nicht wirklich repräsentiert sind. Wie sollen wir, die Menschen in Belutschistan, von solchen Projekten profitieren? Wir bekommen nur einen Haufen lauter und stinkender Maschinen und die Vertreibung der örtlichen Bevölkerung. Wir fürchten, daß die Menschen Belutschistans als Ergebnis dieser Megaprojekte zur Minderheit werden.«[293]

In der Hauptstadt Quetta und entlang der afghanischen Grenze bilden Paschtunen bereits die Mehrheit – darunter auch Flüchtlinge aus Afghanistan, deren Aufnahme die Provinz auch wirtschaftlich belastet. Und nun befürchtet man, daß durch Riesenprojekte wie den Hafen von Gwadar eine ganz neue Migrationsdynamik in Gang gesetzt wird. Belutschische Politiker weisen auf das Beispiel Karachis hin, wo durch seine wirtschaftliche Dynamik – und den bis vor kurzem einzigen Hochseehafen des Landes – die ursprünglichen Einwohner des Sindh zu einer kleinen Minderheit wurden. In Belutschistan sei die Gefahr noch weit größer: Die Provinz hat ja nur 6 bis 8 Millionen Einwohner (Belutschen und Paschtunen) – wenn nun Gwadar einmal die Größe Karachis annehmen würde, wäre man nicht nur dort marginalisiert, sondern in der gesamten Provinz hoffnungslos in der Minderheit.

Der Autoritarismus, Mangel an Föderalismus und demokratischer Mitsprache sowie der Streit um Ressourcen sind die Ursachen der Gewalt. Religiöser Extremismus spielt hier keine Rolle, und wenn, dann höchstens provinzintern durch sunnitische Extremisten gegen Schiiten (oft durch Paschtunen verursacht). Aber anstatt die säkularen belutschischen Akteure

217

zum Partner einer Politik gegen den religiösen Extremismus im benachbarten Afghanistan und der Nordwestprovinz zu machen, brachte Präsident Musharraf durch seine quasikoloniale Politik fast die gesamte Provinz gegen die Zentralregierung auf. Inzwischen stehen dort schätzungsweise 25.000 Soldaten und paramilitärische Truppen im Kampf gegen Aufständische, es werden Cobra-Kampfhubschrauber und F-16-Kampfflugzeuge eingesetzt.[294] Die Regierung scheint sich auf einen militärischen Sieg zu verlassen. Präsident Musharraf erklärte im Mai 2007 zuversichtlich, daß die Armee bereits »65 terroristische Lager« zerstört habe, die verbleibenden »drei oder vier« würden »bald eliminiert«.[295] Ein solcher Sieg bleibt allerdings unwahrscheinlich, auch weil das Militär sich woanders schon kaum lösbaren Aufgaben gegenübersieht.

Bürgerkrieg in der Nordwestprovinz

Zum blutigsten Konfliktherd Pakistans hat sich die Nordwestprovinz entwickelt. Allein in deren Stammesgebieten starben 2007 mindestens 1681 Menschen durch terroristische Anschläge oder bei Kämpfen, fast 47 Prozent aller in ganz Pakistan Getöteten[296] – wobei in den Stammesgebieten nur 2 bis 2,5 Prozent der pakistanischen Bevölkerung leben.

Zum Verständnis der Gewalt in der Nordwestprovinz muß daran erinnert werden, daß sich ihre paschtunischen Einwohner traditionell durch eine ausgeprägte, sehr konservative Art der Frömmigkeit auszeichnen, daß diese tiefe Religiosität allerdings früher meist unpolitisch blieb. Das änderte sich während der sowjetischen Besatzung Afghanistans (1979–1989). Damals kam es dort zu breitem bewaffneten Widerstand. Pakistan spielte eine bedeutende Rolle beim Kampf gegen die sowjetischen und afghanischen Regierungstruppen. Die islamistische Diktatur Zia ul-Haqs und die US-Regierung finanzierten, bewaffneten und organisierten mit Hilfe Saudi-

Arabiens einen »Jihad« in Afghanistan, um die Sowjetunion in die Knie zu zwingen. Dieser wurde insbesondere aus der pakistanischen Nordwestprovinz geführt.

Zur Mobilisierung der afghanischen Kämpfer, aber auch pakistanischer und arabischer Freiwilliger wurde von der pakistanischen und der US-Regierung die Religion instrumentalisiert: Kampf gegen die Sowjetunion sei ein Kampf gegen die »Ungläubigen«, ein Kampf »für den Islam«, ein »Heiliger Krieg«. Pakistan und die USA (wie auch Saudi-Arabien) setzten vor allem auf religiöse Extremisten wie die *Hisb-i-Islami* des Gulbuddin Hekmatyar, die heute oft an der Seite der Taliban kämpfen. (Hekmatyar brüstete sich Anfang 2007 damit, Usama bin Ladin bei seiner Flucht vor den US-Truppen bei Tora Bora 2001 geholfen zu haben.)[297] Die drei Länder forcierten – gemeinsam mit der islamistischen Partei JI und der deobandischen JUI – eine religiöse Radikalisierung und Militarisierung des Islam im Grenzgebiet, die den Krieg in Afghanistan schüren sollte, aber auch die pakistanische Gesellschaft erfaßte. Eine Folge dieses Prozesses war die dramatische Zunahme der Zahl religiöser Schulen (Medressen), die zur ideologischen Radikalisierung und zur Rekrutierung von Kämpfern dienten – und aus denen später die Taliban (»religiöse Studenten«) hervorgingen. Auf diese Weise entstand bei einer Strömung der pakistanischen Sunniten eine neue Kultur des *Jihad*, eine Verbindung des Glaubens mit dem militärischen Kampf – und es entwickelten sich enge Kontakte pakistanischer und afghanischer Extremisten zu internationalen jihadistischen Kämpfern. Als die Sowjetunion schließlich 1989 aus Afghanistan abzog, blieben diese extremistische Ideologie und ihre Infrastruktur intakt, zum Teil weiter mit saudischer und pakistanischer Hilfe, während die USA bis zum 11. September 2001 ihr Interesse verloren und ihr Engagement beendeten.

Nach dem Sturz der Taliban durch die USA und ihre islamistischen afghanischen Verbündeten der Nordallianz im Herbst

2001 flohen eine größere Anzahl der Taliban und 600–700 ausländische Kämpfer von al-Qaida (nach anderen Angaben bis zu 2000)[298] in die Stammesgebiete der pakistanischen Nordwestprovinz.

An dieser Stelle muß an die politische Situation in den Stammesgebieten (FATA) erinnert werden. Diese gehören zwar zur Nordwestprovinz, sind aber kein Teil der dort oder sonst in Pakistan üblichen Verwaltungsstruktur und werden auch nicht von der Regierung in Islamabad verwaltet, sondern verfügen über eine faktische, dezentrale Autonomie. Der pakistanische Staat übt hier nach wie vor weder juristisch noch faktisch direkte Macht aus, sondern bedient sich zweier indirekter Mechanismen: einmal der Beeinflussung der *Maliks*, also der lokalen Stammesführer, zweitens der Einberufung sogenannter *Jirgas* (Versammlung wichtiger Stammesführer), deren Beschlüsse durch die Stämme als verbindlich angesehen werden.

Diese politischen Mechanismen bedeuten, daß Verwaltung und Rechtswesen Pakistans keine direkte Beziehung zu den einzelnen Bürgern der FATA unterhalten, sondern die jeweiligen Stämme kollektiv für die Aufrechterhaltung von Sicherheit und Ordnung verantwortlich sind. Bei größeren Problemen werden so nicht einzelne Personen von Polizei oder Justiz zur Rechenschaft gezogen, sondern der betroffene Stamm durch die Regierung kollektiv bestraft, etwa durch eine Blokkade von ganzen Dörfern oder Regionen, Entzug wirtschaftlicher Vorteile oder die Auferlegung von Kollektivstrafen (etwa Geldstrafen), die den ganzen Stamm treffen und von allen Stammesangehörigen aufgebracht werden müssen. Dieses gegen grundlegende Menschenrechte verstoßende Verfahren erspart dem Staatsapparat die schwierige Aufgabe, gegen lokalen Widerstand eine eigene Verwaltungsstruktur aufzubauen, zementiert aber die lokale Unterentwicklung und stärkt die *Maliks* auf Kosten der Bevölkerung.

Eine solche politisch-administrative Struktur kann nur funktionieren, solange die Stämme – eine traditionelle, aber im Kern säkulare Instanz, die sich nicht von Gott, sondern einer unterstellten gemeinsamen Abstammung herleitet – jeweils als wichtigste politische Organisationsform allgemein akzeptiert sind. Diese Voraussetzung ist allerdings immer weniger gegeben, da beispielsweise durch die Möglichkeit der Migration in die Städte die Stämme für die Einzelnen graduell an Bedeutung verlieren, vor allem aber da seit dem Afghanistankrieg der 1980er Jahre und der Politisierung und teilweisen Militarisierung des Islam in der Region Anführer bewaffneter Gruppen und religiöse Führer deutlich an Bedeutung gewonnen haben. Deren Regel- und Wertesysteme unterscheiden sich von denen der Stämme graduell oder grundlegend. So gerieten partikularistisches Stammesrecht und universalistisches religiöses Recht in ein Spannungsverhältnis, während früher die lokalen Mullahs kaum politische Bedeutung besaßen und vor allem Teil des Stammes waren. Heute sind die Stammesstrukturen weiter von – auch psychologischer – Bedeutung, aber weniger stabil und belastbar als noch in den 1970er Jahren.

Vor diesem Hintergrund bedeutete das Einsickern größerer Gruppen von gut organisierten und bewaffneten jihadistischen Kämpfern aus Afghanistan in die FATA im Herbst 2001 eine weitere Machtverschiebung. Diese wurden meist freundlich aufgenommen, da man sich ihnen seit der gemeinsamen Kampfzeit im antisowjetischen *Jihad* verbunden fühlte. Damals waren auch durch Heiraten familiäre Bindungen entstanden, die eine positive Wahrnehmung begünstigten. Und schließlich bestanden durchaus auch ideologische Sympathien, da die jihadistische Umformung des deobandischen Islam in den Grenzgebieten seit dem Krieg gegen die Sowjetunion eine positive Grundwahrnehmung religiöser Kämpfer zur Folge hatte. Deshalb – und aufgrund finanzieller Zahlungen der ausländischen Jihadisten[299] an die Stämme oder ihre *Maliks* – wurden die Jihadisten in den Stammesgebieten akzeptiert und konnten die Region auch zur Vorbereitung von Überfällen und Anschlägen in Afghanistan nutzen.

So entstand eine Situation, bei der neben den Stämmen und den bedeutsamer gewordenen religiösen Führern nun auch Hunderte usbekischer, tschetschenischer und arabischer Kämpfer zu politischen Machtfaktoren in der FATA wurden.[300] (Es gibt auch Hinweise dafür, daß einige hundert uigurische Extremisten aus China in den südlichen Teil der Stammesgebiete geflohen sind.)[301] Zwischen diesen Ausländern und den traditionellen Stammesstrukturen entstanden auch einheimische, paschtunische Gruppen jihadistischer Kämpfer, die sich zuerst *Mujahedin* (religiöse Krieger), bald aber Taliban nannten. Diese Gruppen bildeten einerseits eine Brücke der lokalen Gesellschaft zu den ausländischen Jihadisten, zugleich aber untergruben sie zusätzlich die Macht der Stammestradition in einigen Regionen, da sie die Stammesführer nur noch akzeptierten, wenn diese ihren religiösen und politischen Vorstellungen entsprachen. Sie begannen bald, in bestimmten Gebieten selbst quasistaatliche Strukturen aufzubauen, die die Macht der *Maliks* ideologisch, aber auch durch Einschüchterung und Gewalt einschränkten. Auch der ohnehin geringe Einfluß der pakistanischen Behörden wurde so noch weiter zurückgedrängt.[302]

Die lokalen Jihadisten begannen in einigen Regionen mit der Verfolgung, Bestrafung und Hinrichtung Krimineller – erneut ein Indiz für die Untergrabung der Stämme und ihrer Gerichtsbarkeit –, ihre *Shuras* (Ratsversammlungen der Führer) setzten Männer unter Druck, sich Bärte wachsen zu lassen, bedrohten Geschäftsleute, die CDs, DVDs oder Videos verkauften, da Musik und Filme die Moral untergrüben und durch den Islam verboten seien. Wurde diesen Anweisungen nicht gefolgt, sprengten sie entsprechende Geschäfte nicht selten in die Luft. Dies betraf selbst Friseurläden, wo sich Männer rasieren lassen konnten. Nichtregierungsorganisationen – insbesondere solche mit ausländischer Unterstützung oder zur Förderung von Frauen – wurden bedroht und zum Teil gewaltsam angegriffen und vertrieben, da ihre Arbeit subversiv sei, westliche Werte propagiere und letztlich im Auftrag Washingtons erfolge.[303] In Waziristan begannen lokale Taliban Steuern und von Lkw-Fahrern Gebühren zu erheben sowie Verwaltungsstrukturen zu organisieren. Jede Region erhielt so eine Ratsversammlung, »jedes Dorf einen Beauftragten der Taliban«. Die Vorsitzenden der drei Regionalräte unterstehen einem weiteren Gremium, das »vom afghanischen Kommandanten Jalaluddin Haqqani geleitet wird, einem langjährigen Favoriten der pakistanischen Geheimdienste. Dieses übergeordnete Gremium kümmert sich um Nord- und Süd-Waziristan und koordiniert seine Aktivitäten mit Mullah Dadullah [im Mai 2007 in Afghanistan gefallen, JH], dem wichtigsten militärischen Kommandeur der [afghanischen, JH] Taliban.«[304]

»Trotz der militärischen Anstrengungen bleibt die Kontrolle der Regierung in Nord-Waziristan im besten Fall gering und die der örtlichen Behörden praktisch auf die Regierungsgebäude beschränkt. Die Gemeinden Mirali und Miramshah werden völlig von den umgruppierten Militanten beherrscht. Mehrere Beamte wurden entführt oder getötet. Der Rat der Mujahedin von Nord-Waziristan verbot den Stammesführern, Beamte zu treffen, hat regierungsfreundliche Stammesführer angegriffen und mehr als 150 von ihnen und sogar Kleriker ermordet, die der Zusammenarbeit mit der Regierung verdächtigt wurden. Er ließ diejenigen enthaupten, denen Spionage für die USA vorgeworfen wurde, und hinterließ Nachrichten bei den Leichen, daß es allen Kollaborateuren ebenso ergehen würde.«[305]

Aufgrund solcher Vorkommnisse kann es nicht überraschen, daß sich in den Stammesgebieten auch Kämpfe zwischen lokalen Taliban und manchen Stämmen oder Unterstämmen ereignen, auch wenn hier die Grenzen nicht immer leicht zu ziehen sind. Es kam zu schweren Anschlägen gegen Stammesvertreter, etwa einem Selbstmordattentat im März 2008 gegen eine *Jirga*, die ein gemeinsames Vorgehen mehrerer Stämme gegen die Jihadisten beriet. Dabei starben mindestens 42 Menschen, einschließlich wichtiger Stammes- und religiöser Führer.[306]

Darüber hinaus gab es schwere Gefechte zwischen diesen beiden und Gruppen der ausländischen Jihadisten (insbesondere mit Usbeken der »Islamischen Bewegung Usbekistans«, in Waziristan geführt von Tahir Yuldeshev, die sich durch ihre Einmischung in lokale Auseinandersetzungen unbeliebt gemacht hatten, während die geringere Zahl arabischer Kämpfer sich neutral verhielt), die zum Teil hohe Opferzahlen forderten. So wurden im März 2007 etwa 500 bis 1000 al-Qaida-Kämpfer und Verbündete von rund 1500 Bewaffneten unter der Führung des mit der Regierung kooperierenden lokalen Taliban-Kommandanten und Führers eines Stammes der Ahmadzai Wazir, Maulana Nazir, angegriffen, wobei allein an zwei Tagen 54 Jihadisten (davon 45 Ausländer, zum großen Teil Usbeken) getötet wurden.[307]

Zugleich standen die Bewohner der FATA nicht allein unter dem Druck jihadistischer Gruppen, sondern auch der Behörden und des Militärs. Diese nahmen oft ganze Dörfer oder Stämme in Haftung, um einzelner Verdächtiger oder extremistischer Gruppen habhaft zu werden.

Als typisch kann der folgende Fall von Anfang 2008 gelten: »Das Militär stellte den Bewohnern der Gegend um Mazeedkhel ein Ultimatum, zwei Führer der Militanten bis 12 Uhr am Sonntag auszuliefern. ... Ansonsten würden die Sicherheitskräfte Maßnahmen aufgrund der *Frontier Crimes Regulation* ergreifen. Dieses Ultimatum führte zur Panik unter der Bevölkerung der Region, die eine Hochburg der Militanten der Stadt Darra ist. ... Augenzeugen berichteten, daß viele Familien ihre Häuser verließen.«[308]

Solche Ultimaten – darauf wurde bereits hingewiesen – mögen jenseits ihrer menschenrechtlichen Fragwürdigkeit in Fällen funktionieren, in denen lokale Autonomie- und Stammesstrukturen intakt sind und es sich um die Auslieferung einzelner handelt. Wenn die betroffene Gemeinschaft aber nicht mehr handlungsfähig ist, weil etwa die Autorität einer Stammesführung nicht mehr allgemein akzeptiert wird, sich einzelne ihrer Überstellung entziehen oder die auszuliefernde Gruppe zahlreich und gut bewaffnet ist, dann können solche Androhungen von Kollektivstrafen ihr Ziel kaum erreichen und werden darüber hinaus die Sympathie der Bevölkerung für die Behörden und das Militär beschädigen – ohne die jede Aufstandsbekämpfung aussichtslos bleibt.

Ein Stammesältester aus der Gegend von Kohat beschwerte sich anläßlich eines Ultimatums zur Auslieferung von »Militanten und Kriminellen«, daß diesem kaum nachzukommen sei, da die Behörden versäumt hätten, eine Namensliste zu übermitteln. Darüber hinaus würden die Behörden immer wieder an den *Maliks* vorbei direkte Gespräche mit Jihadisten führen und so die Position der Stämme untergraben, dann aber die *Maliks* für das Verhalten der Militanten verantwortlich machen.[309] Wenn dann noch bei Strafaktionen oder anderen militärischen Operationen Zivilisten zu Schaden kommen, werden möglicherweise die Regierung und das Militär als das schlimmere zweier Übel wahrgenommen. Dann wird das Militär psychologisch zur Besatzungstruppe im eigenen Land und verliert jede realistische Chance, einen Keil zwischen die Bevölkerung und die Jihadisten zu treiben.

Diese Entwicklungen beschränkten sich nicht allein auf die Stammesgebiete, auch wenn sie dort ihren Ursprung nahmen.

Sie griffen insbesondere in den letzten Jahren auch auf benachbarte Regionen der Nordwestprovinz über, etwa bei Tank, Bannu oder Kohat.

Zugleich aber kam es auch in »besiedelten« Bezirken der Provinz (»*settled areas*« meint in der NWFP die Regionen außerhalb der FATA) zu parallelen Entwicklungen, die politisch mit den Entwicklungen in den Stammesgebieten verknüpft waren, aber aus lokalen Wurzeln entsprangen. So bildeten sich auch in Upper Dir und dem Swat-Tal bewaffnete Gruppen, die um extremistische und charismatische religiöse Führer gruppiert waren. Im Swat-Tal standen bald einige tausend Bewaffnete bereit, um eigene religiöse und moralische Vorstellungen mit Gewalt durchzusetzen und Ansätze eigener Justiz und Polizeigewalt zu etablieren.[310] Der dortige Maulana Fazlullah trägt wegen seines in Swat viel gehörten UKW-Senders den Spitznamen »Radio Mullah«. Er wurde unter anderem dadurch bekannt, daß er in seinen täglichen Sendungen zur öffentlichen Verbrennung von CD, DVDs und Videokassetten aufrief und eine Kampagne gegen die geplante Polio-Schutzimpfung begann, da diese angeblich eine westliche Verschwörung sei, um muslimische Kinder unfruchtbar zu machen.[311]

Die pakistanische Armee ging seit 2002 – und verstärkt ab 2004, als etwa 80.000 Soldaten eingesetzt wurden (später über 100.000) – militärisch gegen die Jihadisten in den Stammesgebieten vor. Diese Einsätze waren nur mäßig erfolgreich, die Armee erlitt teilweise schwere Verluste und flog nun auch massive Luftangriffe. Die zivilen Opfer führten zu verstärktem Widerstand der betroffenen Stämme, was die ausländischen und lokalen extremistischen Kämpfer politisch stärkte und deren Zusammenarbeit förderte. Dazu kamen vereinzelte, aber politisch oft verheerende Angriffe durch US-Kräfte. Der wichtigste Vorfall war 2006 ein Raketenangriff auf eine Medresse im Dorf Chingai (Bajaur Agency, Stammesgebiete) durch – sehr wahrscheinlich – US-Truppen aus Afghanistan, bei dem

82 Menschen starben, darunter viele Frauen und Kinder.[312] Einige Tage später kam es zu einem Vergeltungsangriff durch einen Selbstmordattentäter, bei dem 42 pakistanische Soldaten getötet wurden.[313] Insgesamt starben bei den Kämpfen bis 2007 vermutlich mehr als 1400 Soldaten und eine unbekannte Zahl an jihadistischen Kämpfern und Zivilisten. Die militärischen Rückschläge, das Unbehagen, gegen die eigene Bevölkerung und »gläubige Muslime« vorgehen zu müssen, und das Gefühl, eigentlich im Auftrag der USA zu handeln, ließen die Kampfmoral vieler Soldaten sinken. Ein Beispiel dafür stellte ein Zwischenfall im August 2007 dar, bei dem eine kleine Gruppe örtlicher Taliban mindestens 211 Soldaten gefangennahm, darunter zwei hohe Offiziere, die sich nicht einmal verteidigten und später gegen 28 gefangene Jihadisten ausgetauscht wurden. Der indische Geheimdienst will durch Abhören des Funkverkehrs des pakistanischen Militärs festgestellt haben, daß allein vom 11. bis 16. Oktober 2007 rund 160 Soldaten desertiert seien.[314]

Zugleich kam es seit April 2004 immer wieder zu Versuchen, die Konflikte in den Stammesgebieten durch Verhandlungen beizulegen, wobei häufig Politiker der – mit den Taliban sympathisierenden – JUI und Stammesversammlungen zur Vermittlung genutzt wurden. In einigen Fällen bestand der Ansatz darin, die Stämme zu verpflichten, jihadistische Kämpfer selbst zu disziplinieren oder der Regierung auszuliefern – im Gegenzug sollten das Militär sich zurückziehen und die zivilen Behörden finanzielle Zuwendungen leisten oder Entwicklungsprojekte durchführen. Da allerdings in einigen Regionen die lokalen Machtverhältnisse dies nicht mehr zuließen, in anderen der politische Wille nicht vorhanden war, kam es auch zu direkten Verhandlungen der Behörden mit lokalen Taliban. Dies legitimierte und stärkte sie zusätzlich gegenüber den nichtextremistischen Kräften.

Selbstmordattentate

Beispiele für die Eskalation der Gewalt sind eine Reihe von Selbstmordanschlägen auf Militärpersonal., u. a. in Rawalpindi (dem Sitz des Oberkommandos des Heeres), die schweren Kämpfe bei der blutigen Erstürmung der »Roten Moschee« in Islamabad (Juli 2007)[315] und die Ermordung der Oppositionsführerin und früheren Ministerpräsidentin Benazir Bhutto in Rawalpindi (Dezember 2007).

Selbstmordanschläge waren bis vor kurzem in Pakistan unbekannt – wie übrigens auch im Irak. Allein diese Tatsache belegt schon, daß sie nicht »durch den Islam« verursacht werden, der ja in der Region des heutigen Pakistans seit rund 1000 Jahren dominiert, ohne in dieser Zeit diese spezielle Gewaltform hervorgebracht zu haben. Auch der Islamismus (ein eher junges Phänomen, das es hier seit spätestens dem Anfang der 1940er Jahre gibt, als die JI gegründet wurde) oder die deobandische Variante des sunnitischen Islam können als solche kaum dafür verantwortlich sein. Der erste Selbstmordanschlag in Pakistan scheint im März 2002 in den Stammesgebieten erfolgt zu sein, wenn man von einem isolierten Fall 1996 gegen die ägyptische Botschaft in Islamabad absieht, der vermutlich durch al-Qaida-nahe Täter verübt worden war. Aufgrund der militärischen Eskalation und zum Teil zur Vergeltung ziviler Opfer kam es seit 2002 zu weiteren, diese beschränkten sich aber zuerst noch fast völlig auf die *Tribal Agencies*. Bis 2004 blieben Selbstmordanschläge relativ selten, sie eskalierten insbesondere ab 2006 – als Reaktion auf den erwähnten Raketenangriff in Bajour. Von 2002 bis Ende 2006 gab es insgesamt 20 Selbstmordanschläge, 2007 waren es landesweit bereits 56, davon 27 in der Nordwestprovinz.[316] Mehrheitlich wurden sie in der zweiten Jahreshälfte durchgeführt. Aus diesen Zahlen läßt sich einerseits schließen, daß es Selbstmordanschläge in Pakistan erst seit der US-geführten Eroberung Afghanistans, dem Sturz der dortigen Taliban und der Flucht größerer Gruppen von al-Qaida-Kämpfern in die pakistanischen Stammesgebiete gibt. Zweitens ist erkennbar, daß die dramatischste Welle an Selbstmordanschlägen erst seit dem zweiten Halbjahr 2007 erfolgte, offensichtlich als Reaktion auf die Erstürmung der »Roten Moschee« in Islamabad und die Verhängung des Ausnahmezustands. Bemerkenswert an der Entwicklung ist, daß Selbstmordanschläge zuerst entweder gegen Militär und Polizei gerichtet waren oder durch konfessionelle Extremisten gegen Sunniten oder Schiiten erfolgten – im Jahr 2007 kam es darüber hinaus auch zu Anschlägen gegen allgemeine Ziele wie Gerichte oder Hotels (in Quetta und Islamabad), die weder sicherheitsrelevant waren noch konfessionellen Charakter hatten. Offensichtlich weiteten sich Selbstmordanschläge nicht nur geographisch, sondern auch in bezug auf die Zielauswahl aus.

Sie sind in Pakistan wie anderswo eine außergewöhnliche und meist seltene Form des Kampfes und nicht leicht zu erklären – insbesondere, wenn sie früher nicht vorkamen und plötzlich gehäuft auftreten. Ihr pragmatischer Nutzen liegt dabei auf der Hand: Sie stellen eine wirksame Waffe militärisch Unterlegener gegen übermächtige Feinde dar, sie können mit geringen und kostengünstigen Mitteln relativ großen Schaden anrichten und hohe Opferzahlen verursachen, und gegen sie gibt es kaum wirksame Schutzmaßnahmen. Trotzdem bleiben sie außergewöhnlich und relativ selten, da die bewußte Selbsttötung der Täter eine hohe Hürde darstellt und im Islam – wie im Christentum und anderen Religionen – verboten ist. Insofern stellt sie auch für religiöse Extremisten nicht das am nächsten liegende taktische Gewaltmittel dar, auch wenn gerade die Religion zur Motivation und Exkulpierung der Täter (»Märtyrer«) genutzt werden kann. Neuere Forschungen haben ergeben, daß Selbstmordanschläge eigentlich nur dort in gewissem Umfang auftreten, wo sich (säkulare oder religiös geprägte) politische Organisationen im Kampf gegen einen übermächtigen Gegner befinden, der das Land einer ethnischen oder nationalen Gruppe militärisch besetzt hält, zumindest aus Sicht der Tätergruppe – wie im Irak, Afghanistan, Palästina, Sri Lanka.[317] Dies wirft im Falle Pakistans ernste Fragen auf, denn dort kann von einer ausländischen Besatzungsmacht keine Rede sein. Allerdings: Auf den zweiten Blick ist die Lage komplizierter. Große Teile der Bevölkerung in der Nordwestprovinz – und zwar nicht allein die Jihadisten oder Radikalen, auch nicht nur die Menschen in den Stammesgebieten – betrachten die Präsenz von USA und NATO in Afghanistan als militärische Besetzung paschtunischen Landes, ähnlich wie früher die sowjetische Besatzung. In den Stammesgebieten und darüber hinaus wird die Grenze zu Afghanistan ja weiterhin als kolonialer Fremdkörper betrachtet, der Stämme und Familien nicht wirklich trennen kann. Die Präsenz und militärischen Operationen der überwiegend punjabisch geprägten pakistanischen Armee mit ihren Todesopfern unter Kämpfern, Stammesangehörigen und Zivilbevölkerung werden darüber hinaus in vieler Hinsicht als Besetzung der historisch und juristisch autonomen Stammesgebiete empfunden. Schließlich werfen auch viele Paschtunen der Nordwestprovinz dem Militär und der Regierung vor, eigentlich nur im Auftrag der USA zu handeln und so die Hilfstruppe einer fremden Besatzungsmacht zu sein. Diese Wahrnehmung wird dann religiös überhöht und zum Kampf gegen westliche – antiislamische – Einflüsse genutzt, gegen die man sich mit *allen* Mitteln zur Wehr setzen müsse. In diesem Zusammenhang finden sich dann immer wieder Menschen, die gegen diese Situation auch mit dem Mittel der Selbstmordattentate zu kämpfen bereit sind.

Insgesamt ergeben die vier Hauptkonflikte für Pakistan eine schwere Krise. Allerdings befindet sich das Land ohnehin in einer krisenhaften Situation: Das Pendeln zwischen schwachen, oft korrupten und mäßig kompetenten demokratischen Regierungen und verschiedenen Formen teilweise repressiver Militärherrschaft ist Indiz für eine strukturelle Schwäche, die immer wieder krisenhafte Zuspitzungen produziert. Die aktuelle Situation, in der der überwältigende Teil der Gesellschaft den amtierenden Präsidenten Musharraf für nicht mehr legitim hält und sich dessen Rücktritt wünscht, während dieser sich an die Macht klammert, dabei die Verfassung verletzt, den Notstand nach Belieben verhängt, wieder aufhebt und erneut damit drohen läßt, stellt bereits für sich eine gesellschaftliche und politische Krise dar. Hier ist der latente und manifeste Autoritarismus des politischen Systems ein Krisenfaktor. Dies alles aber noch in einem Umfeld zweier Provinzen im Bürgerkrieg und der beiden anderen in Situationen latenter und akuter Gewalt bedeutet nicht allein eine Krise, sondern eine solche dramatischen Ausmaßes.

In diesem Kontext erweisen sich allerdings die Gewaltherde in den einzelnen Provinzen als von sehr unterschiedlicher Relevanz für die Stabilität des staatlichen Gesamtsystems. Aufstand und Bürgerkrieg in Belutschistan sind dabei nur von zweitrangiger Wichtigkeit. Belutschistan ist für Pakistan von nur mäßiger Bedeutung, es verfügt über kaum mehr als 5 Prozent der Bevölkerung. Die Provinz ist wirtschaftlich arm und in vergleichbar geringem Maß in die pakistanische Gesellschaft integriert. Dortige Entwicklungen gelangen nur zum Teil in die nationalen Medien, wodurch sie politisch weniger relevant sind, als die gleichen es anderswo wären. Gäbe es nur diesen Konfliktherd, könnte sich die Regierung realistische

Hoffnungen machen, ihn zu isolieren und auszusitzen. Dies gilt um so mehr, als der Krieg in der benachbarten Nordwestprovinz völlig andere Hintergründe und Akteure hat und deshalb eine Verknüpfung beider vorläufig unwahrscheinlich ist. Allerdings: Zwei Aspekte verbinden den Aufstand und Krieg in dieser Provinz politisch doch mit dem Rest des Landes: einmal die symbolische Bedeutung dessen, daß dort eine mächtige Zentralregierung und ihr Militär eine schwache Provinz drangsalieren und ihre Rechte mit Gewalt beschneiden. Diese Erfahrung wird auch im Sindh – und in geringerem Maß und unter anderen politischen Bedingungen in der Nordwestprovinz – aufmerksam registriert. Der Sindh vermag daran abzulesen, was unter anderen Bedingungen auch sein Schicksal sein könnte. Zweitens bindet die militärische Situation in Belutschistan eine hohe Zahl von Soldaten und Paramilitärs, die anderswo – für allgemeine Sicherungsaufgaben, an der Grenze zu Indien, in Kaschmir oder in der Nordwestprovinz – nicht zur Verfügung stehen. Dies beschränkt die militärischen Optionen der Regierung anderswo zu einem gewissen Teil.

Die latente Konfliktsituation in Karachi ist gegenwärtig weniger akut bedrohlich, da das Konfliktniveau gering bleibt und ein Einsatz von Militär zur Zeit nicht erforderlich ist. Allerdings: Karachi stellt weiterhin das wirtschaftliche Kraftzentrum Pakistans dar, wenn sich in den letzten Jahren die Gewichte auch leicht in den nördlichen Punjab (vor allem nach Lahore) verschoben haben. Deshalb können auch kleinere Spannungen in Karachi – sobald sie die Wirtschaftskraft beeinträchtigen – nicht im Interesse der Regierung und des ganzen Landes sein. Darüber hinaus befand sich die dortige MQM bis 2008 in einer Koalitionsregierung mit der Musharrafnahen PML-Q – und ein Image der MQM als weiter akut oder potentiell gewalttätig wurde automatisch der Regierung in Islamabad und Präsident Musharraf persönlich zugeschrieben, was deren Legitimität untergrub. Die Gewaltexzesse des Mai 2007 waren ein deutliches Beispiel. Der latente Konflikt in Karachi stellt deshalb nicht das wichtigste Problem der Regierung dar, darf aber auch nicht auf die leichte Schulter genommen werden. Durch die Annäherung der MQM an die PPP und PML-N nach den Wahlen von 2008, als die MQM im Parlament sogar den neuen Ministerpräsidenten Gilani mit wählte, ging die Spannung weiter zurück.

Ähnliches gilt für die immer wieder aufbrechenden konfessionellen Konflikte zwischen sunnitischen und schiitischen Gruppen. Auch die in diesem Kontext vorkommenden Anschläge und Massaker stellen keine Bedrohung der Macht der Regierung oder der Stabilität der staatlichen Strukturen dar, da sie ein dafür nötiges Ausmaß bei weitem nicht erreichen. Sie fallen aber doch ins Gewicht, da sie zusätzlich zu den anderen Gewaltprozessen erfolgen und so dazu beitragen, das Gefühl allgemeiner Unsicherheit, Instabilität und Bedrohung in der Bevölkerung noch zu verschärfen – was letztlich die Regierung schwächt, da man von ihr die Gewährleistung von Sicherheit erwartet.

Am heikelsten für die Regierung sind die Terrorkampagne, die lokalen Ansätze extremistischer Gegenstaatlichkeit und der Krieg in der Nordwestprovinz. Diese bedeuten zwar auch zusammengenommen noch keine direkte Bedrohung des Regimes oder des Staates, tragen aber doch zu allgemeiner Verunsicherung, Instabilität und Delegitimierung der Regierung bei, die die Welle der Gewalt offensichtlich nicht zu beenden vermag. Im Gegensatz zum Aufstand in Belutschistan findet die Gewalt in der Nordwestprovinz auch nicht in einem abgelegenen, politisch marginalisierten Landesteil statt, sondern nur wenige Autostunden von der Hauptstadt Islamabad entfernt. Die Provinz ist von weit höherer Bedeutung für die poli-

tischen Machtstrukturen Pakistans. Auch ideologisch und außenpolitisch bestehen wichtige Unterschiede: Während die
Kämpfe in Belutschistan darauf zielen, innerhalb des pakistanischen Staates die eigene Position zu verbessern, bestreiten
die paschtunischen Kämpfer in der NWFP offen die Legitimität der Regierung, die man als Werkzeug der USA betrachtet
und für »unislamisch« hält – zumindest bis zu den Wahlen
von 2008. Schließlich ist der Druck auf die Regierung in bezug
auf die NWFP deutlich größer als bei anderen Konfliktlinien,
da die dortige Gewalt eng mit dem Krieg in Afghanistan verknüpft ist, die US-Regierung in dieser Hinsicht Pakistan stark
unter Druck setzt und zugleich das US-Militär immer wieder
selbst verdeckt aus Afghanistan in die Kämpfe eingreift.

Darüber hinaus hat der Gewaltkonflikt in der Nordwestprovinz seit dem Sommer 2007 begonnen, sich durch – vor
allem, aber nicht ausschließlich – eine Welle terroristischer
Anschläge auf die städtischen Zentren des Punjab (Rawalpindi, Lahore) und die Hauptstadt Islamabad auszuweiten.

Islam, Extremismus und säkulare Politik

Religiöse Parteien zwischen Religion und Politik: JUI und JI

In Pakistan herrscht kein Mangel an religiösen Parteien sehr
unterschiedlicher Ausrichtung. Manche Schätzungen gehen
davon aus, daß es bis zu 50 oder gar 80 von ihnen gibt; ein
Autor glaubt gar, 227 religiöse Parteien identifizieren zu können.[318] Allerdings: Fast alle sind politisch bedeutungslos. Auch
zusammengenommen waren die religiösen Parteien bei Wahlen fast immer ausgesprochen erfolglos. Bei den Wahlen von
2008 erreichten sie nur 6 von 336 Parlamentssitzen.

Große Teile der pakistanischen Bevölkerung halten den
Islam zwar für höchst bedeutsam für ihr Leben und ihre Ge-

sellschaft, wählen aber trotzdem in überwältigendem Maße säkulare Parteien. Die einzige Ausnahme von dieser Regel gab es bei den Wahlen von 2002, als das religiöse Parteienbündnis MMA mit 12,3 Prozent der Stimmen 16,5 Prozent der Parlamentssitze gewann.[319] In der Nordwestprovinz errang es sogar mit 52 von 99 Mandaten die knappe Mehrheit im Provinzparlament.[320] Diese Wahl erfolgte allerdings unter außergewöhnlichen Umständen: Ihr Ergebnis stellte vor allem eine Reaktion auf die kurz zuvor erfolgte Militärintervention im Nachbarland Afghanistan dar, es bedeutete weniger einen Vertrauensbeweis für die religiösen Parteien, sondern eine Protestwahl gegen die Politik der USA. Bei den Wahlen von 2008 fielen die religiösen Parteien selbst im Provinzparlament auf den vierten Platz zurück und erreichten nur noch 10 von 86 Sitzen.[321]

Das unübersichtliche Feld der religiösen Gruppierungen wird von zwei Parteien dominiert. Es handelt sich um die *Jamiat-Ulema-i-Islam* (JUI), die selbst in zwei Parteien gespalten ist: Die JUI-F wird von Maulana Fazlur Rehman geführt, ihre kleinere Konkurrenz JUI-S von Maulana Samiul Haq. (Die Buchstaben nach den Parteinamen verweisen auf die Vornamen des jeweiligen Vorsitzenden.) Ihnen gegenüber steht die *Jamaat-i-Islami* (JI) unter der Führung von Qazi Hussain Ahmad.

Die JUI spaltete sich 1945, also noch vor der Staatsgründung, von der indischen *Jamiat-Ulema-i-Hind* (gegründet 1919) ab, der man ihre Ablehnung der Gründung Pakistans vorwarf. Bis zum Staatsstreich General Ayub Khans war sie eine nur religiöse Organisation und blieb politisch bedeutungslos. Nach seinem Sturz wurde sie zu einer tatsächlichen politischen Partei und beteiligte sich an Wahlen. Sie ist heute die größte religiöse Partei Pakistans, wenn ihre Organisationsstruktur auch weit schwächer ist als die der konkurrierenden JI.

Die JUI repräsentiert die Strömung, die wir oben als »orthodox« bezeichnet haben. Ihre Kader sind erzkonservative

Theologen und Prediger, die die Mehrheit der Moscheen und Medressen (religiöse Schulen und z. T. Hochschulen) kontrollieren. Beide Flügel der Partei vertreten die deobandische Richtung des sunnitischen Islam, sie neigen zu extremer Feindseligkeit Schiiten und Ahmadis gegenüber, häufig auch gegen die sunnitischen Barelvis. In diesem Sinne ist die JUI eine ausgeprägt konfessionelle Partei. Sie ist ländlich geprägt, und ihre Funktionäre und Mitglieder verfügen über einen vergleichsweise niedrigen Bildungsstand. Das Führungspersonal hat zu einem hohen Prozentsatz eine Ausbildung an Medressen durchlaufen. Ihre Hochburg ist die paschtunisch geprägte Nordwestprovinz, aber sie verfügt auch in den paschtunischen Regionen Belutschistans über Einfluß. Im Sindh und im Punjab ist sie relativ schwach: Im Sindh konnte sie bei den Wahlen von 2008 keinen einzigen Sitz im Provinzparlament gewinnen, im Punjab nur zwei. In gewissem Sinne vertritt sie deshalb vor allem die konservativen, ländlichen Paschtunen. Die beiden Flügel der JUI unterscheiden sich in politischen Fragen kaum, allerdings spaltete sich die kleinere JUI-S 1985 von der alten JUI (nun inoffiziell üblicherweise JUI-F genannt) ab, als diese zu Beginn der 1980er Jahre bei Protesten gegen die Diktatur Zia ul-Haqs mit der PPP der Familie Bhutto kooperieren wollte.

Die *Jamaat-i-Islami* (JI) ist demgegenüber die klassische Partei des Islamismus in Pakistan. Sie entstand 1941, also ebenfalls noch vor der Entstehung Pakistans, in Indien. Ihr Gründer war der bekannte islamistische Theologe Maulana Syed Abul Ala Maududi, dessen Schriften den entstehenden Islamismus weit über Indien und Pakistan hinaus beeinflußten. Die JI sprach sich damals gegen die Gründung Pakistans aus, da sie panislamische Auffassungen vertrat und der Gründung eines Nationalstaats nichts abgewinnen konnte – und dem säkularen Projekt der Staatsgründer noch weniger. Inzwischen hat die JI lange den Staat Pakistan akzeptiert und betrachtet sich als seine ideologische Vorhut. Ihr ideologischer Panislamismus ist nicht verschwunden, aber durch pragmatische und nationale Erwägungen wesentlich gemäßigt. Die Partei ist islamistisch, aber überkonfessionell, auch wenn in ihr die konservativen sunnitischen Richtungen der Deobandi und Ahle Hadith in der Mehrheit sind. Allerdings gibt es in ihren Reihen auch Mitglieder der Barelvi und sogar Schiiten, was in der JUI undenkbar wäre.

Die JI kann sich vor allem auf Teile der städtischen Mittelschichten stützen, ihre Funktionäre verfügen oft über ein überdurchschnittliches Bildungsniveau. Die Partei ist von allen pakistanischen Parteien vermutlich am besten organisiert. Ihre Mitgliederzahl ist klein,[322] was auch an der strengen Auswahl und Schulung der Mitglieder und einem langjährigen, mehrstufigen Verfahren zur Erreichung der Vollmitgliedschaft liegt. Rana nennt rund 16.000 Vollmitglieder und über 56.000 Aktivisten, von denen 1300 bzw. 9400 Frauen seien.[323] Manche Schätzungen nennen mehr als vier Millionen mit der Partei organisatorisch verknüpfte Sympathisanten, was allerdings übertrieben erscheint.[324]

In mancher Hinsicht verfügt die JI über eine Organisationsstruktur, die leninistischen Parteiprinzipien ähnelt. Trotz ihres geringen Umfangs und ihrer Erfolglosigkeit bei Wahlen ist sie ideologisch einflußreich, was sich auch daran zeigt, daß die säkularen Parteien nicht selten aus opportunistischen Gründen Forderungen der JI übernommen haben. Darüber hinaus verfügt sie über eine Mobilisierungsfähigkeit (etwa bei Demonstrationsaufrufen), die über ihre eigene Mitgliedschaft weit hinausreicht. Ihre Parteiorganisation ist von allen Parteien vermutlich die demokratischste (so werden auch die höchsten Parteifunktionäre von den Mitgliedern gewählt), was allerdings aufgrund der bei den anderen (auch säkularen) Parteien fehlenden innerparteilichen Demokratie kein Kunststück ist.[325]

Der religiöse Radikalismus und teilweise Extremismus von JUI und JI führt viele Beobachter in westlichen Ländern dazu, beide Parteien für prinzipiell antidemokratisch und gewalttätig zu halten. Die ideologische Nähe der JUI zu den afghanischen Taliban und der JI zu Jihadisten in Kaschmir und anderswo legt eine solche Annahme nahe, die bei näherem Hinsehen allerdings zu pauschal ist. Beide Parteien vertreten einen Radikalismus fundamentalistischer bzw. islamistischer Provenienz und stehen der Demokratie mit einer gewissen Ambivalenz gegenüber, was sie erneut mit den großen säkularen Parteien (PPP und PML) verbindet, die auch mehr von ihr reden, als sie zu praktizieren. Sie sind der Auffassung, daß die Souveränität nicht beim Volk liege, sondern allein bei Gott. Diese theologische Position läßt sich offensichtlich für antidemokratische Politik instrumentalisieren, kann aber ebenso für das Gegenteil genutzt werden, wenn man etwa Diktatoren und politischen Eliten vorwirft, sich Macht anzumaßen, die ihnen nicht zusteht. Diese göttliche Souveränität soll stellvertretend – wenn auch im Rahmen der göttlichen Gebote – von den Wählern ausgeübt werden. Dies gilt insbesondere deshalb, weil »alle Menschen gleichermaßen Stellvertreter Gottes (»vice-regents of God«) auf Erden sind und niemandem aufgrund seiner Geburt oder seines Wohnortes oder gesellschaftlichen Status Privilegien zustehen.«[326] Allerdings, darauf weist Brohi hin, »erstreckt sich diese gleiche Stellvertreterschaft Gottes im Rahmen der Praxis der MMA ausschließlich auf Männer beziehungsweise auf muslimische Männer«.[327]

Die Frage der Demokratie bleibt letztlich theologisch offen und muß politisch entschieden werden. Dabei wiederum haben beide Parteien lernen müssen, daß ihre Wirkungsmöglichkeiten und sogar ihre bloße Existenz davon abhängen, daß es in Pakistan demokratische Freiheiten und Wahlen gibt. Ohne diese läge die Macht allein beim Militär und den säkularen Eliten (Bürokratie, »Feudalherren«, Wirtschaftsführer).

Trotz ihres regelmäßig schlechten Abschneidens bei Wahlen treten die beiden größten religiösen Parteien deshalb inzwischen für demokratische Verfahren ein – also nicht unbedingt aus ideologischer Überzeugung, sondern aus politischer Notwendigkeit.

Auf die Verhängung des Ausnahmezustandes im November 2007 reagierte Maulana Fazlur Rehman im Namen des religiösen Parteienbündnisses MMA mit folgender Erklärung: »Die *Muttahida Majlis-i-Amal* lehnt die Verhängung des Notstandes ab und fordert seine sofortige Aufhebung, die Wiederherstellung der Justiz, das Ausscheiden General Musharrafs aus dem militärischen Dienst, die Freiheit der Medien und die Freilassung der verhafteten Politiker, Rechtsanwälte und Journalisten.«[328] Auch nach der Aufhebung des Notstands blieb die JUI bei solchen Positionen, wenn sie etwa im März 2008 die »vollständige Freiheit der Medien« forderte, denen man gestatten solle, anstatt staatlichen Maßregelungen unterworfen zu sein, eigene ethische Verhaltensregeln zu erarbeiten.[329]

Der Vorsitzende der JI, Qazi Hussain Ahmed, hatte kurz vor den Wahlen rhetorisch gefragt: »Wie können wir im besetzten Kaschmir grundlegende Menschenrechte fordern, wenn dieselben Rechte den Menschen in Pakistan und Azad Kaschmir in flagranter Weise verweigert werden?«[330], und nach dem Urnengang formuliert, daß »wirkliche Demokratie nur wiederhergestellt werden« könne, »wenn alle staatlichen Institutionen im Rahmen der Verfassung arbeiten«. In einem Telefongespräch mit dem PPP-Co-Vorsitzenden Asif Zardari riet er den Wahlsiegern PPP und PML, »zusammenzuarbeiten, um die Souveränität der Verfassung und des Parlamentes sicherzustellen, die entlassenen Richter der obersten Gerichte wieder einzusetzen und Pervez Musharraf aus der Präsidentschaft zu entfernen«.[331] Auf dieser Grundlage bot er der neuen Regierung »Unterstützung ohne irgendwelche Bedingungen« an.[332]

Bemerkenswert an solchen Aussagen waren nicht allein die

Forderung nach Demokratie und verfassungsgemäßer Rechts-staatlichkeit, sondern auch die Tatsache, daß der Islamisten-chef nicht nur den säkularen Parteien seine Hilfe zusagte, son-dern immer wieder von der Souveränität (»*supremacy*«) der *Verfassung* und des Parlaments sprach – und kaum jemals von der Souveränität (»*sovereignty*«) *Gottes* die Rede war.

Insgesamt wäre es falsch, die islamistische JI und die deo-bandische JUI pauschal als demokratiefeindlich oder unde-mokratisch betrachten zu wollen, wie es auch unsinnig wäre, sie als im Kern für demokratisch zu halten. »Demokratie« war sicher nicht der Ausgangspunkt der Entwicklung beider Par-teien, dies waren eher ein antikolonialer Widerstand und die religiöse Erneuerung der zuerst indischen, dann pakistani-schen Gesellschaft. Ideologisch kann man bei der JI durchaus auch totalitäre Elemente beobachten, bei der JUI einen »unpo-litischen« Dogmatismus, der sich gegen andere Konfessionen und säkulare Tendenzen richtet – aber spätestens seit dem Verbot beider (und aller anderen) Parteien unter der Militär-diktatur Ayub Khans haben sie immer wieder lernen müs-sen, daß sie in hohem Maße auf demokratische Verhältnisse angewiesen sind. Demokratische Politik schlich sich in einem gewissen Sinne gegen die ursprünglichen Instinkte schritt-weise in die eigene Praxis (und danach auch das Denken) ein – wie auch bei den meisten anderen Parteien allerdings durch eine starke Dosis politischen Opportunismus und Machiavel-lismus gedämpft. Grare formuliert: »Die Zweideutigkeit ihres Verhältnisses zur Demokratie stellt ein wichtiges Hindernis für Wahlerfolge der *Jamaat* dar. Sie pendelt weiterhin zwi-schen einer Ideologie mit totalitären Konsequenzen und einer Strategie, die letztlich die Demokratie zum entscheidenden Faktor ihres Erfolges macht und objektiv die Voraussetzung ihres politischen Überlebens darstellt. Die gesamte Geschichte der *Jamaat-i-Islami* stellt einen Versuch dar, diesen Wider-spruch zu überwinden.«[333]

Ähnlich Seyyed Nasr, der bereits für die zweite Hälfte der 1950er Jahre »eine wachsende Diskrepanz zwischen ihrer religiösen Fassade und der pragmatischen politischen Realität« diagnostiziert.[334] Dieser Widerspruch hat sich seitdem noch ausgeweitet. Auch Nasr sieht eine zunehmende Tendenz zu demokratischer Politik und vergleicht diesen Prozeß mit der Herausbildung des Eurokommunismus in Ländern wie Frankreich und Italien.[335]

Die Wirtschaftspolitik der religiösen Parteien ist wenig entwickelt, sie schwankt zwischen liberalen und marktwirtschaftlichen Vorstellungen, Widerstand gegen neoliberale Globalisierung und – in der JUI – dem Eintreten für die wirtschaftlich und sozial Schwächeren. Weit bedeutsamer ist die kulturelle Offensive von JUI und JI, die auf die Erringung der ideologischen Hegemonie zielt. Dabei geht es nicht allein um die Durchsetzung ihrer jeweiligen Versionen des Islam gegen die religiöse Konkurrenz oder säkulare Politikentwürfe, sondern auch um die kulturelle Umgestaltung der sozialen Beziehungen, etwa zwischen Männern und Frauen, die beide religiösen Parteien als Teil ihrer politischen Strategie verstehen.

»Die MMA hat die moralische Fäulnis als den zentralen Punkt der imperialistischen Pläne und der Probleme Pakistans identifiziert. Man glaubt, daß die Beherrschung der muslimischen Gesellschaften [durch den Westen; JH] durch die Untergrabung der Religion und Kultur bewirkt wurde und nicht durch militärische oder wirtschaftliche Machtmittel, wie Nationalisten und Sozialisten früher argumentierten. Aus dieser Sicht gewinnt die ›Frauenfrage‹ eine ungeheure Bedeutung für die MMA, da Frauen traditionell als zentrale Zeichen der Moralität in der Gesellschaft betrachtet werden.«[336]

Diese Sicht wird von beiden Parteien geteilt, auch wenn sie in manchen Fragen der Frauenpolitik unterschiedliche Akzente setzen. Die JUI ist in besonderem Maße von der Medressen-Kultur geprägt. Der Chef der JUI-S, Maulana Samiul Haq, leitet selbst eine dieser Schulen, die *Darul uloom Haqqania*, die Generationen reaktionärer religiöser Kader hervorgebracht hat und die auch der spätere afghanische Taliban-Führer Mullah Omar einige Jahre besuchte.

»In diesen Medressen wird ein anachronistisches Frauenbild eingeübt: Jungen werden im Alter von drei bis sieben Jahren in diese Schulen und Internate geschickt. Bis sie als junge Männer nach ihrem Examen ausscheiden, haben sie nur geringen oder gar keinen Kontakt zu ihren Familien. Alle Schüler und Studenten sind männlich, wie auch alle Lehrer, und tatsächlich bleibt die Existenz von Frauen in diesem System marginal und bedeutungslos. Diese Schüler entwickeln keine normalen emotionalen Beziehungen zum anderen Geschlecht, die Unterrichtspläne lehren, sie als Objekte zu sehen, die entweder ›beschützt‹ oder ›verachtet‹ werden, je nach den moralischen Vorstellungen der jeweiligen Medressen. Sie betonen nur die reproduktive Funktion von Frauen und die Versorgung der Kinder und des Haushalts. Die Anwesenheit von Frauen in der Öffentlichkeit gilt als Anomalie, und ihre einzige Legitimität finden sie in der Familie.«[337]

Die JI mit ihrer moderneren, gebildeteren und städtischen Basis räumt Frauen eine – wenn auch begrenzte – Rolle in der Öffentlichkeit ein – sofern sie sich von säkularen oder als westlich empfundenen Rollenmodellen distanzieren. Bildung für Mädchen und Frauen und Berufstätigkeit werden zugestanden, wenn die Trennung der Geschlechter in der Öffentlichkeit und die konservativen Bekleidungsvorschriften beachtet werden.[338] Allerdings zeichnete sich die JI in einer Koalition mit der JUI in der Nordwestprovinz (2003–2007) gerade in der Frauenfrage durch eine extrem reaktionäre Haltung aus. Dort wurden selbst auf Werbeplakaten Gesichter von Frauen mit schwarzer Farbe übersprüht, da schon die visuelle Darstellung weiblicher Gesichter verboten sei. Auch Schulbildung für Mädchen und andere Partizipationsmöglichkeiten für Frauen wurden in der Praxis massiv beschnitten, ein staatlicher Schutz gegen Übergriffe auf Frauen durch Extremisten war kaum noch gewährleistet.

Ähnlich ambivalent wie ihre Haltung zur Demokratie stellt sich die Haltung beider Parteien in bezug auf die politische Gewalt dar. Trotz aller militanten Rhetorik wenden sie – zumindest seit Mitte der 1970er Jahre – in Pakistan keine Gewalt an. Attentate, Bombenanschläge oder andere Formen terroristischer Gewalt in Pakistan durch die beiden großen islamischen Parteien gibt es nicht. Mariam Abou Zahab und Olivier Roy fassen die Politik der JI so zusammen: »Sie hat die Rechtsstaatlichkeit immer respektiert, trotz ihres ideologischen Radikalismus, der Pakistans Status als Islamische Republik zum einzigen Grund seiner Existenz erklärte. Sie war auch immer elitär und vertrat das Eintreten in den öffentlichen Dienst und das Militär, und sie hat nie gewaltsame Aktionen unternommen«[339] – weshalb sie die Partei ebenso wie die JUI in ihrer Analyse jihadistischer Gruppen überhaupt nicht behandeln.

Aber die Situation ist etwas komplizierter. In Afghanistan unterstützen beide Parteien und im indischen Teil Kaschmirs die JI gewaltsame Politik oder nehmen selbst daran teil. Man sah muslimische Nachbarn von fremden, nichtmuslimischen Truppen besetzt: Afghanistan durch die Sowjetunion (und später die USA und NATO-Truppen), Kaschmir durch Indien. Die Notwendigkeit, den muslimischen Brüdern bei ihrem Freiheitskampf helfen zu müssen, rechtfertigte für sie (Gegen-) Gewalt. In beiden Fällen beteiligten sich die Parteien direkt oder indirekt am *Jihad*. Und in beiden Fällen wurden sie dabei lange Jahre vom pakistanischen Militärgeheimdienst ISI und anderen Behörden unterstützt, im Falle Afghanistans auch von den USA, Saudi-Arabien und anderen Ländern. Beide Kriege trugen dazu bei, daß die in JI und JUI und ihrem gesellschaftlichen Umfeld bis Ende der 1970er Jahre nur latent angelegte jihadistische Ideologie in den Vordergrund trat.

An dieser Stelle muß auf einen wichtigen ideologischen Unterschied zwischen den beiden Parteien hingewiesen werden. Wie bereits erwähnt zeichnet sich die JI trotz ihrer prinzipiell panislamischen Ausrichtung inzwischen durch einen gesamtpakistanischen Nationalismus mit zum Teil chauvinistischen Untertönen aus. Demgegenüber distanziert sich die JUI zwar nicht vom pakistanischen Staat, pflegt aber einen lebhaften paschtunischen Nationalismus, der natürlich in einem impliziten Spannungsverhältnis zu Pakistan steht. Das ist einer der Gründe, warum die JUI weiter stark mit den afghanischen Taliban sympathisiert und enge Beziehungen zu diesen unterhält. In beiden Parteien speist sich militante Rhetorik und Praxis vor allem aus außenpolitischen Faktoren. Entscheidend dabei ist die entschiedene Ablehnung der US-amerikanischen Politik in der Region und im Nahen und Mittleren Osten, in weit geringerem Maße (und vor allem dann, wenn europäische Länder die USA unterstützen oder in Fällen wie den dänischen Mohammed-Karikaturen) der »des Westens«.

Wer mit Vertretern der religiösen Parteien – aber auch vielen säkularen Pakistanern – spricht, wird sehr häufig feststellen, daß der Widerstand gegen die als aggressiv empfundene US-Politik geradezu im Zentrum des politischen Denkens steht und besondere Emotionen weckt. Die politische, kulturelle und militärische Zurückweisung US-amerikanischer Dominanzpolitik ist ein entscheidender Antrieb – wie früher der Kampf gegen die Sowjetunion, den man ja an der Seite der USA führte. Dabei geht es nicht um eine prinzipielle Frontstellung gegen die USA oder den Westen, sondern um die Bekämpfung einer bestimmten Politik mit allen Mitteln. Auch der *Jihad* wird häufig nur nebenbei religiös, sondern meist politisch begründet, nämlich mit dem Recht auf Selbstverteidigung gegen fremde Aggression und Vorherrschaftsstreben. (Dies ist vermutlich auch der entscheidende Grund, warum Präsident Musharraf so verhaßt ist: Er gilt als Handlanger Washingtons, als »Busharraf« – was JUI und JI allerdings nicht daran hinderte, immer wieder mit ihm zusammenzuarbeiten und ihm 2002 gar zur Wahl zum Präsidenten zu verhelfen.)

Im Falle der JUI und ihrer Funktionäre und Anhänger kommt in zweiter Linie – und in deutlichem Unterschied zur JI – die Verteidigung der ethnisch-nationalen Identität als Paschtunen hinzu, ebenfalls keine religiöse Kategorie. Die US-Aggression richte sich in erster Linie gegen die Paschtunen, ziele gar auf deren »Auslöschung« – wenn nicht physisch, so doch zumindest kulturell, so etwa der Vorsitzende der JUI-S, Samiul Haq.[340] Und erst in diesem Zusammenhang wird dann das Recht auf gewaltsamen Widerstand auch religiös begründet: »Die religiöse Rechte in der Nordwestprovinz hat die paschtunische systematisch mit der islamischen Kultur verschmolzen. Durch ihren Angriff auf die Paschtunen hätten die USA und ihr ›Marionettenregime‹ in Islamabad einen Angriff auf das gesamte islamische System geführt. Sie verlangten die Kapitulation vor einem westlichen Kulturimperialismus.«[341]

Religiöser Extremismus, Gewalt und Terrorismus

Nicht die *Jamaat-i-Islami* (JI) und die beiden Fraktionen der *Jamiat-Ulema-i-Islam* (JUI) sind Urheber der in den letzten Jahren dramatisch angestiegenen Gewalt in Pakistan, wie wir festgestellt haben. Dafür sind kleine und extreme politisch-religiöse Gruppen verantwortlich, die sich meist von der JUI oder (in geringerem Maße) der JI abgespalten haben und deren Glaubensgrundsätzen häufig noch nahestehen. Meist wurden die Aktivisten solcher Gruppen durch ihre Kampferfahrung in Afghanistan und Kaschmir radikalisiert.

Der Psychologe Sohail Abbas hatte Gelegenheit, insgesamt 517 ehemalige Jihadisten in pakistanischen Gefängnissen ausführlich zu befragen, die im Sommer und Herbst 2001 nach Afghanistan gegangen waren, um an der Seite der Taliban zu kämpfen, und später den pakistanischen Behörden überstellt worden waren. Abbas untersuchte ihre Motivation und familiäre Situation, ihren Bildungsstand und andere Faktoren. Diese Personenauswahl muß nicht vollkommen repräsentativ für die Akteure *interkonfessioneller* Gewalt sein (obwohl es deutliche Parallelen geben dürfte), allerdings kann man unterstellen, daß sich ihre Disposition nur in geringem Maße von der der Gewaltakteure in der Nordwestprovinz unterscheidet. Denn dieser Konflikt ist ja politisch mit dem in Afghanistan eng verknüpft und im Bewußtsein der Akteure oft identisch.

Die Ergebnisse der Studie erlauben einen Blick auf die Einstellungen und Motivationen der Jihadisten, bei denen alle Altersgruppen vertreten waren, wenn der Anteil der Jungen auch etwas höher war als im Bevölkerungsdurchschnitt. Ähnliches gilt für den sozioökonomischen Status (Berufsgruppen, Einkommen) und das Bildungsniveau. Auch hier waren alle Gruppen vertreten, höher Gebildete allerdings stärker.[342] Religiöse Antriebe spielten eine große Rolle, der Anteil religiös gebildeter Menschen (etwa Absolventen von Medressen) war aber erstaunlich gering. Die Wissenschaftler hatten erwartet, daß die allermeisten der Jihadisten eine Medresse durchlaufen hatten, stellten aber fest, daß er nur bei etwa 20 Prozent lag.[343] Bei den 198 Jihadisten im Gefängnis von Peshawar lag der Anteil mit 35,5 Prozent deutlich höher. Jedoch hatten von den 70 Medressenabsolventen immerhin 43 dort weniger als drei Monate zugebracht, nur 14 Prozent mehr als sechs Monate.[344] Abbas schreibt: »Unsere Ergebnisse ergaben, daß es sich um normale Menschen aus der Mitte der Gesellschaft handelte, die sich nicht aufgrund einer Gehirnwäsche durch religiöse Erziehung am Jihad beteiligt hatten.«[345]

Ein weiteres interessantes Ergebnis: Die Bereitschaft zum Jihad resultierte nicht aus den traditionellen pakistanischen Sozialstrukturen (etwa der dominierenden Rolle der Familie), sondern im Gegenteil aus deren partieller Auflösung: Die meisten Jihadisten trafen die Entscheidung zum Kampf *gegen* ihre Eltern und Familie und wurden stärker von lokalen religiösen Führern (die früher über nur geringes Sozialprestige verfügten und typischerweise Gegenstand bissiger Witze waren) und *peer-groups* beeinflußt. Letztlich handelte es sich aber um *individuelle* Entscheidungen sozial eher isolierter Individuen.

Die politischen Einstellungen der befragten Jihadisten erwiesen sich als massiv gegen die USA und andere ausländische Akteure gerichtet. Die Frage »Glauben Sie, daß andere sich gegen uns oder gegen die Muslime verschwören?« wurde mit überwältigender Zustimmung beantwortet. »92 Prozent glaubten, daß wir die Opfer einer westlichen Verschwörung seien, die von Hindus und Juden unterstützt werde. ›Sie wollen, daß wir nicht nur in Afghanistan, sondern überall auf der Welt die Macht verlieren, und uns zu ihren Sklaven machen.‹ Auf die Frage, ob der klägliche Zustand der Muslime nicht auch auf ihre eigenen Fehler zurückzuführen sei, gaben das nur 17 Prozent der Befragten zu. Im gleichen Atemzug fügten sie aber hinzu, daß ›die armen Muslime ausmanövriert und von ihren gerissenen Feinden manipuliert‹ worden seien. Der Rest (83 %) erklärte: ›Nein, die Muslime sind nur wegen der Ungläubigen so rückständig, und nur diese sorgen dafür, daß sich die Muslime gegenseitig bekämpfen.‹«[346]

Fast 80 Prozent stimmten der Aussage zu, daß die USA Afghanistan angegriffen hätten, weil der Westen den Islam zerstören wolle, und knapp 70 Prozent sahen den Islam bedroht.[347] Auf die Frage nach den Zielen ihrer Teilnahme am *Jihad* antworteten 39,4 Prozent, daß es ihnen um die Schädigung der US-Interessen gegangen sei, 21,2 Prozent nannten zuerst, für die Rechte der Muslime eintreten zu wollen, 10,1

Prozent wollten die Muslime »auf den rechten Weg« bringen, 17 Prozent ging es darum, »zu reisen«, und 10,3 Prozent fühlten sich von der Gelegenheit zum Märtyrertum motiviert.[348]

Insgesamt drückten viele der Befragten ihre Motive in religiösen Kategorien aus. Allerdings verbargen sich dahinter häufig ausgesprochen säkulare Antriebe, vor allem Wut »auf den mächtigen Aggressor, der das schwächste aller Länder angriff« – also die USA. Ein zweiter grundlegender Antrieb, »obwohl dieser nicht so direkt ausgesprochen wurde, bestand in der Ablehnung des eigenen, ausbeuterischen Systems. ... Ihre aufgestaute Aggression gegen die Trägheit der eigenen Gesellschaft, vermischt mit der Wut auf externe Mächte, war leicht zu spüren.«[349]

Dazu kamen sicher noch individuelle Gründe, die einer der Jihadisten so ausdrückte: »Die Teilnahme am Krieg ist für uns wie ein Sportereignis« – was wohl einen Hinweis auf Abenteuerlust, das Streben nach einem Ausbrechen aus der Langeweile des täglichen Lebens und das Bedürfnis darstellt, sich selbst in Extremsituationen zu beweisen.

Auf der Basis dieser Daten läßt sich das Rekrutierungspotential der jihadistischen Gruppen einschätzen.[350] Deren Aufstieg begann 1985 mit der Gründung der sunnitisch-extremistischen Partei *Sipah-i-Sahaba Pakistan* (SSP; Armee der Gefährten des Propheten; damals allerdings noch unter anderem Namen) in Jhang (Punjab).[351] Zu ihrer Entstehung trug auch der Gegensatz von feudalen schiitischen Großgrundbesitzern und sunnitischen Unternehmern im Bezirk Jhang bei. Damals kam es immer wieder zu gewaltsamen Auseinandersetzungen zweier Busunternehmen unterschiedlicher Konfession. Eine Gruppe von 18 sunnitischen Geschäftsleuten des Bezirks scheint nach Gesprächen mit Maulana Haq Nawaz Jhangvi (damals Vizepräsident der JUI im Punjab) die Gründung der SSP vorangetrieben und finanziert zu haben. Bereits in den Jahren 1986–1989 kamen etwa 300 Menschen bei konfessionellen Gewaltakten allein im Bezirk Jhang ums Leben.[352] Nach der Ermordung Maulana Haq Nawaz Jhangvis 1990 wurde die erste primär gewaltsam vorgehende Unterorganisation der SSP gegründet, die *Jhanvi Tigers*, bald folgten in verschiedenen anderen Bezirken mindestens fünf weitere solcher terroristischer Gruppen.

Ende der 1990er Jahre kämpften Gruppen von SSP-Mitgliedern an der Seite der Taliban in Afghanistan gegen schiitische Hazaras und die Einheiten des Milizenführers Masoud und sollen dort auch Massaker begangen haben. Die SSP wurde zu einer terroristischen Organisation erklärt und im Januar 2002 verboten, 1600 Anhänger und Funktionäre wurden verhaftet. Trotzdem blieb die Organisation teilweise funktionsfähig und benannte sich in *Millat-e-Islamia Pakistan* um.

Im Zuge einer Nachfolge- und Führungskrise (bei der sich schließlich Maulana Azam Tariq durchsetzte, der später Parlamentsabgeordneter wurde) erhob der Provinzvorsitzende des Punjab den Vorwurf, die SSP sei eine bloße Marionette der Geheimdienste. Es war auch immer wieder von der Unterschlagung von Geldern die Rede. Vor diesem Hintergrund gründete der ehemalige Afghanistankämpfer Riaz Basra frühestens 1994, vermutlich aber erst 1996 die jihadistische und terroristische Organisation *Lashkar-i-Jhangvi* (die Armee von Jhang).[353] Ihm erschien die SSP inzwischen als zu zahm. *Lashkar-i-Jhangvi* (LJ) verfügte bald über Ausbildungs- und operative Lager in Afghanistan, wo die Organisation auch an der Seite der Taliban kämpfte. Von dort aus bereiteten einige Dutzend Attentäter Anschläge gegen prominente Persönlichkeiten in Pakistan und Massaker an Schiiten vor. Auch der damalige Ministerpräsident Nawaz Sharif wurde 1999 Ziel eines – gescheiterten – Attentates.[354] Riaz Basra wurde Ende 2001 von der Polizei festgenommen und ein halbes Jahr später in ihrem Gewahrsam ermordet. Rana berichtet, daß LJ nie mehr als 500 Mitglieder hatte, aber bis 2001 rund 350 Terrorakte begangen habe.[355]

Eines der Opfer war der US-Journalist Daniel Pearl. Die Partei wurde im August 2001 verboten.

Das Verhältnis zur SSP ist nicht völlig geklärt. Die SSP distanziert sich öffentlich von der LJ, aber personelle Überschneidungen, Kontakte und zumindest punktuelle Zusammenarbeit sind offensichtlich. Manche Beobachter gehen so weit, die *Lashkar-i-Jhangvi* als Unterorganisation der SSP zu betrachten. Ähnlich unklar ist das Verhältnis der SSP zur etablierten JUI. Zwar hat sich die SSP von der JUI abgespalten, ideologisch aber sind die Unterschiede gering, und es hat immer wieder JUI-Funktionäre gegeben, die die SSP öffentlich verteidigt haben.

Weitere jihadistische Parteien operieren vorwiegend im Ausland, insbesondere in Afghanistan und im indischen Teil Kaschmirs.[356] 1988 wurde die *Harakat ul-Jihad-i-Islami* (HJI) gegründet, mit Vorgängerorganisationen seit 1980. Sie ging auf die Initiative einiger religiöser Studenten aus Karachi zurück, die 1980 nach Afghanistan gingen, um dort gegen die Sowjetunion zu kämpfen. Bis zum Ende der sowjetischen Besatzung (1988/89) beschränkte HJI ihren *Jihad* auf Afghanistan, danach zogen Gruppen ihrer Kämpfer weiter nach Bosnien, Tadschikistan und in andere Länder, um dort muslimische Solidarität mit der Waffe in der Hand zu leisten. 1991 spaltete sich die *Harakat ul-Ansar* (HuA) ab, die später als *Harakat ul-Mujahidin* (HuM) bekannt wurde. Ihr Operationsgebiet war im wesentlichen der indische Teil Kaschmirs. Im Jahr 2000 kam es zu einer neuen Spaltung, bei der die Punjabis sich von den Paschtunen in der HuM trennten und *Jaish-i-Muhammad* (JM, Armee Mohammeds) gründeten.[357] JM und insbesondere ihr Vorsitzender Masood Azhar standen der SSP nahe.[358] *Jaish-i-Muhammad* spielte nicht nur eine Rolle beim *Jihad* in Kaschmir, sondern unternahm auch Angriffe – darunter Selbstmordattentate – auf christliche und schiitische Einrichtungen in Pakistan. Es kam auch zu gewaltsamen Konflikten mit der HuM, die schließlich von Usama bin Ladin persönlich – unter Einsatz materieller Anreize – geschlichtet wurden.[359]

Kurz vor und nach ihrem Verbot im Januar 2002 wechselte die Partei zweimal ihren Namen, zuerst in *Tehrik al Furqan*, dann in *Tehrik Khuddam ul Islam* (Bewegung der Diener des Islam). 2003 kam es nach auch gewaltsamen inneren Auseinandersetzungen zu einer neuen Spaltung.

Jenseits dieser Organisationen, die ihre Wurzeln letztlich alle in den frühen 1980er Jahren und dem Kampf gegen die Sowjetunion haben, kam es in letzter Zeit zur Herausbildung weiterer extremistischer Gruppen von regionaler oder lokaler Bedeutung. Diese bildeten sich häufig um lokale Kleriker oder charismatische Persönlichkeiten und können sich auf einen Teil der örtlichen Bevölkerung stützen. In ihren jeweiligen Einflußgebieten bemühen sie sich darum, quasistaatliche Strukturen aufzubauen und eine jeweils an eigenen Vorstellungen orientierte Version der Scharia durchzusetzen. Ein Beispiel ist der schon erwähnte Maulana Fazlullah im Swat-Tal (der eigentlich kein Geistlicher, kein Maulana ist), der von seinem im Gefängnis sitzenden Schwiegervater die radikale Organisation *Tehreek-i-Nifaz-i-Shariat-i-Mohammadi* (TNSM) übernahm und einen solchen Extremismus entwickelte, daß es selbst diesem zuviel wurde. 2007 lieferten sich die Kämpfer der TNSM mit paramilitärischen Einheiten der Regierung, dann auch dem pakistanischen Militär einen regelrechten Krieg, nachdem sie nach der Erstürmung der »Roten Moschee« in Islamabad einen *Jihad* gegen die Regierung verkündet hatte.

Ähnliche Gruppen, wenn auch oft kleiner und weniger gut organisiert, existieren auch in anderen Bezirken der Nordwestprovinz, etwa in der Nähe von Dir (dort gibt es besonders viele illegale Radiosender), bei Malakand, Bajaur oder in Süd-Waziristan. Diese lokalen Taliban bemühen sich, in ihren Regionen eine militante Gegenstaatlichkeit auf der Grundlage ihrer Version der Scharia durchzusetzen, einschließlich eines drakonischen Rechtswesens. Im Dir-Tal kam es etwa mehrfach zu Gewalt gegen Frauen, die für politische Ämter kandidierten oder solche ausübten. »Unter der Scharia gibt es keinen Platz für die Autorität einer Frau«, so Maulana Hifz ur-Rehman, ein Kleriker und früherer Afghanistankämpfer aus Ziarat Talash. »Wenn wir Frauen die Teilnahme an Wahlen gestatten, wird dieses Dorf wie Lahore oder Karachi oder Europa – voller Obszönität und Vulgarität.«[360]

In der gleichen Gegend verbot eine *Jirga* der Bevölkerung, Fälle von »Ehrenmorden« den Behörden zu melden. Zuwiderhandlung würde mit dem Tode bestraft.[361]

Am prominentesten wurde der eigenständig operierende Extremist Baitullah Mehsud. Es gelang ihm, verschiedene Gruppen paschtunischer Jihadisten in den Stammesgebieten zu einem Bündnis, der *Tehrik-i-Taliban Pakistan* (Bewegung der pakistanischen Taliban), zusammenzufassen. Er soll über bis zu 25.000 Kämpfer gebieten können, auch wenn der harte Kern seiner Truppe weniger als ein Zehntel davon betragen dürfte. Baitullah verfügt nicht nur über gute Beziehungen zu den afghanischen Taliban und den internationalen Kämpfern von al-Qaida, sondern läßt auch in entfernten Landesteilen operieren. Die pakistanische Regierung und die USA machen ihn für die Ermordung von Benazir Bhutto verantwortlich.

Alle bisher genannten jihadistischen und terroristischen Organisationen lassen sich dem deobandischen Zweig des sunnitischen Islam zurechnen, sie sind oft auseinander hervorgegangen oder unterhalten Beziehungen zueinander. Dies gilt nicht für die *Lashkar-i-Taiba* (LT, Armee der Reinen), einen Ableger des *Markaz Da'wa wal Irshad* (Zentrum für die Verbreitung des Glaubens und religiöse Unterweisung).[362] Diese Organisationen entstammen der sunnitischen Strömung *Ahl-i-Hadith*, die dem wahabitischen Islam nahesteht, und wurden deshalb auch großzügig aus Saudi-Arabien mitfinanziert.

Nach dem Verbot Anfang 2002 siedelte der bewaffnete Arm der LT nach Kaschmir über, der Name wurde geändert zu *Pasban-i-Ahl-i-Hadith*. Das *Markaz Da'wa wal Irshad* folgt einer panislamischen Linie und widersetzt sich interkonfessionellen Konflikten. Allerdings wird immer wieder berichtet, daß *Lashkar-i-Taiba* trotzdem stark konfessionell ausgerichtet sei und insbesondere Barelvis für unislamisch hält – auch wenn Barelvis und Deobandi als Kämpfer akzeptiert werden. In diesem Fall bemüht man sich intensiv um deren Bekehrung. *Markaz Da'wa wal Irshad* betont die Gleichrangigkeit von religiöser Lehre und Erziehung mit dem Jihad. *Lashkar-i-Taiba* entstand vor 1990 als sein militärischer Arm und operiert vorwiegend in Kaschmir, auch wenn sie früher (seit 1987) über Ausbildungslager in Afghanistan und verschiedenen Teilen Pakistans verfügte. LT hat sich in Kaschmir zur schlagkräftigsten jihadistischen Organisation entwickelt. LT behauptet, über 10.000 ausgebildete Kämpfer zu verfügen, von denen 6000 in Kaschmir aktiv seien. Sie will seit Beginn ihrer Operationen über 14.000 indische Soldaten getötet und mehr als 1000 Kämpfer verloren haben.[363] Der Wahrheitsgehalt solcher Angaben ist nicht überprüfbar. Allerdings läßt sich nicht übersehen, daß die LT in Kaschmir und Indien besonders spektakuläre Anschläge verübt hat. So hat die Organisation Selbstmordanschläge als taktisches Mittel in Kaschmir eingeführt, sie war für den Anschlag auf das Rote Fort in Neu-Delhi (2000) und den Flughafen in Srinagar (Hauptstadt des indischen Kaschmir, 2001) verantwortlich. Die Organisation soll, wie auch drei oder vier kleinere, inzwischen eng mit al-Qaida zusammenarbeiten.

Die Kämpfer und Aktivisten von *Lashkar-i-Taiba* stammen relativ selten aus den traditionellen religiösen Milieus, was sie mit denen vieler anderer jihadistischer Gruppen gemeinsam haben. »Die Mehrheit der Mujahedin entstammt dem öffentlichen Erziehungswesen, nur 10 Prozent aus Medressen. Es sind häufig städtische junge Männer, die die Schulen ohne Abschluß verlassen und entweder keine Arbeit oder unterbezahlte Stellen haben, die schlechte Zukunftsaussichten eröffnen. Die Lashkar-i-Taiba unternahm auch Anstrengungen der Rekrutierung in Universitäten und weiterführenden Schulen, da solche jungen Männer besser motiviert und von der Bedeutung ihrer Aktivitäten überzeugt sind.«[364]

Eine weitere jihadistische Gruppe außerhalb des deobanischen Islam ist *Hizb ul-Mujahidin* (Partei der islamischen Kämpfer), die ebenfalls vorwiegend in Kaschmir aktiv war und der *Jamaat-i-Islami* nahesteht. Sie hat allerdings im Jahr 2000 einen Waffenstillstand verkündet und danach an Einfluß verloren. Aus der extremistischen Schiitenorganisation *Tehrik-i-Jafria-i-Pakistan* (Schiitische Bewegung Pakistans) bildete sich 1994 die terroristische *Sipah-i-Muhammad Pakistan* (SMP, Armee Mohammeds – Pakistan), die eine wichtige Rolle in der interkonfessionellen Gewalt in Pakistan spielte, insbesondere im Punjab. Sie wurde bis 1996 vom Iran mitfinanziert, ist heute allerdings bedeutungslos.

Betrachten wir die jihadistischen und terroristischen Gruppen, insbesondere die sunnitischen, als Gesamtheit, fällt auf, daß sie sich von den ins politische System integrierten Parteien *Jamaat-i-Islami* (JI) und *Jamiat-Ulema-i-Islam* (JUI) zwar politisch und in bezug auf Strategie und Taktik grundlegend unterscheiden, insbesondere durch terroristische Praxis – daß sie aber ideologisch und theologisch oft nur geringe Differenzen zu diesen aufweisen. Darüber hinaus wurden diese gewalttätigen Organisationen religiöser Extremisten häufig von staatlichen Stellen begünstigt, zum Teil massiv unterstützt und teilweise mit aufgebaut und waren lange Zeit ein Instrument staatlicher Politik – insbesondere des Militärs und des Militärgeheimdienstes ISI. Dies hat sich seit 2001 und 2002 allerdings geändert, wenn auch nicht überall mit der gleichen Konsequenz. Inzwischen zeigt sich, daß die Geheimdienste zum großen Teil die Kontrolle über ihre ehemaligen Marionetten verloren haben.

Es bleibt anzumerken, daß die Verbotswelle die gewalttätigen Extremistenorganisationen seit 2001 erkennbar geschwächt hat – vor allem in bezug auf die Finanzierungsmöglichkeiten –, sie aber nicht wirklich entscheidend traf. Diese Gruppen haben mit einer Reihe von Gegenmaßnahmen reagiert, die ihre Praktiken und ihr Erscheinungsbild betreffen. Es kam zu häufigen Namensänderungen, so daß es nicht immer einfach ist, die Kontinuitäten nachzuweisen. Insbesondere Begriffe wie »Jihad«, »Mujahedin«, »Lashkar« (Armee) wurden aus den Namen gestrichen. Darüber hinaus wurden die Aktivitäten stärker in die Bereiche der Erziehung, religiösen Propaganda, Sozialarbeit und medizinischen Versorgung verlagert. Statt sich auf Spendensammlungen zu verlassen, bemühen sich einige Organisationen inzwischen, durch Kauf oder Aufbau von Wirtschaftsunternehmen alternative Geldquellen zu erschließen. Schließlich betonen sie verstärkt ihren Parteicharakter, um als legitime Akteure der pakistanischen Innenpolitik akzeptiert zu werden.[365]

Säkulare Politik und die Instrumentalisierung der Religion

Das Verhältnis säkularer Politik zur Religion in Pakistan ist kompliziert und entspricht nicht den in Europa weitverbreiteten Klischees. Viele westliche Beobachter scheinen anzunehmen, daß die pakistanische Politik vor allem von einer Konfrontation zwischen den säkularen und radikalislamischen Kräften bestimmt sei, von denen erstere demokratisch, letztere gewalttätig seien. Die Realität ist wesentlich komplizierter und vor allem widersprüchlicher. Die säkularen Kräfte sind meist weniger demokratisch, als man sich dies wünschen würde, wie beispielsweise die säkularen Bürokraten, die Pakistan in den 1950er Jahren autoritär dominierten, die säkularen Militärdiktaturen unter Ayub Khan, Yahya Khan und Pervez Musharraf oder die Praktiken der gewählten, zivilen Regierungen von Zulfikar Ali Bhutto oder Nawaz Sharif demonstrierten. Das Verhältnis der säkularen Kräfte zur Gewalt ist oft zwiespältig. Gewalt gegen Oppositionelle war nicht nur ein Markenzeichen der prowestlichen Militärdiktatoren, sondern auch zivilen Ministerpräsidenten vom Schlage Zulfikar Bhuttos oder Nawaz Sharif nicht fremd. Umgekehrt haben sich die großen religiösen Parteien – auch die radikalislamischen wie die JI und JUI – häufig als demokratiekompatibel oder sogar demokratisch erwiesen, worauf oben hingewiesen wurde. Deren Verhältnis zur Gewalt erweist sich als kaum mehr und kaum weniger widersprüchlich als das der säkularen Kräfte. Allerdings: Jenseits der etablierten und parlamentarisch orientierten fundamentalistischen und islamistischen Parteien hat sich an deren rechtem Rand eine extremistische Subkultur aus kleineren Parteien und kleinsten Gruppen gebildet, die Gewalt als wichtige Taktik betrachten. Diese wurden im letzten Kapitel behandelt.

Das Bild kompliziert sich dadurch, daß politischer Streit um Säkularität – als Trennung von Politik und Staat von der Religion verstanden – in der pakistanischen Gesellschaft durchaus eine wichtige Rolle spielt, allerdings nicht die entscheidende Konfliktlinie darstellt. Deshalb sollte es nicht überraschen, daß die religiösen und säkularen Kräfte einander häufig nicht als Gegner gegenüberstehen, sondern immer wieder eng zusammenarbeiten – wobei auch radikale und gar extremistische Parteien durchaus nicht ausgeschlossen sind. Darüber hinaus läßt sich auch beobachten, daß sich säkulare Parteien oder Regierungen aus politischen oder opportunistischen Gründen als besonders »islamisch« geben, während religiöse Parteien oft primär als *Parteien* und weniger als religiöse Bewegungen agieren, also säkular.

Diese Verwischung der Grenzen zwischen religiöser und säkularer Politik soll durch eine Reihe von Beispielen illustriert werden.

»Religiöse« Politik durch säkulare Kräfte

An anderer Stelle wurde bereits erwähnt, daß die Akzeptierung oder Übernahme religiöser Diskurse, Formulierungen oder Forderungen durch säkulare Parteien, Politiker und Regierungen bereits vor der Gründung Pakistans begann, als die zutiefst säkularen Staatsgründer (einschließlich Muhammad Ali Jinnah) sich zunehmend einer religiösen Sprache bedienten, um Unterstützung für die Unabhängigkeit Pakistans zu finden. Bereits 1949 erfolgte der nächste Schritt, als die Verfassungsgebende Versammlung die sogenannte Objectives Resolution beschloß, durch die in Übereinstimmung mit Forderungen der JI und JUI festgestellt wurde, daß die Souveränität »bei Gott allein« läge und nur an den pakistanischen Staat »delegiert« sei. Diese Erklärung wurde später in die Verfassung übernommen.[366] Auch wenn nicht klar war, was eine solche Formulierung praktisch bedeuten würde, stellte sie zumindest kein Zeichen von Säkularität dar.

Selbst in der Regierungszeit General Ayub Khans, in der manche Bereiche der Gesellschaft tatsächlich schrittweise säkularisiert wurden (z. B. das Familienrecht), gab es Fälle plumper Instrumentalisierung der Religion durch säkulare Akteure: Als sich der Militärherrscher bei der Präsidentschaftswahl 1964 in der Schwester des Staatsgründers, Fatima Jinnah, einer populären Gegenkandidatin gegenübersah, bestellte er bei einigen Theologen ein islamisches Rechtsgutachten (*fatwa*), nach dem eine Frau nicht an der Spitze eines muslimischen Staates stehen dürfe – was die Wähler allerdings nicht beeindruckte.[367]

Sein Nachfolger Yahya Khan, der so wenig religiös war, daß er nichts dabei fand, sich regelmäßig bis zur Besinnungslosigkeit zu betrinken, sexuelle Orgien zu feiern, und dann auf die Idee kam, eine seiner Geliebten persönlich splitternackt nach Hause zu fahren (was von einem Untergebenen verhindert werden konnte),[368] begann eine ideologische »Islamisierung« der Streitkräfte. Brigadegeneral Siddiqi beschrieb dies später so:

»Formulierungen wie ›Ideologie von Pakistan‹ und der ›Ruhm des Islam‹ wurden zu üblichen Phrasen des militärischen Oberkommandos. Erklärungen der Chefs der Waffengattungen und des Präsidenten zum Tag der Verteidigung reflektierten solche ideologischen Untertöne. Sie klangen eher wie Hohepriester denn Soldaten, wenn sie ihre Männer drängten, sich der heiligen Sache zu widmen, die ›Sicherheit, Solidarität und Integrität des Landes und seiner Ideologie‹ zu gewährleisten. Sie priesen die Soldaten für ihre ›Entschlossenheit, ihren Mut und hohen Ideale in den besten Traditionen des Islam.‹ ... [General] Sher Ali ging bei der Ideologie noch weiter. Er reiste von Ort zu Ort, um die Islamische Ideologie zu predigen und über sie zu dozieren. Er sprach sogar von seiner persönlichen Beziehung zu Gott, mit dem er fünfmal am Tag ohne fremde Hilfe ›eine direkte Verbindung‹ unterhielte [eine Anspielung auf die fünf täglichen Gebete; JH], wie er spielerisch bemerkte. Sher Ali nannte sich selbst einen ›ideologischen Mann‹. ... General Yahya Khan begrüßte und ermutigte Sher Alis ideologische Öffentlichkeitsarbeit.«[369]

Diese Versuche säkularer Regierungen, sich besonders religiös zu geben, wurden von allen folgenden Regierungen in unterschiedlichen Formen fortgesetzt. Zulfikar Ali Bhutto konnte sich noch leisten, die Kritik an seinem Whiskeykonsum mit der Bemerkung zu parieren, er »trinke wenigstens nicht das Blut des Volkes« – um anschließend den Genuß alkoholischer

Getränke zu verbieten. Er machte Freitag (anstatt Sonntag) zum wöchentlichen Feiertag – was zwei Jahrzehnte später von Nawaz Sharif und seiner *Pakistan Muslim League* rückgängig gemacht wurde. Solche kleinen symbolischen Maßnahmen erwiesen sich als unzureichend, um seinem säkularen Regime religiöse Glaubwürdigkeit zu verleihen. Bhutto richtete 1973 den noch heute bestehenden »Rat für Islamische Ideologie« ein, wobei er sich auf eine Vorläuferbehörde stützen konnte, die der säkulare Ayub Khan schon 1962 in der Verfassung verankert hatte.[370] General Zia nutzte diese Behörde später, um die Islamisierung des Landes voranzutreiben.

1974 ging Zulfikar Bhutto so weit, vom Parlament die islamische Gemeinschaft der *Ahmadis* zu einer »nichtislamischen Minderheit« erklären zu lassen und ihr grundlegende Rechte zu entziehen. Damit übernahm er die diskriminierenden Forderungen der radikalen religiösen Parteien, die diese seit Beginn der 1950er Jahre vergeblich durchzusetzen gesucht hatten. Schließlich ließ er gegen Ende seiner Herrschaft die *Sharia* zum obersten Gesetz in Pakistan erklären. All diese Maßnahmen waren, in den Worten von Stephen Cohen, »auf durchsichtige Weise unaufrichtig«,[371] da jeder Bürger wußte, daß Zulfikar Bhutto selbst nicht religiös war und nur auf populistische Art die Religion politisch nutzen wollte. Dies bewahrte ihn nicht davor, nach dem Putsch durch eine islamistisch angehauchte Militärdiktatur hingerichtet zu werden.

Zia ul-Haqs Militärdiktatur beschritt diesen Weg konsequent weiter, wobei sie wegen dessen persönlicher Frömmigkeit glaubwürdiger erschien. Dabei übersah man häufig, daß Zia umgekehrt durchaus keine Bedenken hatte, säkulare Kräfte gegen religiöse Parteien zu fördern, wenn ihm dies nützlich erschien. So brach er die Macht seines früheren Bündnispartners, der JI, in Karachi durch die verdeckte Unterstützung der säkularen MQM. Das und andere Indizien deuten darauf hin, daß auch für den sich gern islamistisch gebenden General die

Islamisierung eher eine Frage der Opportunität denn der religiösen Berufung war.

Nach dem Ende der Diktatur hörten säkulare Kräfte nicht auf, immer wieder die religiöse Karte zu spielen – so 1991, als das Parlament auf Initiative von Nawaz Sharif und bei Zustimmung der PPP Benazir Bhuttos die Einführung der *Sharia* beschloß –, ohne daß dies allerdings an den gesellschaftlichen Realitäten Pakistans etwas geändert hätte. 1998 ließ Nawaz Sharif erneut ein *Sharia*-Gesetz einbringen (es wurde in der Nationalversammlung angenommen, im Senat knapp abgelehnt), um sich als Vorkämpfer für den Islam zu präsentieren.

Diese Beispiele, die fast beliebig vermehrt werden könnten, belegen, daß der religiöse Diskurs und religiöse Gesetze der pakistanischen Gesellschaft nicht allein von islamistischen Radikalen aufgedrängt, sondern häufig von opportunistischen säkularen Politikern und Regierungen durchgesetzt wurden. Sie demonstrieren zugleich, daß es den religiösen Parteien trotz ihrer zahlenmäßigen Schwäche und dauerhaften Erfolglosigkeit bei Wahlen gelungen war, den ideologischen Diskurs zu prägen: Ideologischer Opportunismus macht schließlich nur Sinn, wenn er politische Vorteile verschafft.

Darüber hinaus darf nicht vergessen werden, daß die Betonung »des Islam« in Pakistan auch deswegen als attraktiv erscheint, weil er zum Teil die ausgeprägte ethnische und sprachliche Heterogenität des Landes davor bewahrt, außer Kontrolle zu geraten. Auch die säkularen Eliten – vor allem das Militär – haben sich häufig des Islam als integrierender Ideologie bedient, um das Gefühl eines gemeinsamen Nationalstaates aller ethnischen Gruppen zu fördern. Es wurde bereits darauf hingewiesen, daß der Bezug auf den Islam seit der Staatsgründung das verbindende ideologische Band der pakistanischen Gesellschaft darstellte und deshalb zu einem zentralen Element des Nation-Building wurde. Dies gilt nicht nur abstrakt, sondern immer wieder in konkreten potentiellen oder akuten Krisensituationen. So weisen Schofield/Zekulin zu Recht auf folgenden Punkt hin:

»Islamistische Elemente in der Gesellschaft neigen aufgrund ihrer häufig panislamischen Einstellung zur Unterstützung von Politiken zur Schwächung partikularistischer, ethnischer Ansprüche. Islamistische Gruppen haben den Einfluß des Zentrums in den Nördlichen Gebieten gestärkt, den Sezessionismus in Belutschistan und der Nordwestprovinz bekämpft und durch die allgemeine Idee des Islam die Einheit zwischen den beiden großen Provinzen Sindh und Punjab gefestigt. ... Pakistans strategische Nähe zum Islam wird durch dessen Wirksamkeit bei der Bewältigung externer Bedrohungen gefestigt.«[372]

Da in der Wahrnehmung der säkularen Eliten insbesondere nach der Abspaltung des damaligen Ostpakistans zum heutigen Bangladesch 1971 die Bewahrung der staatlichen Einheit des Landes und die Integration der Gesellschaft in eine »Nation« die vordringlichen politischen Aufgaben der Politik darstellten, nutzten auch die säkularen Kräfte immer wieder das integrative Potential des Islam – und die religiösen Gruppen und Organisationen –, um diesem Ziel zu dienen.

Insgesamt diente die Instrumentalisierung islamischer Diskurse und Gruppen damit drei Zielen: der Sicherung der eigenen Macht dominierender säkularer Akteure durch demagogische, populistische und opportunistische Rhetorik und Politik, der Herrschaftssicherung durch Nutzung der religiösen Parteien und Organisationen zur Schwächung der säkularen Konkurrenten und der Förderung der nationalen Integration. Schließlich stellten die religiöse Politik und Rhetorik auch ein wichtiges Mittel der Außenpolitik dar, vor allem bezüglich Afghanistan und Indien/Kaschmir, aber auch im regionalen Umfeld, etwa in bezug auf Saudi-Arabien und die anderen Golfstaaten.

Ein bemerkenswerter Aspekt der pakistanischen Politik besteht in der Instrumentalisierung religiöser – auch extremistischer – Gruppen durch säkulare Akteure zu säkularen Zwecken. Dies gilt für die Innen- wie Außenpolitik. Im Zentrum dieser Praktiken steht das pakistanische Militär, insbesondere der Militärgeheimdienst *Inter Service Intelligence Directorate* (ISI). Der Einsatz nichtstaatlicher Gruppen durch das pakistanische Militär hat eine lange Tradition, seitdem der erste pakistanisch-indische Krieg 1948 durch eine Invasion paschtunischer Stämme in Kaschmir begann. Beim Krieg in Bangladesch bzw. der Unterdrückung der Bengalen durch das pakistanische Militär wurde 1970/71 bereits die Studentenorganisation der *Jamaat-i-Islami* (JI), die *Islami-Jamiat-i-Tulaba* (IJT), als gewalttätige Miliz eingesetzt. Die gewaltsame Repression der Bengalen Ostpakistans zur Sicherung der quasikolonialen Vorherrschaft des westlichen Landesteils wurde vom säkularen Regime General Yahya Khans als »heiliger Krieg« verkauft, um die islamistische JI für sie zu motivieren.

In der Amtszeit Zulfikar Ali Bhuttos begann die Regierung damit, als Reaktion auf den gegen Indien verlorenen Krieg im Nachbarland Afghanistan in allen dortigen Provinzen islamistische bewaffnete Gruppen aufzubauen, um im Fall eines neuen Waffengangs »den Rücken freizuhaben«. Diese Gruppen »wurden praktisch als Unterabteilung des Militärgeheimdienstes geführt«.[373] (Nach dem Putsch von 1977 bis zur sowjetischen Afghanistan-Intervention wurde diese Operation unterbrochen, um zu Beginn der 1980er Jahre auf Bitten Washingtons wieder aufgenommen zu werden.) Im »amerikanischen *Jihad*« gegen die Sowjetunion nutzten das ISI und der US-Auslandsgeheimdienst CIA die religiösen Parteien JUI und JI, um jihadistische Gruppen in Afghanistan auszubilden, auszurüsten und zu finanzieren. Dieser Krieg und die breite jihadistische Mobilisierung zu seiner Unterstützung in Pakistan (insbesondere im Grenzgebiet zu Afghanistan) wurde zur Wiege der meisten gewaltbereiten Gruppen in Pakistan. In ihm bildete sich auch ein enges Geflecht der Zusammenarbeit und Vernetzung jihadistischer und militärischer Strukturen.

Zugleich waren in Pakistan religiöse und selbst extremistische (wie auch nichtreligiöse) Gruppen und Parteien schon lange von säkularen Kräften als taktische Instrumente der Innenpolitik benutzt worden. Auf die Förderung der islamistischen JI durch die sich selbst islamisch gebende Zia ul-Haq-Diktatur wurde bereits hingewiesen, die vor allem der Spaltung der Opposition diente und auf die Glaubwürdigmachung der eigenen islamischen Rhetorik zielte. Auch die Förderung der extremistischen SSP als gewaltsames und ideologisches Druckmittel gegen die schiitische Minderheit wurde bereits angesprochen. Die Diktatur schuf sich darüber hinaus in der *Pakistan Muslim League* (PML) unter Nawaz Sharif eine zivile Hausmacht, die zwar im Kern säkular war, sich aber vor allem in ihrer Anfangsphase ein populistisch-religiöses Mäntelchen gab. Der Militärgeheimdienst ISI spielte 1988 eine wichtige Rolle dabei, die PML mit einigen religiösen Parteien (einschließlich der JI) zur Wahlallianz *Islami Jamhoori Ittehad* (IJI, Islamische Demokratische Front) zusammenzuschließen,[374] um ein Gegengewicht zur PPP Benazir Bhuttos zu bilden. Es gelang der IJI, in der Schlüsselprovinz Punjab eine Mehrheit zu gewinnen und die Provinzregierung zu bilden, was einen wichtiger Faktor der Schwächung der PPP-Regierung darstellte. 1990 gewann die IJI die Parlamentswahl und verdrängte die PPP von der Macht.

Aber auch die säkulare und sich vor allem im Westen immer demokratisch gebende PPP war solchen Spielen gegenüber nicht abgeneigt, wenn sie ihr Vorteile verschafften: Die PPP ging unter Benazir Bhuttos Ministerpräsidentschaft nicht nur

Koalitionen mit der orthodox-fundamentalistischen JUI ein, sondern im Punjab sogar mit der offen extremistischen und teilweise terroristischen, sunnitischen SSP, die auf diese Weise zu Ministerposten kam und hoffähig gemacht wurde.[375] 1994 spielte der damalige Innenminister Frau Bhuttos, Nazeerullah Babar, sogar eine entscheidende Rolle bei der Gründung und dem Aufbau der afghanischen Taliban. Wer heute den Führer der JUI-S und Chef der Taliban-nahen Medresse Haqqania, Samiul Haq, nach seinem Verhältnis zu den Taliban fragt, bekommt häufig die Antwort, das solle man doch besser die PPP fragen, schließlich sei Frau Bhutto die »Mutter der Taliban« gewesen – ein sicher überspitzter und polemischer, aber nicht falscher Hinweis.[376]

Noch später waren die säkulare Regierung Musharraf und ihr Geheimdienst dabei behilflich, vor der Wahl von 2002 die Allianz aus sechs religiösen Parteien (einschließlich JI und JUI) zum Bündnis MMA zusammenzufügen, um den säkularen Gegnern PPP und PML Schwierigkeiten zu bereiten. Die Regierung ließ für die Wahlen 2002 nur Kandidaten zu, die zumindest einen *Bachelor*-Abschluß hatten, womit fast die Hälfte aller früheren Abgeordneten nicht mehr kandidieren durfte – stellte aber Abschlüsse an Medressen denen an Universitäten gleich, wodurch alle Kandidaten der JUI zugelassen wurden.[377]

Die Regierung ließ darüber hinaus auch den Führer der 2001 als terroristisch verbotenen SSP, Azam Tariq, aus dem Gefängnis frei, obwohl er wegen rund sechzig Anklagepunkten (einschließlich politischer Morde) eingesessen hatte – er durfte an den Wahlen teilnehmen und gewann einen Sitz im Parlament. Dabei war es dem Schlüsselverbündeten Washingtons im »Kampf gegen den Terrorismus« offensichtlich darum gegangen, die von ihm stillschweigend geförderte MMA nicht zu stark werden zu lassen. Azam Tariq unterstützte die Regierung Musharrafs im November 2002 im Parlament. Im Jahr darauf fiel er einem Attentat zum Opfer. Die MMA bedankte sich ebenfalls für ihre Unterstützung bei Musharraf dadurch, ihn nach den Wahlen zum Präsidenten mitzuwählen, als die säkularen Kräfte in PPP und PML dies verweigerten.

Aus diesen und zahlreichen anderen Beispielen läßt sich nicht schließen, daß die pakistanische Politik primär von einem Grundkonflikt säkularer und religiöser Kräfte bestimmt wird. Im Gegenteil, beide haben keine prinzipiellen Berührungsängste, sondern waren und sind immer dann zur Zusammenarbeit bereit, wenn dies opportun erscheint. Ideologische und religiöse Fragen sind in der pakistanischen Innenpolitik durchaus von Bedeutung, aber vor allem wegen ihres populistischen Nutzens für die Politik, selten aus sich selbst heraus. Sie können bei Bedarf betont werden, wenn es einer Partei Vorteile verschafft, aber werden schnell in den Hintergrund geraten, wenn dies attraktive Kooperationsmöglichkeiten behindert. Wenn selbst die sunnitisch-extremistische und gewalttätige SSP bereit war, mit der säkularen (und von der *schiitischen* Familie Bhutto geführten) PPP ein Zweckbündnis einzugehen, wenn der säkulare US-Partner Musharraf den Chef einer religiösen Terrororganisation freiließ und diesem ein Parlamentsmandat ermöglichte, wenn auch Taliban-nahe Kräfte kein Problem sehen, immer wieder mit den säkularen Parteien PPP und PML und General Musharraf zusammenzuarbeiten – dann deutet das auf den hochgradig opportunistischen und machiavellistischen Charakter der pakistanischen Innenpolitik hin, aber nicht auf einen unversöhnlichen Grundkonflikt zwischen säkularen und religiösen Kräften. Man mag einer solchen politischen Praxis Prinzipienlosigkeit vorwerfen, man mag sie Pragmatismus nennen – aber es muß festgehalten werden, daß die ideologischen Lager sich nicht schroff gegenüberstehen, sondern Opportunitätsüberlegungen immer wieder für überraschende und oft wechselnde

Bündniskonstellationen sorgen. Reaktionäre und islamistische religiöse Kräfte und säkulare Parteien sind politische
Gegner – wie es ja auch innerhalb beider Lager an Gegner-
schaft nicht mangelt –, aber sie sind zugleich durch ein enges
Geflecht der Zusammenarbeit miteinander verbunden.

Die entscheidenden Konflikte um die Macht in Pakistan
finden fast immer zwischen den säkularen Akteuren statt, also
zwischen den Bürokraten, Militärs und den Parteien PPP und
PML.

Die Zukunft – hat Pakistan eine Chance?

Politiker und Wissenschaftler in Europa betrachten Pakistan häufig allein unter dem Gesichtspunkt einer extremistischen Bedrohung und unter der Fragestellung, ob das Land auf dem Weg zu einem *failed state* sei, also zu einem gescheiterten Staat. So wurde Pakistan 2006 bzw. 2007 auf dem neunten bzw. zwölften Platz des weltweiten »Failed State Index« geführt, nachdem es 2005 noch auf Platz 34 gestanden hatte.[378] Tatsächlich spricht einiges dafür, daß Pakistan zumindest ein *failing state* werden könnte (also noch nicht endgültig gescheitert, aber auf dem Weg dorthin): In manchen Landesteilen haben die staatlichen Instanzen partiell oder ganz die Kontrolle verloren oder – in der FATA – kaum jemals besessen. Zugleich ist das Gewaltmonopol des Staates in einigen Regionen untergraben oder aufgehoben. Darüber hinaus sind manche staatlichen Strukturen in den letzten Jahren auch durch die weitere Untergrabung des früher bereits von Korruption geplagten Rechtswesens geschwächt worden – etwa durch die willkürliche Absetzung des Obersten Verfassungsrichters im März 2007 und im Rahmen des Ausnahmezustands vom November und Dezember 2007. Das Parteiensystem bleibt weiter fragil und stark von privaten und persönlichen Netzwerken politischer Glücksritter geprägt. Fast alle Parteien sind organisatorisch ausgesprochen schwach. Und selbst das Militär ist politisch geschwächt und hat deutlich an Ansehen verloren. Auch die sinkende Moral in der Truppe und zunehmende Desertationen im Konflikt in der Nordwestprovinz stellen ein Zeichen der Instabilität dar.

Gleichwohl wäre es voreilig, Pakistan als einen gescheiterten Staat abschreiben zu wollen oder zu glauben, ein Scheitern stehe unmittelbar bevor. Die Regionen mit geschwächter Staatlichkeit und unabhängigen Gewaltakteuren sind weiterhin klein und gesellschaftlich wie ökonomisch marginal. Sie stellen zwar Probleme und Unsicherheitsfaktoren dar, sind aber bisher weder eine Bedrohung für die Regierung noch für den Staat insgesamt. Der Kernbereich des Staates, das Militär, ist zwar politisch geschwächt, aber weiter institutionell intakt und funktionsfähig. Finanziell und bezogen auf die Gewaltmittel bleibt das Militär im Vergleich zu allen anderen Akteuren von überragender Stärke. Man kann ihm zwar schmerzhafte Nadelstiche versetzen, aber seine Macht ist im Kern ungebrochen. Die zivilen staatlichen Behörden leiden zum Teil weiter unter Funktionsdefiziten, scheinen aber im Vergleich zum schleichenden Erosionsprozeß in den 1990er Jahren eher stabiler und funktionsfähiger. Die politischen Parteien haben trotz ihrer Schwäche durch ihren Widerstand gegen die Militärherrschaft an Ansehen und Glaubwürdigkeit gewonnen, wozu auch die früher undenkbare Zusammenarbeit von PPP und PML-N beiträgt. Versuche von Präsident Musharraf, beide Parteien gegeneinander auszuspielen, waren bisher überwiegend erfolglos, und 2008 schlossen sich ihnen noch die paschtunisch-säkulare ANP und die religiöse JUI in der Regierung an. Selbst die bisher mit Musharraf verbündete MQM näherte sich schnell den früheren Gegnern an und stimmte gar für deren Kandidaten für das Amt des Ministerpräsidenten – wie auch die bisherige Regierungspartei PML-Q.

Ökonomisch kam es zwar 2007 und 2008 zu einigen wichtigen Versorgungsproblemen (Weizen, Elektrizität), aber die Ökonomie ist deutlich stärker als in den 1990er Jahren, auch wenn sie aufgrund der politischen Instabilität und erschwerten Sicherheitslage an Dynamik verloren hat. Allerdings dürfte die Wachstumsrate für das Haushaltsjahr 2007/2008 nach einer Schätzung der Nationalbank immerhin noch bei 6 bis 6,5 Prozent liegen.[379] Für das Jahr 2008/2009 wurde die Wachstumsprognose auf 5 bis 5,5 Prozent gesenkt.

Auch eine extremistisch-religiöse Machtergreifung kann für absehbare Zeit ausgeschlossen werden. Radikale religiöse Parteien werden durch *Wahlen* nicht an die Macht gelangen, da ihr Wählerpotential sich meist bei 5 und nur in Ausnahmefällen bei bis zu 10 Prozent bewegt, gegenwärtig noch deutlich darunter. Seit 2008 verfügen diese nur noch über 6 von 336 Mandaten im Parlament, also über weniger als 1,8 Prozent der Sitze.[380] Die pakistanische Bevölkerung mag fromm sein oder zumindest so erscheinen mögen – aber sie denkt in ihrer überwältigenden Mehrheit nicht im Traum daran, religiöse Parteien das Land regieren zu lassen.

Eine *revolutionäre Machtergreifung* der religiösen Kräfte kann ebenso ausgeschlossen werden, da die beiden großen religiösen Parteien zugleich politisch integriert und in jeder Hinsicht zu schwach sind. Auch wenn eine der beiden Parteien – die JI – gelegentlich von einer »islamischen Revolution« spricht, sind beide keine revolutionären Parteien. Die Anbiederung der JUI an die säkularen Parteien PPP, PML-N und ANP nach der Wahl von 2008 und ihr Eintritt in die Regierung trotz der extremen eigenen Schwäche unterstreichen ihr Bedürfnis, fast um jeden Preis am politischen Spiel beteiligt zu sein.

Spekuliert wird auch immer wieder, daß radikale *islamistische Kräfte im Militär* durch einen Putsch die Macht an sich reißen könnten. Auch diese Option ist extrem unwahrscheinlich, da das höhere Offizierscorps zwar immer wieder religiöse Gruppen instrumentalisiert, aber selbst im Kern säkular ist. Die Spitzen des Militärs kommen als Akteure für einen extremistischen religiösen Putsch nicht in Betracht, und ein solcher durch niedrige Dienstränge bleibt höchst unrealistisch, weil er aufgrund der internen Verhältnisse im Militär kaum zu bewerkstelligen wäre: Nicht allein die Tradition und Mentalität der Offiziere, die institutionelle Integrität für den wichtigsten Wert halten, sondern auch die effiziente Arbeit der Geheimdienste innerhalb des Militärs stellen kaum überwindbare Hindernisse dar.

Folglich stellt sich auch die Frage nach der Sicherheit der pakistanischen Atomwaffen weniger dringlich, als dies oft unterstellt wird. Eine häufig beschworene Übernahme durch »die Taliban« oder religiöse Extremisten kann, nach menschlichem Ermessen, ausgeschlossen werden. Sie ist zumindest nicht wahrscheinlicher als der Verlust russischer Atomkomponenten an Kriminelle oder politische Extremisten. Pakistanische Atomwaffen sind und bleiben ein Grund zur Sorge, aber nicht mehr als auch die indischen, israelischen, US-amerikanischen oder chinesischen. Doch immerhin sind frühere kriminelle Machenschaften zum Verkauf nuklearer Technologie durch den Atomwissenschaftler A.Q. Khan inzwischen unterbunden und die pakistanischen Atomwaffen anerkanntermaßen unter sicherer Kontrolle.

Extremistische religiöse Gruppen waren in Pakistan praktisch immer Instrumente säkularer Politik, insbesondere Schachfiguren des Militärs und – in geringerem Maße – der säkularen Regierungen. In der Regel wurden gewaltbereite Gruppen sogar direkt oder indirekt vom Militär gesteuert oder kontrolliert. Ohne dessen Protektion können sie unter bestimmten Bedingungen (etwa dem Krieg westlicher Truppen in Afghanistan) zu einem Störfaktor werden, sie können Blut vergießen und in manchen Regionen für Unsicherheit sorgen – aber eine Bedrohung der Machtverhältnisse übersteigt ihre Kräfte bei weitem.

Der Grund und die Voraussetzung für die Unterstützung des Militärs für sowohl die akzeptierten religiösen Radikalen, also die JUI und JI und die von ihnen gebildeten Bündnisse, aber auch der gewalttätigen Gruppen jenseits von ihnen bestanden gerade in ihrer *Schwäche*: Die Hauptbedrohung der militärischen Regime bestand traditionell in der säkularen PPP – seit Musharraf auch in der früher vom Militär protegierten PML-N –, und die religiösen Parteien dienten dazu, diese Hauptgegner zu schwächen und insgesamt die politischen Parteien gegeneinander auszuspielen. Die säkularen Parteien PPP und PML-N stellten Alternativen zur Militärherrschaft dar, die religiösen waren das aufgrund ihrer Schwäche nicht – nur und genau deshalb wurden sie so häufig vom Militär gefördert. Die Unterstützung der kleinen jihadistischen Gruppen war in der Regel – bei geringen Ausnahmen in bezug auf konfessionelle sunnitische Gruppen – eine Angelegenheit der Außenpolitik, um trotz der deutlichen militärischen Unterlegenheit gegenüber Indien in Afghanistan und Kaschmir Einfluß nehmen zu können.

Politische und staatliche Stabilität in Pakistan gründet sich vor allem auf die zivile Bürokratie und auf die dominierende Stärke des Militärs, insbesondere des Heeres, und beide Säulen wackeln nicht. Darüber hinaus hat sich auch die gesellschaftliche Machtstruktur als ausgesprochen stabil erwiesen: Lokale und regionale klientelistische Netzwerke (um »feudale« Familien und inzwischen auch »moderne« Wirtschaftsführer) mögen demokratietheoretisch sehr problematisch sein, aber sie behielten unter Militärregimen wie zivilen Regierungen eine Schlüsselrolle und sorgten so für Beständigkeit. In diesem Sinne besteht ein Problem Pakistans gerade an einem *Übermaß* an Stabilität: Der gesellschaftliche Wandel wird nicht ausreichend und schnell genug auch in den Wandel politischer Strukturen umgesetzt.

Die aus Gewalt resultierende Instabilität wiederum stellt politisch immer noch ein taktisches, kein strategisches Problem dar: Sie zwingt die Regierung und das Militär zur Reaktion, sie verunsichert die Bevölkerung, sie führt im Ausland zu wachsender Sorge – aber sie hat bisher selbst bei spektakulären Anschlägen den Kern der Staatlichkeit nicht erschüttert.

Sogar der Mordanschlag auf Oppositionsführerin Benazir Bhutto hat dies nicht vermocht – die Nachfolge wurde schnell geregelt, die Unruhen waren nach einigen Tagen vorüber. In gewissem Sinne konnte man sogar eine Stärkung der politischen Strukturen als Folge des Anschlags beobachten, weil der Schock über den Mord das Ansehen der Parteien in der Bevölkerung festigte, die Abscheu vor solchen Anschlägen steigerte, das Prestige jihadistischer Gruppen stark beschädigte und die Parteien veranlaßte, stärker zusammenzurücken.

Nun wird alles davon abhängen, ob die im März 2008 gebildete Regierung aus PPP, PML-N, ANP und JUI sich als arbeitsfähig erweist und die in ihr vertretenen Parteien dauerhaft der Versuchung widerstehen, gegeneinander zu intrigieren. Nach den ersten Monaten scheint hier allerdings Skepsis angebracht. Und unabhängig vom Erfolg der neuen Regierung, dürfte Pakistan in absehbarer Zeit ein Bodensatz an Gewalt und lokaler Instabilität erhalten bleiben. Erst bei einem – nicht zu erwartenden – Ende des Krieges in Afghanistan und bei einem dauerhaften wirtschaftlichen und sozial ausgewogenen Entwicklungserfolg könnten sich auch hier deutliche Verbesserungen ergeben.

Immerhin ist auch eine Reihe neuer und ermutigender Entwicklungen zu verzeichnen. Der Machtanspruch des Militärs wird in der Gesellschaft inzwischen in weit geringerem Maße akzeptiert als noch vor fünf oder zehn Jahren. Während früher beim politischen Verschleiß eines Militärregimes vor allem der jeweilige Diktator persönlich in der Kritik stand, hat unter Musharraf das Militär insgesamt an Ansehen verloren, selbst in Kreisen, die ihm traditionell nahestanden, etwa der Privatwirtschaft.

Zweitens ist der traditionelle, »feudale« Charakter der politischen und gesellschaftlichen Eliten zwar noch nicht gebrochen, aber erkennbar auf dem Rückzug. Die »feudalen« Familiennetzwerke des Punjab und Sindh haben sich in den letzten ein oder zwei Jahrzehnten verstärkt diversifiziert und starke Interessen in den »modernen« Wirtschaftsbereichen entwickelt. Auch wenn in weiten Landesteilen eine Kontinuität bestimmter mächtiger Familien besteht, verändert sich ihr ökonomisch parasitärer Charakter, der durch leistungsunabhängige Renteneinnahmen (durch Landbesitz oder politische Begünstigung) bestimmt war, zugunsten kapitalistischen Unternehmertums. So wird ein wichtiger Faktor geschwächt, der in der Vergangenheit für die sozioökonomische Stagnation und politische Verkrustung mitverantwortlich war.

Drittens sind die früher eher schwachen modernen Mittelschichten im Zuge der wirtschaftlichen Entwicklung deutlich stärker und selbstbewußter geworden, insbesondere in den Städten. Journalisten, Juristen, Intellektuelle und Akademiker, kleine und mittlere Unternehmer (außer im Handel und anderen eher traditionellen Sektoren) oder Mitarbeiter von Nichtregierungsorganisationen spielen heute eine weit größere Rolle in der Gesellschaft als in der Vergangenheit. Und diese Gruppen neigen dazu, moderne, effektive und partizipative Formen von Staatlichkeit einzufordern.

Die Forderung nach Rechtsstaatlichkeit und Demokratie wird nicht allein von westlich orientierten Intellektuellen vertreten, sondern hat in der Gesellschaft tiefe Wurzeln geschlagen. Das unterscheidet Pakistan von einer Reihe von Ländern im Nahen und Mittleren Osten, in denen Rechtsstaatlichkeit und Demokratie – trotz eines Überdrusses an autoritären und inkompetenten Herrschaftsformen – aufgrund der Politik Washingtons im Irak und seiner vorgeblichen Demokratisierungsoffensive als politisch diskreditiert erscheinen und primär von Teilen der intellektuellen Mittelschicht offensiv vertreten werden. In Pakistan stehen dabei selbst große Teile der ärmeren Bevölkerungsschichten nicht länger abseits, und sogar wichtige religiöse Gruppen und Parteien rücken dies ins Zentrum ihrer Agitation. Es gibt sogar Hinweise darauf, daß solche Ansichten inzwischen bis in Teile des Offizierscorps vorgedrungen sind, wenn sich dies dort auch aufgrund der militärischen Disziplin kaum öffentlich äußert.[381] Man sollte sich auch in dieser Hinsicht allerdings auf Rückschläge einstellen, wenn sich die politischen Bedingungen ändern. Allerdings: In der Geschichte Pakistans gab es noch nie einen so breiten öffentlichen Konsens in diesen Fragen, nie ein so breites Eintreten für Rechtsstaatlichkeit und Demokratie. Dies wird sich kaum ganz zurückdrängen lassen.

Ob die pakistanische Gesellschaft nun in der Lage sein wird, ihre Chancen diesmal zu ergreifen, hängt wesentlich auch von den alten parteipolitischen Eliten ab. Zumindest die PPP und die PML-N hatten sich im Widerstand gegen das Militärregime im Mai 2006 auf eine »Charta der Demokratie« verständigt, die den Eindruck erweckt, als habe man aus den Fehlern der Vergangenheit gelernt. Die Aufzählung hehrer Ziele darf auch als indirekte Selbstkritik verstanden werden, wenn folgendes versprochen wurde: »Die Verpflichtung auf eine unverfälschte Demokratie und die universell akzeptierten Grundrechte, die Rechte einer lebendigen Opposition, innerparteiliche Demokratie, ideologische und politische Toleranz, überparteiliche Zusammenarbeit im Parlament ..., eine kooperative Föderation ohne Diskriminierung der Provinzen, die Dezentralisierung der Macht, die größtmögliche Autonomie der Provinzen, die Machtübertragung an die Menschen an der sozialen Basis, die Emanzipation unseren Volkes von Armut, Unwissenheit, Not und Krankheit, die Förderung der Frauen und Minderheiten, die Beseitigung der Kalaschnikow-Kultur, freie und unabhängige Medien, eine unabhängige Justiz, ein neutraler öffentlicher Dienst, die Herrschaft des Rechts und der Leistung und die friedliche Konfliktlösung mit den Nachbarn.«[382]

Sollten vor allem die beiden Parteien PPP und PML-N tatsächlich ihre Lektion aus der eigenen Geschichte gelernt haben und sich auch nur halbwegs an die von ihnen getroffenen

Verabredungen halten, dann könnte Pakistan aus seiner Krise herausfinden und nach über sechzig Jahren seiner Geschichte endlich zu einem funktionierenden, stabilen und demokratischen Land werden. Die überwältigende Mehrheit der Bevölkerung wünscht sich nichts sehnlicher als das. Sollten die Parteien allerdings nach dem Rückzug des Militärs von der Macht wieder in die alten Verhaltensweisen – Begünstigung, Intrigen, Demagogie – zurückfallen, dann steht zu befürchten, daß der alte Kreislauf von Militär- und Cliquenherrschaft von vorne beginnen wird. Nachdem aufgrund vor allem der Winkelzüge von Asif Zardari und seiner PPP die Aufbruchstimmung nach den Wahlen von 2008 bereits nach wenigen Wochen einer allgemeinen Ernüchterung gewichen war, ist diese Gefahr nicht mehr von der Hand zu weisen. Pakistan steht heute am Scheideweg, entweder die historische Chance zur Überwindung seiner Dauerkrise zu ergreifen, oder weiter eine Geisel unfähiger und korrupter Politiker zu bleiben.

Anmerkungen

1 Joschka Fischer, Tragödie Pakistan, in: *ZEIT* online, 31.12.2007, http://hermes.zeit.de/pdf/archiv/online/2008/01/Montagskolumne-Joschka-Fischer.pdf

2 Helmut Schmidt, Vorwort, in: Ulrich Ladurner, »Bitte informieren Sie Allah« – Terrornetzwerk Pakistan, München 2008, S. 7

3 Ulrich Ladurner, »Bitte informieren Sie Allah«, a. a. O, S. 10

4 Ebenda, S. 12

5 Where the Jihad Lives Now, in: *Newsweek*, 20.10. 2007, www.newsweek.com/id/57485

6 Pakistan: the world's most dangerous country, in: *The Telegraph*, 11.07.2007, www.telegraph.co.uk/news/main.jhtml?xml=/news/2007/11/06/wpak306.xml

7 Taliban can seize nukes, warns Turkish general, in: *Dawn* (Karachi), 11.03.2008, www.dawn.com/2008/03/11/top17.htm

8 Pakistan is Threatened, Intelligence Chief Says, in: *Washington Post*, 06.02.2008, S. A03

9 US Envoy Lauds Role of Security Forces, in: *Dawn*, 21.03.2008

10 John D. Negroponte, Deputy Secretary of State, Remarks to the Press in Islamabad, 18.11.2007, US State Department website, www.state.gov/s/d/2007/95337.htm

11 Transcript: ABC News' Charles Gibson Interviews President George W. Bush and First Lady Laura Bush at Camp David, 20.11.2007, *ABC News*, http://abcnews.go.com/print?id=3891196

12 Karl-Heinz Pfeffer, Pakistan – Modell eines Entwicklungslandes, Opladen 1967

13 Nach: Tan Tai Yong, The Garrison State – The Military, Government and Society in Colonial Punjab 1849–1947, Lahore 2005, S. 33 f.

14 Ahmad Hasan Dani, History of Pakistan – Pakistan Through the Ages, Lahore 2007, S. 25 ff.

15 Dazu u. a.: Shereen Ratnagar, Understanding Harappa – Civilization in the Greater Indus Valley, New Delhi 2001; und: Gregory L. Possehl, The Indus Civilization – A Contemporary Perspective, New Delhi 2002

16 Ihsan H. Nadiem, Moenjodaro – Heritage of Mankind, Lahore 1995

17 Siehe auch: Irfan Habib, The Indus Civilization, New Delhi 2002

18 Ahmad Hasan Dani, History of Pakistan, a. a. O., S. 35–67

19 M. Ashraf Khan, Buddhist Shrines in Swat, Saidu Sharif 1993

20 Ahmad Hasan Dani, History of Pakistan, a. a. O., S. 89 ff.

21 J. Hussain, A History of the Peoples of Pakistan, Karachi 1997, S. 102 ff.

22 Ahmad Hasan Dani, History of Pakistan, a. a. O., S. 169 ff.

23 Dazu: Muhammad Tariq Awan, History of India and Pakistan, Vol. I, Lahore 1991, S. 53 ff. und 63 ff.

24 Ahmad Hasan Dani, History of Pakistan, a. a. O., S. 176–188

25 J. Hussain, A History of the Peoples of Pakistan, a. a. O., S. 137 ff.

26 Muhammad Tariq Awan, History of India and Pakistan, a. a. O., S. 113 ff. und 147 ff.

27 Dazu: Ahmad Hasan Dani, History of Pakistan, a. a. O., S. 227–274

28 Muhammad Tariq Awan, History of India and Pakistan, a. a. O., S. 33 ff.

29 Stephan Conermann, Das Mogulreich – Geschichte und Kultur des muslimischen Indien, München 2006

30 Zahiruddin Muhammad Babur, Die Erinnerungen des ersten Großmoguls von Indien – Das Babur-nama, Zürich 1986

31 Ishtiaq Husain Qureshi, The Administration of the Mughul Empire, New Delhi 2002

32 J. Hussain, A History of the Peoples of Pakistan, a. a. O., S. 189 ff.

33 Muhammad Tariq Awan, History of India and Pakistan, a. a. O., S. 175 ff.

34 J. Hussain, A History of the Peoples of Pakistan, a. a. O., S. 317 ff.

35 Mohammad Waseem, Politics and the State in Pakistan, Lahore 1989, S. 53–56

36 Tan Tai Yong, The Garrison State – The Military, Government and Society in Colonial Punjab 1849–1947, Lahore 2005, S. 71

37 Ebenda, S. 18

38 El Hamza, Pakistan: A Nation, Lahore 1941, S. VII

39 Ebenda, S. 32

40 Ebenda, S. 33 f.

41 Mohammad Waseem, Politics and State in Pakistan, a. a. O., S. 106 f., S. 64 f.

42 Husain Haqqani, Pakistan – Between Mosque and Military, Washington 2005, S. 10

43 Ahmed Ishtiaq, The Concept of an Islamic State in Pakistan – An Analysis of Ideological Controversies, Lahore 1991, S. 66 f.

44 H.V. Hodson, The Great Divide – Britain-India-Pakistan, Karachi 1985, S. 266 ff., 403 ff.

45 Dies entspricht nicht genau der Situation bei der Staatsgründung, da z. B. Belutschistan noch nicht in den heutigen Provinzgrenzen existierte. Die im Norden gelegenen Gebiete werden von Pakistan bis heute offiziell nicht als Teil seines Staatsgebietes betrachtet, sondern als Teil der zwischen Indien und Pakistan »umstrittenen Gebiete« Kaschmirs. Faktisch werden sie aber von Islamabad regiert.

46 Eine eindrucksvolle literarische Darstellung dieser Zeit bietet das 1956 zuerst publizierte Buch (2006 mit zeitgenössischen Photos der US-Fotografin Magaret Bourke-White von 1947 erneut aufgelegt): Khushwant Singh, Train

to Pakistan, New Delhi 2006; siehe auch: Paul R. Brass, The Partition of India and Retributive Genocide in the Punjab, 1946–47: Means, Methods, and Purposes, in: Journal of Genocide Research, Vol. 5, No. 1, 2003, S. 71–101

47 Owen Bennett Jones, Pakistan – Eye of the Storm, London 2002, S. 230

48 Zit. nach: Hamid Yusuf, Pakistan – A Study of Political Development 1947–1997, Lahore 1998, S. 48

49 Christophe Jaffrelot, A Fruitless Search for Democracy, in: Christophe Jaffrelot (Ed.), A History of Pakistan and its Origins, London 2002, S. 61–64

50 Siehe zu diesem Prozeß das Kapitel »Towards a Bureaucratic Polity«, in: Mohammad Waseem, Politics and the State in Pakistan, a. a. O., S. 138 ff.

51 Veena Kukreja, Military Intervention in Pakistan, New Delhi 1985, S. 58

52 Hasan Askari Rizvi, The Military and Politics in Pakistan 1947–1997, Lahore 2000, S. 82–148

53 Zur verfassungspolitischen Diskussion jener Jahre siehe: Zulfikar Khalid Maluka, The Myth of Constitutionalism in Pakistan, Karachi 1995, S. 170 ff.

54 Shahid ur-Rehman, Who Owns Pakistan? – Fluctuating Fortunes of Business Mughals, Islamabad 1998

55 Ishrat Husain, Pakistan – The Economy of an Elitist State, Karachi 1999, S. 52, 89

56 Husain Haqqani, Pakistan – Between Mosque and Military, a. a. O., S. 61

57 Zit. nach: ebenda, S. 71

58 Zit. nach: Hassan Abbas, Pakistan's Drift into Extremism – Allah, the Army, and America's War on Terror, New Delhi 2005, S. 66

59 Husain Haqqani, Pakistan, a. a. O., S. 87

60 Muhammad Asghar Khan, We've Learned Nothing from History – Pakistan: Politics and Military Power, Karachi 2005, S. 56

61 Zu dieser Periode siehe auch: Mohammad Waseem, Politics and the State in Pakistan, a. a. O., S. 297–361

62 Zulfikar Khalid Maluka, The Myth of Constitutionalism in Pakistan, a. a. O., S. 230 ff.

63 Husain Haqqani, Pakistan – a. a. O., S. 121

64 Hamid Yusuf, Pakistan, a. a. O., S. 172

65 Ebenda, S. 174; zu den verfassungsrechtlichen Aspekten des Putsches und der Zeit der Diktatur siehe u. a.: Paula R. Newberg, Judging the State – Courts and Constitutional Politics in Pakistan, New Delhi 1995, S. 171–199

66 Der Wortlaut der ersten vierzehn Kriegsrechtsverordnungen bei: Surendra Nath Kaushik, Politics of Islamization in Pakistan – A Study of Zia Regime, New Delhi 1993, S. 28–30

67 Zit. nach: Muhammad Asghar Khan, We've Learned Nothing from History, a. a. O., S. 146

68 Zit. nach: ebenda. General Chishti versuchte sich später von seiner Verwicklung und engen Bindung an Zia ul-Haq reinzuwaschen. Siehe dazu sein interessantes Buch: Faiz Ali Chishti, Betrayals of Another Kind – Islam, Democracy and the Army in Pakistan, Lahore 1996

69 Zur »Islamisierung« staatlicher Institutionen in dieser Zeit siehe: Mohammad Amin (der mit diesem Prozeß sympathisiert), Islamization of Laws in Pakistan, a. a. O.

70 Siehe u.a.: Steve Coll, Ghost Wars – The Secret History of the CIA, Afghanistan and Bin Laden, From the Soviet Invasion to September 11, 2001, London 2004, Kapitel 3

71 Craig Baxter, Restructuring the Pakistan Political System, in: Shahid Javed Burki / Craig Baxter (Eds.), Pakistan Under the Military – Eleven Years of Zia ul-Haq, Boulder 1991, S. 35–39

72 Zit. nach: Omar Noman, Pakistan – Political and Economic History Since 1947, London 1990, S. 145

73 Siehe dazu allgemein: Jochen Hippler, Gewaltkonflikte, Konfliktprävention und Nationenbildung – Hintergründe eines politischen Konzeptes, in: Jochen Hippler (Hrsg.), Nation-Building – ein sinnvolles Instrument der Konfliktbearbeitung?, Bonn 2004, S. 14–30

74 Zur Entstehung der MQM und ihrem Verhältnis zur Gewalt siehe: Oskar Verkaaik, Migrants and Militants – Fun and Urban Violence in Pakistan, Princeton 2004, S. 56–87

75 Hamid Yusuf, Pakistan, a. a. O., S. 205

76 Shahid Javed Burki, Pakistan – The Continuing Search for Nationhood, Boulder CO 1991, S. 76 ff.

77 Ebenda, S. 130

78 Zit. nach: ebenda

79 Hamid Yusuf, Pakistan, a. a. O., S. 208–216

80 Siehe dazu u.a.: Husain Haqqani, Pakistan, a. a. O., S. 200–202

81 Muhammad Asghar Khan, We've Learned Nothing from History, a. a. O., S. 196–199

82 Hassan Abbas, Pakistan's Drift into Extremism, a. a. O., S. 135 f.

83 Veena Kukreja, Contemporary Pakistan – Political Processes, Conflicts and Crises, New Delhi 2003, S. 227

84 Hamid Yusuf, Pakistan – A Study of Political Developments 1947–1997, a. a. O., S. 232

85 Hassan Abbas, Pakistan's Drift into Extremism, a. a. O., S. 139

86 Safdar Mahmood, Pakistan – Political Roots and Development 1947–1999, Oxford 2000, S. 170

87 Husain Haqqani, Pakistan, a. a. O., S. 202–218

88 Hamid Yusuf, Pakistan, a. a. O., S. 235

89 Ebenda, S. 236–238

90 Hassan Abbas, Pakistan's Drift into Extremism, a. a. O., S. 151

91 Muhammad Asghar Khan, We've Learned Nothing from History, a. a. O., S. 222

92 Owen Bennett Jones, Pakistan – a. a. O., S. 240

93 Ebenda, S. 240, 239

94 Hamid Yusuf, Pakistan, a. a. O., S. 244

95 Christophe Jaffrelot, A Fruitless Search for Democracy, in: Christophe Jaffrelot (Ed.), A History of Pakistan and its Origins, London 2002, S. 87

96 Safdar Mahmood, Pakistan, a. a. O., S. 175

97 Zahlreiche eigene Gespräche des Autors im Punjab, Frühjahr und Sommer 1997

98 International Crisis Group, Pakistan – Transition to Democracy?, ICG Asia Report No. 40, Islamabad/Brussels, 03.10.2002, S. 10

99 Muhammad Asghar Khan, We've Learned Nothing from History, a. a. O., S. 225

100 Christophe Jaffrelot, A Fruitless Search for Democracy, a. a. O., S. 88 f.

101 Owen Bennett Jones, Pakistan – a. a. O., S. 37 f.

102 Zit. nach: Hassan Abbas, Pakistan's Drift into Extremism, a. a. O., S. 166

103 Gespräche des Verfassers mit verschiedenen pakistanischen Offizieren im September 2007

104 Zu den Vorbereitungen und Abläufen siehe u. a.: Owen Bennett Jones, Pakistan, a. a. O., S. 40–58

105 Zulfikar Khalid Maluka, Reconstructing the Constitution for a COAS President – Pakistan 1999–2002, in: Craig Baxter (Ed.), Pakistan on the Brink – Politics, Economics, and Society, Karachi 2004, S. 56 f.

106 General Musharraf's Address 17 December 1999; Khurram Ali Shafique, pakistaniHISTORY.COM, http://pakistanihistory.com/archives/99mush17.htm

107 Ebenda

108 Ebenda

109 Dazu: Zulfikar Khalid Maluka, Reconstructing the Constitution for a COAS President – Pakistan 1999–2002, in: Craig Baxter (Ed.), Pakistan on the Brink – a. a. O., S. 58–77

110 Provisional Constitution Order No. 1 of 1999, Issued 1 a.m. (Pakistan Standard Time), October 15, 1999; www.pakistani.org/pakistan/constitution/post_12oct99/pco1_1999.html

111 Dazu u. a.: Human Rights Watch, Reform or Repression? – Post-Coup Abuses in Pakistan, Kapitel IV: Curbs on Judicial Independence, October 2000; www.hrw.org/reports/2000/pakistan/pakio09-03.htm#P189_28445

112 K. Alan Kronstadt, Pakistan's Domestic Political Developments, CRS Report for Congress, Washington (Congressional Research Service), updated September 19, 2005, S. 12

113 Andrew R. Wilder, Elections 2002: Legitimizing the Status Quo, in: Craig Baxter (Ed.), Pakistan on the Brink – a. a. O., S. 105–108

114 Human Rights Commission of Pakistan, Referendum – 2002; www.hrcpelectoralwatch.org/referendum.cfm

115 Constitution (Seventeenth Amendment) Act, 2003; www.pakistani.org/pakistan/constitution/amendments/17amendment.html

116 Hassan Abbas, Pakistan's Drift into Extremism, a. a. O., S. 184–189

117 Ebenda, S. 189

118 Ebenda, S. 7

119 Die *International Crisis Group* sprach davon, daß es u. a. darum gegangen sei, »neue Eliten zu schaffen, um die politischen Gegner zu schwächen und zu marginalisieren«. International Crisis Group, Devolution in Pakistan – Reform or Regression?, ICG Asia Report No.77, Islamabad/Brussels, 22.03.2004, S. 6

120 Andrew R. Wilder, Elections 2002: Legitimizing the Status Quo, in: Craig Baxter (Ed.), Pakistan on the Brink – a. a. O., S. 104 ff.

121 So eine Entschließung des Europäischen Parlamentes, hier zitiert nach: International Crisis Group, Authoritarianism and Political Party Reform in Pakistan, ICG Asia Report No.102, Islamabad/Brussels, 28.11.2005, S. 7

122 Ebenda, S. 8

123 Siehe zu dieser historischen Phase u. a.: International Crisis Group, Pakistan – Transition to Democracy?, ICG Asia Report No. 40, Islamabad/Brussels, 03.10.2002, S. 12 ff.

124 Terror Free Tomorrow, Pakistanis Reject US Military Action against Al Qaida: More Support bin Laden than President Musharraf – Results of a Nationwide Public Opinion Survey of Pakistan, Washington o. J. [August 2007], S. 3, 7

125 Siehe zur Rolle der MMA im Umfeld der Wahl von 2002 auch: Frédéric Grare, Islam, Militarism, and the 2007–2008 Elections in Pakistan, Carnegie Papers, No. 70, Washington, August 2006, S. 5 f.

126 K. Alan Kronstadt, Pakistan's Domestic Political Developments, a. a. O., S. 16

127 Zahlreiche eigene Gespräche in Pakistan vom Juli bis September 2007

128 Enforcement of Shari'ah Act, 1991, Act X OF 1991, 18th June, 1991; www.pakistani.org/pakistan/legislation/1991/actXof1991.html

129 Massoud Ansari, Fight to the Finish, in: *Newsline*, July 2007, S. 28–34

130 Adnan Adil, Jumping Ship, in: *Newsline*, September 2007, S. 32–34; and: Idrees Bakhtiar, Defining the Endgame, in: *Herald*, August 2007, S. 46–51

131 Proclamation of Emergency, Issued November 3, 2007; www.pakistani.org/pakistan/constitution/post_03nov07/proclamation_emergency_20071103.html

132 Provisional Constitution Order No. 1 of 2007, Issued November 3, 2007, amended November 15, 2007; www.pakistani.org/pakistan/constitution/post_03nov07/pco_1_2007.html

133 Text des Eides: Oath of Office (Judges) Order, 2007, November 3, 2007; www.pakistani.org/pakistan/constitution/post_03nov07/judges_oath_order_2007.html

134 Constitution (Second Amendment) Order, 2007, President's Order No. 6 of 2007, December 14, 2007; www.pakistani.org/pakistan/constitution/post_03nov07/po6_2007.html

135 Proclamation of Emergency, Issued November 3, 2007, a. a. O.

136 Hopes High about Post-Poll Scene: Belochistan Most Upbeat – BBC Survey, in: *Dawn*, 14.02.2008; www.dawn.com/2008/02/14/top1.htm

137 Farieha Aziz, The Next Generation – Benazir Bhutto's Teenage Son Was Destined for Life in Politics, in: *Newsline*, January 2008; www.newsline.com.pk/NewsJan2008/coverjan8.htm

138 Syed Talat Hussain, The Zardari Factor, in: *Newsline*, January 2008; www.newsline.com.pk/NewsJan2008/coverjan1.htm

139 Hopes High about Post-Poll Scene: Belochistan Most Upbeat – BBC Survey, in: *Dawn*, 14.02.2008; www.dawn.com/2008/02/14/top1.htm

140 Election Commission of Pakistan, National Assembly, General Election – 2008, National Election Turnout, Wednesday, February 20, 2008, online: www.ecp.gov.pk/content/GE08/NA_turnout.pdf

141 Shujaat Ignores Musharraf Call, Refuses to Quit, in: *Dawn*, 5.05.2008; www.dawn.com/2008/05/05/top3.htm

142 PM: Military Operation in Balochistan Stopped, in: *Dawn*, 3.05.2008; www.dawn.com/2008/05/03/top4.htm; und: FC Troops Withdrawing from Gwadar, Quetta, in: *Dawn*, 5.05.2008; www.dawn.com/2008/05/05/top1.htm

143 Asif Takes Charge, Wants Polls on Schedule: Fahim Premier Candidate, in: *Dawn*, 31.12.2007; www.dawn.com/2007/12/31/top1htm

144 Zardari Ready to Take Over as PM ›if needed‹, in: *Dawn* 20.04.2008; www.dawn.com/2008/04/20/top1.htm

145 Gilani for Balance Between President and Parliament, in: *Dawn*, 15.04.2008; www.dawn.com/2008/04/15/top3.htm

146 Asif Insists on Constitutional Package: Reinstatement of Judges, in: *Dawn*, 29.04.2008; www.dawn.com/2008/04/29/top2.htm

147 United Nations Development Program (UNDP), Human Development Report 2007/2008, Washington 2007, S. 239

148 World Bank, World Development Report 2008, Washington 2007, S. 335, 334

149 Ishrat Husain, Pakistan, a. a. O., S. 9

150 Government of Pakistan, Finance Division, Economic Adviser's Wing, Pakistan – Economic Survey 2006–2007, Islamabad 2007, Statistical Appendix, Table 1.2, S. 10

151 Ebenda

152 Ebenda, S. 11

153 Zahlen vom pakistanischen Finanzministerium und dem Federal Bureau of Statistics, freundlicherweise bereitgestellt von Dr. Salman Shah, Finanzberater des Ministerpräsidenten, später kommissarischer Finanzminister Pakistans, Gespräch in Islamabad, August 2007 (Ausdruck einer Powerpoint-Präsentation: Islamic Republic of Pakistan July 2007)

154 Z. B.: Babar Ayaz, Race Against Time, in: *The Herald*, July 1998, S. 38 f.

155 Government of Pakistan, a. a. O., S. 3

156 Beispielsweise: Karl-Heinz Pfeffer, Pakistan, a. a. O.

157 Islamic Republic of Pakistan July 2007, a. a. O.

158 Government of Pakistan, a. a. O., S. 121

159 Ebenda, S. 216 f.

160 Ebenda, Statistical Appendix, Table 13.3 und 13.4, S. 107 und 108

161 Islamic Republic of Pakistan July 2007, a. a. O.

162 UNDP, Human Development Report 2007/2008, Washington 2007, S. 94

163 Ebenda, S. 106

164 Ebenda, S. 239

165 Ebenda, S. 253

166 Ein guter Überblick über den Wandel der Agrarstruktur bei: Mahmood Hasan Khan, Changes in the Agrarian Structure of Pakistan, in: S.M. Naseem/Khalid Nadvi (Eds.), The Post-Colonial State and Social Transformation in India and Pakistan, Oxford 2002, S. 179–202

167 Christophe Jaffrelot, A Fruitless Search for Democracy, a. a. O., S. 67 f.

168 Zur sich wandelnden Rolle der Industriellen und der Mittelschichten aufgrund ökonomischer Entwicklung und der Rückwirkung auf Staat und Politik siehe: Asad Sayeed, State-Society Conjunctures and Disjunctures – Pakistan's Manufacturing Performance, in: S.M. Naseem/Khalid Nadvi (Eds.), The Post-Colonial State and Social Transformation in India and Pakistan, a. a. O., S. 203–244

169 Mohammad A. Qadeer, Pakistan – Social and Cultural Transformations in a Muslim Nation; London / New York 2006, S. 6

170 UNDP, Human Development Report 2007/2008, Highlights; http://hdrstats. undp.org/indicators/42.html

171 Zahlen des Zensus von 1951, nach: Arif Hassan, The Process of Socio-Economic Change in Pakistan, Paper for a Conference at Johns Hopkins University at the School of Advanced International Studies, Washington DC, November 8, 2004, Revised Version, 25.05.2005, S. 1 f.

172 Mohammad A. Qadeer, Pakistan, a. a. O., S. 51

173 Ebenda, S. 148

174 Ebenda, S. 89

175 Leicht abweichende Zahlen bei: Tariq Rahman, Language Policy, Multilingualism and Language Vitality in Pakistan, Academy of the Punjab in North America, o. J.; www.apnaorg.com/book-chapters/tariq/

176 Grundlegend zur politischen Bedeutung der Sprachen in Pakistan: Tariq Rahman, Language und Politics in Pakistan, Karachi 1996

177 Raymond G. Gordon, Jr. (Ed.), Ethnologue: Languages of the World, Dallas, Tex. 2005; www.ethnologue.com/show_country.asp?name=Pakistan

178 Etwa die Beiträge von Selig S. Harrison und Hamza Alavi in: S. Akbar Zaidi (Ed.), Regional Imbalances and the National Question in Pakistan, Lahore 1992; vor allem aber auch: Feroz Ahmed, Ethnicity and Politics in Pakistan, Karachi 1998

179 Yunas Samad, In and Out of Power but not Down and Out: Muhajir Identity Politics, in: Christophe Jaffrelot (Ed.), Pakistan – Nation, Nationalism and the State, Lahore 2002, S. 63–83

180 Tahir Amin, Ethno-National Movements of Pakistan – Domestic and International Factors, Islamabad 1988

181 Achakzai Backs Qazi's Idea of Islamic Revolution, in: *Dawn*, 5.02.2008; www.dawn.com/2008/02/05/nat13.htm

182 Ian Talbot, The Punjabization of Pakistan: Myth or Reality?, in: Christophe Jaffrelot (Ed.), Pakistan – Nation, Nationalism and the State, Lahore 2002, S. 51

183 In dieser Hinsicht folge ich: Azmi Bishara, »Der Islam« und die Demokratie im Nahen Osten, in: Jochen Hippler (Hrsg.), Demokratisierung der Machtlosigkeit – Politische Herrschaft in der Dritten Welt, Hamburg 1994, S. 169 ff.; und: ders., Religion und Politik im Nahen und Mittleren Osten, in: Jochen Hippler/Andrea Lueg (Hrsg.), Feindbild Islam – oder Dialog der Kulturen, Hamburg 2002, S. 116 ff.

184 Olivier Roy, Der islamische Weg nach Westen – Globalisierung, Entwurzelung und Radikalisierung, München 2006

185 Human Rights Commission of Pakistan, Peshawar Chapter, FCR – A Bad Law Nobody Can Defend, Lahore 2005

186 Weitere Foltermethoden in: Asian Human Rights Commission, PAKISTAN: The Human Rights Situation – 2007, December 10, 2007, S. 24; http://material.ahrchk.net/hrreport/2007/Pakistan2007.pdf

187 US Department of State, Pakistan – Country Reports on Human Rights Practices 2006, Released by the Bureau of Democracy, Human Rights, and Labor, Washington, 06.03.2007; www.state.gov/g/drl/rls/hrrpt/2006/78874.htm

188 Länderberichte zur Menschenrechtssituation der Jahre 2004 bis 2007: US Department of State, Pakistan – Country Reports on Human Rights Practices, unterschiedliche Jahrgänge; www.state.gov/g/drl/rls/hrrpt/

189 US Department of State, Pakistan – Country Reports on Human Rights Practices 2006, a. a. O.

190 Asian Human Rights Commission, PAKISTAN: The Human Rights Situation – 2007, 10.12.2007, S. 25; http://material.ahrchk.net/hrreport/2007/Pakistan2007.pdf

191 US Department of State, Pakistan – Country Reports on Human Rights Practices 2006, a. a. O.

192 Amnesty international, Pakistan – Human Rights Ignored in the »War on Terror«, London, September 2006

193 Human Rights Watch, Ghost Prisoner – Two Years in Secret CIA Detention, Washington, February 2007

194 Arif Hassan, The Process of Socio-Economic Change in Pakistan, Paper for a Conference at Johns Hopkins University at the School of Advanced International Studies, Washington DC, 08.11.2004, Revised Version 25.05.2005, Fußnote 24

195 Eigene Beobachtungen an der University of Punjab und der Quaid-e-Azam University in Islamabad

196 Gespräche mit fünf Kampfpilotinnen in der Luftwaffenbasis Mianwali, September 2007

197 Sadaf Aziz/Moeen Cheema, Partial Victory, in: *The Herald*, Februar 2007, S. 56–58

198 US Department of State, Pakistan – Country Reports on Human Rights Practices 2006, a. a. O.

199 Asian Human Rights Commission, PAKISTAN: The Human Rights Situation – 2006, 21.12.2006, Abschnitt: Discrimination against Women, o. P.

200 Ein kurzer Überblick: Iftikhar H. Malik, Religious Minorities in Pakistan, Minority Rights Group, London 2002

201 Alle Angaben regierungsamtliche Schätzungen für 2007. Government of Punjab, Planning and Development Department, Bureau of Statistics, Punjab in Figures 2007, Lahore 2007, S. 1; http://pportal.punjab.gov.pk/punjab-cms//docimages/12699punjab_2007.pdf

202 Mushtaqur Rahman, Land and Life in Sindh-Pakistan, Lahore 1993, S. 31–42

203 Government of the Punjab, Asian Development Bank, World Bank Poverty Reduction and Economic Management Unit, DFID, Pakistan – Punjab Economic Report: Towards a Medium-Term Development Strategy, Islamabad, 31.03.2005, S. 19

204 Population Welfare Department, Government of Sindh, Demographic Indicators of Sindh 2003; www.pwdsindh.gov.pk/demographic.htm; eigene Schätzung für 2007 auf dieser Grundlage und dem damaligen Bevölkerungswachstum von 2 Prozent

205 Zu Sindh während der Kolonialzeit siehe: Suhail Zaheer Lari, A History of Sindh, Karachi 1996, S. 171 ff.

206 Asian Development Bank, TA 4578-Pakistan: Karachi Mega Cities Preparation Project, Vol. I, August 2005, S. X, 3 f.; www.adb.org/Documents/Produced-Under-TA/38405/38405-PAK-DPTA.pdf

207 Syed Abdul Quddus, The Tribal Baluchistan, Lahore 1990, S. 89 ff.

208 Malik Muhammad Saeed Dehwar, Contemporary History of Balochistan, Lahore 1994, S. 384 ff.

209 Zu den ideologischen und politischen Voraussetzungen des neu gestärkten belutschischen Nationalismus siehe: Nina Swidler, Beyond Parody – Ethnography Engages Nationalist Discourse, in: Paul Titus (Ed.), Marginality and Modernity – Ethnicity and Change in Post-Colonial Balochistan, Karachi 1997, S. 168 ff.

210 International Crisis Group, Pakistan's Tribal Areas: Appeasing the Militants, ICG Asia Report No. 125, Islamabad/Brussels, 11.12.2006, S. 2

211 Pakistanische Verfassung, Teil 12, Kapitel 3, Paragraph 247(3); www.pakistani.org/pakistan/constitution/part12.ch3.html

212 Government of Pakistan, FATA Sustainable Development Plan 2006–2015, Peshawar 2006, S. 10; www.fata.gov.pk/downloads/1176296855admin_FATA%20sustainable%20development%20plan.pdf

213 FATA – Economy and Livelihood, online: www.fata.gov.pk/index.php?link=8

214 Zu langfristigen Wandlungs- und Entwicklungsprozessen: Fazal-ur-Rahim Marwat, The Genesis of Change and Modernization in Federally Administrated Tribal Areas (FATA) of Pakistan, in: IPRI Journal (Islamabad Policy Research Institute), Vol. VII, No. 2, Summer 2007, S. 73–86

215 International Crisis Group, Pakistan's Tribal Areas: Appeasing the Militants, ICG Asia Report No. 125, Islamabad/Brussels, 11.12.2006, S. 4

216 Karl Jettmar, Northern Areas of Pakistan – An Ethnographic Sketch, in: Ahmad Hasan Dani, History of Northern Areas of Pakistan, Islamabad 1991, S. 61

217 Banat Gul Afridi, Baltistan in History, Peshawar 1988, S. 281

218 Dazu etwa: Gerard Fussman, Languages as a Source for History, in: Ahmad Hasan Dani, History of Northern Areas of Pakistan, Islamabad 1991, S. 43–58

219 Siehe: Karl Jettmar, Northern Areas of Pakistan – An Ethnographic Sketch, in: Ahmad Hasan Dani, History of Northern Areas of Pakistan, Islamabad 1991, S. 59–88

220 Zur Geschichte der Region vor allem: Ahmad Hasan Dani, History of Northern Areas of Pakistan, Islamabad 1991

221 International Crisis Group, Discord in Pakistan's Northern Areas, ICG Asia Report No. 131, 02.04.2007, S. 12

222 Interviews mit Mitgliedern des Legislativrates, Gilgit, September 2007

223 Gulmina Bilal, »Special« Status?, in: *Newsline*, July 2007, S. 50

224 Für eine pakistanische Sicht siehe: Pervaiz Iqbal Cheema, The Armed Forces of Pakistan, Karachi 2002, S. 25–36

225 Stockholm Peace Research Institute (SIPRI), SIPRI Yearbook 2007, Armaments, Disarmament und International Security, London 2007, S. 315

226 Owen Bennett Jones, Pakistan – Eye of the Storm, London 2005, S. 269

227 Diese Sichtweise stellt einen breiten Konsens in der pakistanischen Gesellschaft dar, der von Politikern, Offizieren, Journalisten und anderen Gruppen geteilt wird (zahlreiche eigene Gespräche).

228 Zur Geschichte des Atomprogramms u. a.: Pervaiz Iqbal Cheema, The Armed Forces of Pakistan, Karachi 2002, S. 166 ff.

229 Stockholm Peace Research Institute (SIPRI), ›Central and South Asia‹, in: The Military Balance, London 2008, S. 349, 351

230 Ebenda

231 Zur Atompolitik Pakistans allgemein siehe ausführlich: Henry D. Sokolski (Ed.), Pakistan's Nuclear Future: Worries Beyond War, US Army War College, Strategic Studies Institute, January 2008; ein kürzerer Überblick in: Owen Bennett Jones, Pakistan, a. a. O., Kapitel 6

232 Pakistan's Nuclear Forces 2007, in: *Bulletin of the Atomic Scientists*, Vol. 63, No. 3, May/June 2007, S. 71

233 Paul Kerr/Mary Beth Nikitin, Pakistan's Nuclear Weapons: Proliferation and Security Issues, CRS Report for Congress, Updated November 14, 2007, Congressional Research Service, Washington 2007, S. 3 f.

234 Bill Powell/Tim McGirk, The Man Who Sold the Bomb, in: *Time Magazine*, 06.12.2005; www.time.com/time/magazine/article/0,9171,1025082,00.html

235 Pakistan Nuclear Security Questioned, in: *Washington Post*, 11.11.2007, S. A01

236 Paul Kerr/Mary Beth Nikitin, Pakistan's Nuclear Weapons, a. a. O., S. 8

237 Mohammad Saleem Zafar, Vulnerability of Research Reactors to Attack, Washington 2008, S. 36

238 Prepared for the Congressional Research Service by K. Alan Kronstadt, Specialist in South Asian Affairs, 3/5/08; www.fas.org/sgp/crs/row/pakaid.pdf

239 Owen Bennett Jones, Pakistan, a.a.O., S. 69–71

240 Brian Cloughley, A History of the Pakistan Army – Wars and Insurrections, Karachi 2000, S. 13–20

241 Pervaiz Iqbal Cheema, The Armed Forces of Pakistan, Karachi 2002, S. 67 f.

242 Hasan Askari Rizvi, The Military and Politics in Pakistan – 1947–1997, Lahore 2000, S. 192–206

243 Zum militärischen Verlauf siehe: Brian Cloughley, A History of the Pakistan Army – Wars and Insurrections, a.a.O., S. 160 ff.

244 P.R. Chari/Pervaiz Iqbal Cheema/Stephen P. Cohen, Four Crises and a Peace Process – American Engagement in South Asia, Washington 2007, S. 39 ff.

245 Zit. nach: P.R. Chari/Pervaiz Iqbal Cheema/Stephen P. Cohen, Four Crises, a.a.O., S. 91

246 Owen Bennett Jones, Pakistan, a.a.O., S. 91 ff.

247 Husain Haqqani, Pakistan, a.a.O., S. 252 f.

248 Zahid Hussain, Frontline Pakistan – The Struggle with Militant Islam, New York 2007, S. 102 ff.

249 P.R. Chari/Pervaiz Iqbal Cheema/Stephen P. Cohen, Four Crises, a.a.O., S. 150

250 Hasan Askari Rizvi, The Military, a.a.O., S. 270

251 Inter Services Public Relations Directorate, Information Brief, o.O., o.J., [Rawalpindi, September 2007], S. 24

252 Ayesha Siddiqa, Military Inc. – Inside Pakistan's Military Economy, Karachi 2007

253 Alle Daten (z.T. eigene Berechnungen) aufgrund offizieller Angaben: Inter Services Public Relations Directorate, Information Brief, a.a.O., S. 1–14

254 Ebenda

255 Zu den verschiedenen Stiftungen und Unternehmen siehe auch: Ayesha Siddiqa, Military Inc. , a.a.O., S.112–128

256 Zitiert nach: ebenda, S. 15

257 Ebenda, S. 3, 219/243, 166

258 Ebenda, S. 248

259 Ebenda, S. 163; und: Inter Services Public Relations Directorate, Information Brief, a.a.O., S. 78

260 Constitution of Pakistan, Part XII (contd), Miscellaneous, Chapter 2: Armed Forces, § 243. Command of Armed Forces; www.pakistani.org/pakistan/constitution/part12.ch2.html

261 Owen Bennett Jones, Pakistan, a.a.O., S. 277 ff.

262 Das wichtigste Beispiel stammt von 1995; siehe: ebenda, S. 260–262

263 Zu seiner Rolle und Politik als ISI-Chef siehe u.a.: Husain Haqqani, Pakistan, a.a.O., S. 201 ff.

264 Solche Spekulationen stützen sich zum Teil auf seriöse Informationen, wie

etwa: Eben Kaplan, The ISI and Terrorism – Behind the Accusations, Council of Foreign Relations Backgrounder, October 19, 2007; www.cfr.org/publication/11644/. Demgegenüber ist manchen Beiträgen gegenüber Skepsis angebracht, wie etwa dem unzuverlässigen und von Halbwissen geprägten Aufsatz: Sean P. Winchell, Pakistan's ISI – The Invisible Government, in: *International Journal of Intelligence and Counterintelligence*, Vol. 16, 2003, S. 374–388

265 Frédéric Grare, Pakistan: The Myth of an Islamist Peril, Carnegie Endowment for International Peace, Policy Brief 45, February 2006, S. 3

266 Siehe zur höchst dubiosen Politik des ISI in dieser Zeit u.a.: Husain Haqqani, Pakistan, a.a.O., S. 201 ff.

267 Julian Schofield / Michael Zekulin, Appraising the Threat of Islamist Take-Over in Pakistan, Centre d'études des politiques étrangères et de sécurité, Université du Québec à Montréal / Concordia University, Note de recherche 34, Mars 2007, S. 22

268 Stephen Philip Cohen, The Jihadist Threat to Pakistan, in: *The Washington Quarterly*, Vol. 26, No. 3, Summer 2003, S. 16

269 Zahid Hussain, Frontline Pakistan, a.a.O., S. 27

270 Musharraf Urged to Hand over Power to Iftikhar, in: *Dawn*, 01.02.2008

271 Retired Generals Criticise Kashmir Policy, in: *Dawn*, 06.02.2008

272 Stephen Philip Cohen, The Jihadist Threat to Pakistan, a.a.O., S. 16

273 Henry D. Sokolski, Pakistan Nuclear Woes, in: derselbe (Ed.), Pakistan's Nuclear Future: Worries Beyond War, US Army War College, Strategic Studies Institute, January 2008, S. 9 f.

274 Husain Haqqani, Pakistan, a.a.O., S. 257

275 So ging es auch dem damaligen Oberkommandierenden des Heeres, General Mirza Aslam Beg, nach dem Tod General Zias: Husain Haqqani, Pakistan. a.a.O., S. 200 f.

276 New Pakistan Army Chief Orders Military out of Civilian Government Agencies, Reversing Musharraf Policy, in: *New York Times*, Internetausgabe, 13.02.2008; www.nytimes.com/2008/02/13/world/asia/13pstan.html?_r=1&ref=world&oref=slogin

277 Hasan Askari Rizvi, The Military, a.a.O., S. 73 f.

278 *Dawn*, 25.11.2007, verschiedene Artikel

279 Eigene Erfahrungen im Herbst 2007

280 Law and Order Situation not Bad, Says Minister: 1,000 killed this year, in: *Dawn*, 25.11.2007, online: www.dawn.com/2007/11/25/nat12.htm

281 Only six of 24 NWFP districts ›normal‹ for polls, in: *Dawn*, 5.02.2008, online: www.dawn.com/2008/02/05/top5.htm

282 Z.B. International Crisis Group, Pakistan: The Mullahs and the Military, ICG Asia Report No. 49, Islamabad/Brussels, 20.03.2003; Rieck 2007; Cohen 2003

283 Muhammad Amir Rana, A to Z of Jehadi Organizations in Pakistan, Lahore 2006, S. 240

284 Institute for Conflict Management, South Asia Terrorism Portal, Pakistan Assessment 2008; www.satp.org/satporgtp/countries/pakistan/index.htm#

285 Kanchan Lakshman, Karachi: Metropolis of Terror, in: *South Asia Intelligence Review*, Weekly Assessments & Briefings, Volume 4, No. 40, 17.04.2006; www.satp.org/satporgtp/sair/Archives/4_40.htm#assessment1

286 Ayaz Amir, A love-hate relationship, in: *Dawn*, 12.11.2004; www.dawn.com/weekly/ayaz/20041112.htm

287 Karachi: MQM major election winner in city, PPP distant second, in: *Dawn*, 20.02.2008; www.dawn.com/2008/02/20/local1.htm

288 Removal of Rangers, Police Bosses Sought: Karachi Suffered Rs80bn Losses, in: *Dawn*, 04.01.2008

289 Interne Zahlen der Polizei, persönliche Information für den Autor, September 2007

290 International Crisis Group, Pakistan: The Worsening Conflict in Balochistan, Asia Report No. 119, Islamabad/Brussels 14.09.2006, S. 14–16

291 Frédéric Grare, Pakistan: The Resurgence of Baluch Nationalism, Carnegie Papers, Number 65, Washington, January 2006, S. 5

292 Ebenda, S. 16 f.

293 Idrees Bakhtiar, »Mega-Projects are a Conspiracy to Turn the Balochis into a Minority in Their Homeland«, in: *The Herald*, August 2004, S. 51

294 Selig S. Harrison, Pakistan's Costly ›Other War‹, in: *Washington Post*, 15.02.2006, S. A21

295 International Crisis Group, Pakistan: The Forgotten Conflict in Balochistan, ICG Asia Report No. 69, Islamabad/Brussels, 22.10.2007, S. 13

296 Institute for Conflict Management, South Asia Terrorism Portal, Pakistan Assessment 2008; www.satp.org/satporgtp/countries/pakistan/index.htm#

297 Afghan warlord ›aided Bin Laden‹, in: BBC News online, 11. January 2007; http://news.bbc.co.uk/2/hi/south_asia/6252975.stm

298 Zahid Hussain, Frontline Pakistan, a. a. O., S. 120, 143

299 Zu den ökonomischen Anreizen durch ausländische Jihadisten und ihren Folgen für die Gesellschaft in Waziristan siehe: Intikhab Amir, Romancing for Cash – The Presence of Foreign Militants has Altered the Dynamics of the Waziristan Economy, in: *The Herald*, November 2006, S. 58 f.

300 Zahid Hussain, Frontline Pakistan, a. a. O., S. 141–153

301 Massoud Ansari, The New Face of Jihad, in: *Newsline*, August 2007, S. 50

302 Siehe z. B.: Shafiq Ahmad, Unstoppable Taliban, in: *The Herald*, März 2007, S. 76–78

303 Behroz Khan, Unholy Crusade – NGOs Operating in the NWFP are Increasingly Under Attack from Local Extremists, Particularly Those Run by and Focusing on Women Issues, in: *Newsline*, August 2004, S. 61 f.; Intikhab Amir, Flashpoint Frontier, in: *The Herald*, Juni 2006, S. 62, 64 f.

304 Intikhab Amir, The Velvet Fist Revealed, in: *The Herald*, November 2006, S. 55

305 International Crisis Group, Pakistan's Tribal Areas: Appeasing the Militants, ICG Asia Report No. 125, Islamabad/Brussels, 11.12.2006, S. 18

306 Tribal peace jirga attacked: 42 killed, 58 injured in Darra Adamkhel, in: *Dawn*, 3.03.2008; www.dawn.com/2008/03/03/top1.htm

307 Kanchan Lakshman, Waziristan: Taliban's War Within, in: *South Asia Intelligence Review*, Weekly Assessments & Briefings, Volume 5, No. 38, April 2, 2007; www.satp.org/satporgtp/sair/Archives/5_38.htm#assessment2; siehe auch: Rahimullah Yusufzai, Uzbeks, Go Home, in: *Newsline*, April 2007, S. 47–49; und: Shafiq Ahmad, The Jihad Within, in: *The Herald*, April 2007, S. 92 f.

308 In: *Dawn*, 10.02.2008, online: www.dawn.com/2008/02/10/nat4.htm

309 Akohat: Tribal Elders Say They Cannot Meet Deadline – Expelling Militants from Darra, in: *Dawn*, 14.02.2007

310 Zu den Hintergründen und Auseinandersetzungen: Rahimullah Yusufzai, Valley of Fear, in: *Newsline*, November 2007; www.newsline.com.pk/NewsNov2007/cover3nov2007.htm; Khadim Hussain, Can Paradise be Regained?, in: *Newsline*, December 2007; www.newsline.com.pk/NewsDec2007/spreportdec.htm

311 Rahimullah Yusufzai, Mullah Radio, in: *Newsline*, August 2007, S. 42–45

312 Rahimullah Yusufzai, The Bajaur tragedy, in: *The News*, November 4, 2006; www.thenews.com.pk/daily_detail.asp?id=30575

313 Shafiq Ahmad, Dangerous Heights of Dargai, in: *The Herald*, December 2006, S. 52 ff.

314 Institute for Conflict Management, South Asia Terrorism Portal, Pakistan Assessment 2008; www.satp.org/satporgtp/countries/pakistan/index.htm#

315 Massoud Ansari, Fight to the Finish, in: *Newsline*, July 2007, S. 28–34

316 Institute for Conflict Management, South Asia Terrorism Portal, Pakistan Assessment 2008, online: www.satp.org/satporgtp/countries/pakistan/index.htm#

317 Robert A. Pape, Dying to Win – The Strategic Logic of Suicide Terrorism, New York 2005

318 Muhammad Amir Rana, A to Z of Jehadi Organizations, a.a.O., S. 151

319 Election Commission of Pakistan, Detailed Position of Political Parties/Alliances in National Assembly General Elections 2002; www.ecp.gov.pk/content/GE-2002.htm

320 Election Commission of Pakistan, 2002 Results of Provincial Assemblies; www.ecp.gov.pk/content/PResult.htm

321 Election Commission of Pakistan, Election 2008 Summary, Thursday, February 21, 2008; www.ecp.gov.pk/content/GE08/summary08.pdf; Zahlen noch unvollständig, da in einigen Bezirken aufgrund der Sicherheitslage die Wahlen abgesagt oder verschoben werden mußten.

322 M.A. Niazi, Jamaat-e-Islami, in: A.B.S. Jafri, The Political Parties of Pakistan, Karachi 2002, S. 25

323 Muhammad Amir Rana, A to Z of Jehadi Organizations, a.a.O., S. 426

324 International Crisis Group, Pakistan: The Mullahs and the Military, ICG Asia Report No. 49, Islamabad/Brussels, 20.03.2003, S. 9

325 Zur Parteiorganisation der JI siehe: Seyyed Vali Reza Nasr, The Vanguard of the Islamic Revolution – The Jamaat-i-Islami of Pakistan, Berkeley 1994, S. 47–80

326 Nazish Brohi, The MMA Offensive – Three Years in Power, 2003–2005, Islamabad 2006, S. 52

327 Ebenda

328 MMA to hold rallies on Nov 16, in: *Dawn*, 9.11.2007

329 Fazl to support PPP-led govt unconditionally, in: *Dawn*, 16.03.2008

330 Qazi Lauds Move to Keep Army out of Politics, in: *Dawn*, 06.02.2008

331 Qazi Urges PPP, PLM-N to Work Together, in: *Dawn*, 21.02.2008

332 Fazl to support PPP-led govt unconditionally, in: *Dawn*, 16.03.2008

333 Frédéric Grare, Political Islam in the Indian Subcontinent – The Jamaat-i-Islami, Neu-Delhi 2001, S. 123 f.

334 Seyyed Vali Reza Nasr, The Vanguard of the Islamic Revolution – The Jamaat-i-Islami of Pakistan, Berkeley 1994, S. 41

335 Ebenda, S. 220

336 Nazish Brohi, The MMA Offensive – Three Years in Power, 2003–2005, a. a. O., S. 56

337 Ebenda, S. 57

338 Interessant dazu ein ausführliches Interview mit JI-Chef Qazi Hussain Ahmed nach dem Wahlsieg von 2002: »We will not allow our soil to be used by any foreign Power« – Interview with Qazi Hussain Ahmed, in: *Newsline*, November 2002; www.newsline.com.pk/NewsNov2002/cover3nov2002.htm

339 Mariam Abou Zahab / Olivier Roy, Islamist Networks – The Afghan-Pakistan Connection, New York 2004, S. 20

340 Eigene Gespräche in Islamabad und Agora Khattak, September 2007

341 Nazish Brohi, The MMA Offensive – Three Years in Power, 2003–2005, a. a. O., S. 48

342 Sohail Abbas, Probing the *Jihadi* Mindset, Islamabad 2007, S. 84

343 Ebenda, S. 89

344 Ebenda, S. 90 f.

345 Ebenda, S. 95

346 Ebenda, S. 159

347 Ebenda, S. 144 f.

348 Ebenda, S. 147

349 Ebenda, S. 192

350 Dazu allgemein u. a.: Aarish Ullah Khan, The Terrorist Threat and the Policy Response in Pakistan, Stockholm International Peace Research Institute (SIPRI), SIPRI Policy Paper No. 11, September 2005

351 Zahid Hussain, Frontline Pakistan – The Struggle with Militant Islam, New York 2007, S. 92 ff.

352 Muhammad Amir Rana, A to Z of Jehadi Organizations, a. a. O., S. 192–195

353 Wir unterscheiden zwischen jihadistischer und terroristischer Gewalt. Jihadistische Gewalt kann, muß sich aber nicht gegen Zivilisten richten. Nur im letzteren Fall ist sie auch terroristisch, sonst militärisch oder paramilitärisch.

354 Mariam Abou Zahab / Olivier Roy, Islamist Networks – The Afghan-Pakistan Connection, a. a. O., S. 26

355 Muhammad Amir Rana, A to Z of Jehadi Organizations, a. a. O., S. 204 f.

356 Aarish Ullah Khan, The Terrorist Threat and the Policy Response in Pakistan, Stockholm International Peace Research Institute (SIPRI), SIPRI Policy Paper No. 11, September 2005, S. 33 ff.

357 Zahid Hussain, Frontline Pakistan, a. a. O., S. 65 ff.

358 Mariam Abou Zahab / Olivier Roy, Islamist Networks – The Afghan-Pakistan Connection, a. a. O., S. 28–30

359 Muhammad Amir Rana, A to Z of Jehadi Organizations, a. a. O., S. 222

360 The Place where Women Risk Lives to Run for Office, in: *Guardian*, 13.08.2005; www.guardian.co.uk/world/2005/aug/13/pakistan.declanwalsh

361 Jirga to Kill Anyone Reporting Honour Killing Cases to Police, in: *Daily Times*, 29.04., 2006; www.dailytimes.com.pk/default.asp?page=2006%5C04%5C29%5Cstory_29-4-2006_pg7_1

362 Zahid Hussain, Frontline Pakistan, a. a. O., S. 51 ff.

363 Muhammad Amir Rana, A to Z of Jehadi Organizations, a. a. O., S. 329

364 Mariam Abou Zahab / Olivier Roy, Islamist Networks – The Afghan-Pakistan Connection, a. a. O., S. 36

365 Muhammad Amir Rana, Changing Tactics of Jihad Organizations in Pakistan, Pak Institute for Peace Studies (Lahore); http://pips.com.pk/JihadOrg.asp

366 Constitution of Pakistan, Annex, [Article 2(A)], The Objectives Resolution, www.pakistani.org/pakistan/constitution/annex_objres.html

367 Pervaiz Iqbal Cheema, The Armed Forces of Pakistan, Karachi 2002, S. 140

368 Hassan Abbas, Pakistan's Drift into Extremism – Allah, the Army, and America's War on Terror, Neu-Delhi 2005, S. 66

369 Husain Haqqani, Pakistan – a. a. O., S. 55 f.

370 Council of Islamic Ideology, Hudood Ordinance 1979 – A Critical Report, Publ. No. 79, Islamabad May 2007, S. 8

371 Stephen Philip Cohen, The Idea of Pakistan, Neu-Delhi 2004, S. 169

372 Julian Schofield/Michael Zekulin, Appraising the Threat of Islamist Take-Over in Pakistan, Centre d'études des politiques étrangères et de sécurité, Université du Québec à Montréal/Concordia University, Note de recherché 34, Mars 2007, S. 4; www.er.uqam.ca/nobel/ieim/IMG/pdf/NOTE34.pdf

373 Aussage des damals dafür zuständigen Generals und späteren Innenministers der PPP, Naseerullah Babar, gegenüber dem Autor

374 International Crisis Group, Pakistan: The Mullahs and the Military, ICG Asia Report No. 49, Islamabad/Brussels, 20.03.2003, S. 9; und: Husain Haqqani, Pakistan – a. a. O., S. 201 f.

375 Mariam Abou Zahab / Olivier Roy, Islamist Networks – The Afghan-Pakistan Connection, a. a. O., S. 24

376 Eigene Gespräche mit Maulana Samiul Haq in Islamabad und Agora Khattak, September 2007

377 International Crisis Group, Pakistan: The Mullahs and the Military, ICG Asia Report No. 49, Islamabad/Brussels, 20.03.2003, S. 15

378 Foreign Policy Magazine/The Fund for Peace, Failed States Index Scores 2007; www.fundforpeace.org/web/index.php?option=com_content&task=view&id=229&Itemid=366

379 Growth Rate May Fall to 6pc, Says SBP, in: *Dawn*, 01.04.2008

380 Election Commission of Pakistan, National Assembly General Election – 2008 Party Position Including Reserved Seats, Stand vom 18. März 2008; einige Sitze waren aufgrund lokaler Sicherheits- oder anderer Probleme zu diesem Zeitpunkt noch nicht vergeben; www.ecp.gov.pk/NAPosition.pdf

381 Eigene Eindrücke des Autors

382 Text of the Charter of Democracy, in: *Dawn*, 16.05.2006; www.dawn.com/2006/05/16/local23.htm

Harald Schumann / Christiane Grefe. Der globale Count-
down. Gerechtigkeit oder Selbstzerstörung – Die Zukunft
der Globalisierung. Gebunden

Die Globalisierung hat eine neue Dimension erreicht. Völker und Staaten sind in einer beispiellosen gegenseitigen
Abhängigkeit miteinander verbunden, eine Weltgesell-
schaft entsteht. Doch das neue System ist bedrohlich instabil: Die Finanzmärkte stehen vor dem Kollaps. Der
wachsende Energiebedarf provoziert Konflikte um Öl und
Gas. Der Klimawandel bedroht Millionen. Reicht die Zeit,
um die Weichen richtig zu stellen?
Wer verstehen will, was in der Zeitung steht, muss dieses
Buch lesen.

www.kiwi-verlag.de

Andreas Zumach. Die kommenden Kriege. Ressourcen, Menschenrechte, Machtgewinn – Präventivkrieg als Dauerzustand? KiWi 912

Sind (Welt-)Kriege um Öl noch vermeidbar? Gibt es noch Chancen für den friedlichen Ausgleich von Interessen und die gemeinsame Bewältigung der globalen Probleme im Rahmen der UNO?

»Guter investigativer Journalismus gepaart mit hellsichtiger Analyse.« *Vorwärts*

www.kiwi-verlag.de

Nasrin Alavi. Wir sind der Iran. Aufstand gegen die Mullahs
– die junge persische Weblog-Szene. Mit zahlreichen Abbil-
dungen. Deutsch von Violeta Topalova. KiWi 919

Im Iran ist das Internet vor allem für die Jugend zu *dem* Me-
dium des Protestes gegen die Herrschaft der Mullahs geworden. Die iranischen Blogger sprechen mit Witz, Poesie
und Zorn über ihre Konflikte mit dem Gesetz, die Situation
der Frauen, diskutieren über Repression und Widerstand,
Religion und Medien, über Musik und Partys, erzählen von
der Liebe und der Trauer über verschwundene Helden.

»Ein fulminantes Buch, das auf ungewöhnliche Weise Ant-
worten gibt. Es wendet sich ab von den Fernsehbildern, die
nur einen Bruchteil dessen zeigen können, was vor Ort
wirklich geschieht.« *FAZ*

www.kiwi-verlag.de

Bahman Nirumand. Iran. Die drohende Katastrophe.
Broschur

Bahman Nirumand, der zweimal in seinem Leben den Iran
verlassen und ins Exil gehen musste, beschreibt die Gefah-
ren, die von dem akuten Konflikt um das iranische Atomprogramm ausgehen. Er analysiert die tiefen Widersprüche
im Gottesstaat und zeigt, wie sich in dessen Schatten eine
lebendige Zivilgesellschaft ausgebildet hat. Deren Reform-
kräfte müssen genutzt werden, um einen militärischen
Konflikt doch noch zu vermeiden.

www.kiwi-verlag.de

Kiepenheuer
& Witsch

Wolfgang Schorlau. Brennende Kälte. Denglers vierter Fall.
KiWi 1026

»Suchen Sie meinen Mann«, sagt Sarah Singer zu dem Privatermittler Georg Dengler, »aber seien Sie vorsichtig. Er ist gefährlich.« Ihr Mann ist Soldat und hat als Mitglied einer geheimen Sondertruppe in Afghanistan gekämpft. Nun ist er verschwunden. Zeitgleich passieren rätselhafte Morde. Der ehemalige BKA-Zielfahnder Dengler macht sich an die Arbeit. Plötzlich merkt er, dass hinter Singer noch ganz andere Mächte her sind. Und schließlich befindet auch er sich in deren Fadenkreuz.

»Ein Thriller, der die Augen öffnet.« *büchermenschen*

www.kiwi-verlag.de